인권과 장애

농인과 난청인의 법률적 권리 안내서

6번째 개정판

미국 농인협회
National Association of the Deaf

인권과 장애: 농인과 난청인의 법률적 권리 안내서

Legal Rights: The Guide for Deaf and Hard of Hearing People

2022년 11월 7일 제1쇄 발행

저자 미국 농인협회 National Association of the Deaf

역자 이경미

감수 안희진

발행인 안일남

발행처 사단법인 영롱회

서울시 강남구 양재대로 55길 6

(일원동, 수서1단지아파트상가 204호)

www.youngrong.or.kr

전화 02-3411-9561 팩스 0505-799-0691

디자인 유주연

펴낸곳 건강과생명

서울시 종로구 대학로 7길 7-4 1층

전화 02-3673-3421 팩스 02-3673-3423

ISBN 978-89-86767-57-5

저자 **National Association of the Deaf**

미국 농인협회

Hward A. Rosenblum

미국 농인 협회장 및 농인법률지원센터 이사

일리노이 대학교 법무 지원실

Marc Charmatz

노스웨스턴 대학 법무 지원실 선임 변호사

Debra Patkin

캘리포니아 대학 법무 지원실 상근 변호사

Andrew Phillips

캘리포니아 해스팅스 대학 법무 지원실 정책 담당관

Caroline Jackson

스탠퍼드 대학 법무 지원실 상근 변호사

역자 **이경미**

이화여대 졸업
국민대학원 졸업(MBA)
인텔 코리아
SAP 코리아 교육담당 전무
IGM 교수
장애인복지신문 편집위원

감수 **안희진**

한국외국어 대학교 및 동대학원 졸업
U.C. Berkely CIL연수
단국대 겸임교수, 재능대 특임교수
장애인복지신문 발행인 겸 사장

농인 법률 지원단체의 목적 달성을 위해 끊임없는 지원을 아끼지 않은
미국 농인협회 임직원과 농인 법적 권리 증진을 위해 언제나 긍정적으로
행동하고 조언한 Fred Schreiber에게 이 책을 헌정합니다.

목차

발간사

금번에 「인권과 장애」를 발간하게 되어 기쁘게 생각합니다. 2013년 미국 갈로뎃 대학교 출판사의 「Deaf daughter hearing father」를 「농인 딸아이를 키우는 아버지의 육아일기」로, 2020년 농자녀를 둔 일본인 어머니 다마다 사토미가 쓴 「小指のおかあさん」를 「수어로 키우고 싶어」로 출간한 이후 세 번째 번역출판이 됩니다.

이 책은 미국 농인협회의 편집으로 원제목은 <Legal Rights; The Guide for Deaf and Hard of Hearing People>로 농인들과 난청인들의 법적 권리에 대해 다양한 관점에서 서술한 책으로 국내에서도 좋은 참고 자료가 될 것으로 생각합니다. 일반 책보다는 다소 전문적인 내용이 있기는 하지만 농인이 당연히 누리고 주장해야 하는 여러 분야의 일들을 법적인 관점에서 다룬 내용입니다.

우리는 다양한 외국 사례와 국내 현황 및 기준의 차이 등을 비교해 볼 수 있습니다. 또한 올바른 법적 지식이 전달되어 더 넓은 시야를 가지고 장애계에 관심 가지는 단체들이 많아지는 계기가 되었으면 합니다. 현장에서 열심히 하는 일들이 후세에 국제적인 안목으로 추진하였다고 인정받고, 그분들의 노고가 결실을 이루어, 국내 농인들의 인권이 보다 더 보장되고 삶의

질이 향상되는 토대 마련에 조금이나마 기여하기를 바랍니다.

세계무대에서 경제 10대 강국이 된 한국입니다. 장애계의 각 분야에서 하는 일이 모범적이고 효율적이며 투명하게 운영되고, 지도자로서의 역량이 발휘될 뿐 아니라 전세계에 활발히 진출하기를 기대합니다.

번역과 감수로 수고해 주신 이경미 선생님, 장애인신문 안희진 사장님, 한국번역판 출판을 허락해 준 미국 갈로뎃 대학교 출판사와 책의 출간을 재정적으로 지원한 밀알복지재단에 깊이 감사드립니다.

사단법인 영롱회

이사장 안일남

서문

1880년 창설된 미국 농인협회 **National Association of the Deaf, NAD**는 미국에서 가장 오래된 시민운동 단체이다. 미국 농인협회 NAD의 설립 목적은 창립 이래 긴 세월 동안 다양한 영역에서 농인의 권리, 즉 시민으로서 한 인간으로서, 특히 언어적인 면에서 권리를 확인하고 보호하며 증진시키는 것이었다. 미국 농인협회 NAD는 농인의 평등권을 보장받기 위한 편견 근절을 위해 필요한 법령과 규제, 정책과 관행들을 제정, 정비하고 강화시키고자 노력했다. 이렇듯 미국 농인협회 NAD의 노력은 농인의 권리를 창출하는데 많은 성과가 있었지만 아직도 여러 분야에서 완전한 평등을 이루기에는 미흡하다. 때로는 법률은 제정되었으나 구체적인 삶의 여러 현장에서는 바르게 인식되지 못한 까닭에 이 권리들을 지키기 위해 소송이 필요할 때도 많이 있었다. 이러한 역사적 사실을 배경으로 1976년 미국 농인협회 NAD는 협회 산하에 농인법률지원센터 **National Center for Law and Deafness, NCLD**를 설립했다.

미국 농인협회 NAD는 1977년 처음으로 마크 차르마츠 **Marc Charmatz**를 상근 변호사로 채용하였고, 그 이후 40여 년 동안 농인법률지원센터 NCLD는 여러 법률적 분야에서 성공적으로 성장했다. 즉 전문 특화교육, 고등교육, 고용과 주택분야, 주정부와 지방정부 공공서비스의 접근성, 신체 건강과 정신건강, 재정 및 법률 서비스와 같은 전문 서비스에서 접근성, TV, 영화, 학교, 공공시설, 스포츠 경기장, 인터넷 등의 자막 서비스, 교통시설 및 통신 분야 등에서 괄목할 만한 성장을 이룩했다. 농인법률지원센터 NCLD의 법률 지원팀 직원들은 농인의 법적 권리 승소 및 판례를 기록으로 남기기 위해 본 Legal Rights의 첫 번째 책을 출간했다.

다섯 번째 책 이후 15년 만에 출간하게 된, 본 여섯 번째 책은 책 전반에 걸쳐 대대적으로 수정했다. 2010년에 제정된 '21세기 통신 및 영상 접근법 Twenty-First Century Communications and Video Accessibility Act, CVAA' 과 '개정 미국장애인법 Americans with Disabilities Act Amendments Act, ADAAA 및 연방통신위원회 Federal Communications Commission, FCC 결정사항 및 지시사항' 등 새로운 법률과 규정이 포함되어 있다. 또한 새로운 기술들을 다양한 커뮤니케이션에 어떻게 접근할 것인가 등에 관한 사항을 획기적으로 변화시켰으며, 법률과 규제사항들도 새로운 커뮤니케이션 수단, 즉 영상 전화, 인터넷 방송서비스, 트위터, 페이스북, 인스타그램 등을 계속 받아들여 농인 권리의 영역을 계속 확장하고 있다.

본 책은 농인의 평등권을 쟁취하기 위하여 우리보다 앞서 수고한 많은 법률가와 지지자들의 역사적 사실적 업적을 모은 저서이다. 미국 농인협회 NAD는 본 저서가 많은 분들에게 유용하고 도움이 될 거라는 기대를 가지며, 농인 당사자, 부모와 가족, 교사, 통역가, 지지자, 변호사, 법률가 및 정책가 여러분들과 본 책을 함께 나누고 싶다.

Howard A. Rosenblum

미국 농인협회장 및 농인법률지원센터 이사

일리노이 대학교 법무지원실

감사의 글

이 책의 네 번째 개정판이 나오기까지 공동저자로써 농인법률지원센터 National Center for Law and Deafness, NCLD에서 함께 일하신 모든 분들께 감사드린다.

- 1976년부터 1996년까지 NCLD 법률이사로 재직한 Sy DuBow
- 1976년부터 1983년까지 NCLD 이사보로 재직한 Larry Goldberg
- 1983년부터 1996년까지 NCLD 법률이사보로 재직한 Elaine Gardner
- 1978년부터 1981년까지 NCLD 변호사로 재직한 Andrew Penn
- 1981년부터 1988년까지 NCLD 변호사로 재직한 Conlon Mentkowski

이 책의 다섯 번째 개정판을 출간하기 위해 공동저자로 함께 한 미국 농인협회 NAD 분들께도 감사드린다.

- Marc Charmatz, NAD 법률센터 이사
- Sarah Geer, NAD 법률센터 시니어변호사
- Mary Vargas, NAD 법률센터 변호사
- Kelby Brick, NAD 법률센터 정부관련 변호사
- Karen Peltz Strauss, NAD 법률지원센터 정부관련 변호사

또한 법대생으로 미국 농인협회 법률지원센터에서 인턴으로 근무하며 중요하고 의미 있는 조사활동을 하며 본 책에 커다란 공헌을 한 Elise Ko, Franklin Kanin, Kathryn Robertson과 Michelle Sliwinski에게도 감사드린다.

인권과 장애

Chapter 1

농인과 난청인의 의사소통

Communicating with People Who are Deaf or Hard of Hearing

미국에는 농인과 난청인이 4천8백만 명이 있다.[1] 농인 정도, 의사소통 방법, 농인의 원인과 발생 시기 등을 고려한다면, 농인을 단순하게 일반화 시키는 것은 어려운 일이다. 청각에 장애가 있다는 것은 단지 소리를 듣지 못한다는 것 이상의 일들을 수반하고 있다. 특히 의사소통과 어떤 개념을 이해하는 데 있어서는 더욱 그렇다.

농인들은 주로 눈에 보이는 정보에 의존하는데, 그것은 대부분의 정보를 당장 눈으로 보고 처리하게 되기 때문이다. 그러나 농인들은 의사소통을 위해 수어 통역, 수어 대화, 보청기, 자막 등을 더욱 선호한다. 농인들은 더욱 효과적인 의사소통을 위해 한 가지 이상 방법을 사용한다. 그 외에도 여러 보조 기기나 합리적인 편의 **Reasonable Accommodation**를 사용하여 보다 완전하고 쉽게 소통함으로써 대화에 참여한다.

그러나 현실적으로 보조 수단이나 합리적인 편의가 제공되지 않는 경우가 많기 때문에 농인들은 법과 제도로써 보장된 권리는 물론 전문적인 사회·서비스에 있어서 공평한 대우를 받고 못하고 있다. 보조 수단이나 합리적인 편의들의 제공 여부는 농인들이 필요한 서비스를 받고 평등하게 사회에 참여하는데 커다란 차별적 요소를 만들게 된다. 이러한 편의 비용은 다른 혜택에 비해 사실상 그다지 높지 않음에도 불구하고 그렇다. 세심하지 못한 것이다.

농인의 여러 가지 의사소통 방법들 중 한 가지 주목할 만한 일반적 룰이 있다. 이것은 각 사람마다 본인에게 보다 효과적이고, 더욱 선호하는 각자의 방법이 있다는 것이다. 농인 스스로가 살아오면서 가장 효과적이고 성공적인 것이 무엇인지를 알기 때문이다. 어떤 농인에게 잘 맞는 이 다른 사람에게도 효과적이고 잘 맞는다고는 할 수 없다는 말이다. 그 방법이 무엇이든, 어떤 특정한 사람에게 자연스러운 방법은 특히 처음 접촉할 때부터 쉽고 익숙하게 사용할 수 있는 접근 방법이어야만 한다는 것이다.

공통적 의사소통

COMMON COMMUNICATION STYLES

농인 아동을 위한 성공적인 의사소통 방법이 무엇인지, 서로 다른 논쟁적 이론도 많지만 농인이 된 시기가 각각 다르기 때문에 농인들은 의사소통을 위해 각각의 다양한 방법을 사용하고 있다. 전부는 아니지만 많은 농인들은 제1의 의사소통 방법으로 수어를 사용하고 있다. 미국수어 ASL는 음성으로 전달되는 영어와는 다른 언어이다. 말, 문법, 개념을 표현하기 위해 손모양, 손동작을 포함하는 수어는 문화와 상당히 깊게 연관되어 있는 '완전한 언어'이다.

최근 수 십 년 동안 교육자들은 시각적인 방법을 통하여 영어의 특정한 개념적 말이나 문법을 전달하기 위한 표시의 변형을 개발해 왔다. '수지영어 **Signing Exact English, SEE**'나 '개념적으로 영어를 정확히 표현한 수지영어 **Conceptually Accurate Signed English, CASE**'를 학교에서 배운 개개인들 대부분이 성인이 되어 미국수어 ASL를 배우거나 사용할 수 있다고 하더라도, 수지영어 SEE나 개념적으로 영어를 정확히 표현한 수지영어 CASE와 같은 의사소통 방식들은 학교환경에서 일반적으로 사용된다.

선천적 농인을 포함한 또 다른 그룹의 농인들은 의사소통의 가장 기본적인 방법으로 구어 口語 영어를 사용한다. 이런 농인들은 독화 讀話, Speechreading 또는 독순술 讀脣術, Lipreading라고 불리는 '말하는 사람 입술 움직임'에 따라 영어 언어를 이해한다. 다른 농인들은 영어소리를 나타내기 위해 고안된 손 모양 방식의 신호 스피치 Cued Speech(손가락으로 어렵거나 헷갈리는 음을 구분하기 위해 사인을 주며 발음하는 구어법)를 사용하며, 구어 영어를 이용하여 반응을 보인다.

의사소통과 장애

COMMUNICATION BARRIERS

독화술의 한계 The Limitations of Speechreading

사람들이 농인에 대해서 흔히 크게 잘못 생각하고 있는 것 중 대표적인 하나는 농인 모두가 독화술을 사용한다고 잘못 알고 있다는 것이다. 그러나 실제로는 극히 소수의 사람만이 상대의 입술 움직임을 읽고 대화를 이해할 뿐이다. 한 설문조사에서는 '일대일 상황에서 독화술을 잘한다는 사람들조차도 말한 내용의 26%만을 이해한다'는 결과가 나왔고, 총명하다는 농인들만이 '이해하지 못한 내용이 5% 미만'이라는 결과가 나왔다.[2]

이해도가 낮은 이유는 대부분 영어 발음(말하는 소리)은 입모양이 정확히 보이지 않아 읽을 수가 없고, 어떤 구어적 말이나 소리들은 비슷한 입과 입술의 움직임이 비슷하게 보인다. 독화술의 모호함은 t, d, z, s, n 철자의 소리들은 입술 모양이 비슷하게 만들어진다는 사실이다. 예를 들자면 Right, Ride, Rise 이 세 말을 농인들은 구별할 수 없고 'Do you have time?'과 'Do you have dime?' 두 문장도 구별하기 어렵다. 매우 중요한 핵심을 놓치거나 잘못 이해해서 전체 대화내용이 의미하는 것을 모르는 경우가 많다.

독화술과 말하는 것은 서로 다른 기능이다. 통상적으로 숙련된 독화술자들은 이 기술을 익히는데 수십 년을 훈련받아 비로소 독화술로 말들을 구별해 내는 사람들이다. 영어를 말하는 능력을 개발하는 데 독화술이 도움을 줄 수는 있지만, 농인들이 명확하게 말하는 능력은 능숙하게 독화술을 하는 능력과는 아무런 연관이 없다. 노련한 독화술자들도 아래와 같은 상황에서는 사람들이 말하는 것을 이해하는 데 어려움이 있다.

- 말하는 사람이 다수 일 때 (그룹대화)
- 말하는 사람이 독화술자를 상대로 직접 말하지 않을 때
- 말하는 사람이 독화술자를 마주하지 않을 때
- 입술이 손이나, 수염으로 가려져서 명료하게 보이지 않을 때
- 말하는 사람이 신경 써서 정확히 말하지 않거나 언어장애가 있을 때
- 말하는 사람이 사투리나 외국인 일 때
- 말하는 사람이 전문용어나 친숙하지 않은 말을 할 때
- 독화술자가 말한 내용의 문법, 어휘가 익숙하지 않은 것일 때
- 말하는 사람이 어두워서 잘 보이지 않을 때
- 독화술자가 역광을 받을 때
- 독화술자가 시력이 나쁠 때

확실하고 효과적인 커뮤니케이션을 위해서, 독화술 자체만으로는 충분하지 않을 때가 있어 때때로 다른 커뮤니케이션 방법을 보조적으로 사용할 때가 있다. 때문에 특별히 독화술을 선호하는 경우가 아니라면 농인들은 독화술에 의존하면 안 된다. 여러 경우에서 다음과 같은 가이드라인은 보다 쉽게 상대의 말을 이해하는 데 도움이 된다.

- 이리저리 움직이지 말고 사람들에게 직접 말하라.

- (예를 들면) 시간을 표현하기 위해 손목시계를 가리키는 동작을 자유롭게 사용하라.
- 소리 지르지 말고 일반적으로 입을 움직이면서 자연스럽게 보통 속도로 말하라.
- 이해하지 못했다면 말한 것을 천천히 반복하라. 그래도 안되면 다른 말을 사용하도록 하라.

선천적 농인이나 비교적 일찍 농인이 된 경우, 나이에 따라 적합한 언어와 언어 습득 능력을 고려하여 적절한 방법들이 취해져야 한다. 어떤 사람들은 이해할 수 있는 말을 한다. 또 어떤 사람들은 전혀 그들의 목소리를 사용하지 않는다. 말을 하는 사람마다 특별한 톤과 억양, 습관을 보이며 말을 하기도 한다. 농인이 스피치를 사용하든 말든 이것은 개인별 선호의 문제이다. 다른 사람 목소리를 이해하는 데 겪는 어려움이 차라리 특별한 목소리에 익숙해질 때까지는 차라리 방해 없이 듣는 일보다 쉬울 거라고 여겨질 때가 있기 때문이다.

농인이 말하는 것을 사용하든 못하든, 듣지 못하는 귀머거리, 벙어리 또는 농인이라는 말은 농인들에게 모욕적으로 받아들여질 수 있고 그들을 지칭할 때 결코 사용해서는 안 되는 말이다.

글자방식의 한계 The Limitations of Note Writing

독화술이 어렵거나 신호 Sign가 어려운 농인들 중에는 소통할 때 서면(글자)으로 주고받는 사람들이 많이 있다. 그러나 서면 소통 방법에는 문제가 있을 수 있다. 언제나 효과적이고 적합한 것은 아니다. 소통을 서면 방식으로 하는 일은 일반적으로 지루하고, 복잡하고 느리며, 시간이 많이 든다. 또한 서면 작성자가 전달해야 할 내용들을 빠뜨릴 수 있어서 농인은 많은 경우, 주요 내용들이 빠지거나 부족한 축약된 내용만을 전달받을 수 있다.

흔히 잘못 생각하고 있는 것은, 농인들은 청각에 문제가 없는 사람들보다 읽고 쓰는 능력을 훨씬 많이 훈련해서 듣지 못하는 것을 대신할 수 있을 거라고 생각하는 것이다. 그러나 이것은 사실이 아니다. 농인도 일반 사람들과 비슷하다. 어떤 사람은 매우 높은 읽고 쓰는 능력을 갖췄고 또 어떤 사람들은 그렇지 못하다. 따라서 농인들은 서면으로 소통하는 것이 더욱 쉽고 효과적일 거라는 것은 맞지 않는 생각이다.

미국인들 대부분은 태어날 때부터 누군가 말하는 것을 들으면서 영어를 배운다. 그러나 선천적 농인 또는 영유아기에 청각을 잃은 사람들은 이러한 방법으로 영어를 배우지 못한다. 때문에 농인 아동들은 학교에서 매우 세심하게 영어를 가르쳐야 한다. 어떤 교습법은 성공적이기도 하지만 어떤 경우에는 실패하기도 하기 때문에 농인들이 성인이 됐을 때 읽고 쓰는 능력이 천차만별로 나타나게 되는 것이다.

지나치게 비유적 언어를 많이 사용하게 되면 농인은 매우 심각한 읽기 문제에 직면하게 된다. 예를 들면 *미란다* 경고 후 '**Under Arrest**: 체포할 때'라는 표현이 글로 쓰이게 되면 농인은 의아해 할 수 있다. 이러한 혼란은 영어에 익숙하지 않는 사람에게는 '**under**: ~상태에서'라는 뜻이 '**beneath**: ~아래에서'로 여겨질 수 있기 때문이다. 이와는 반대로 미국수어 ASL는 그 나름의 용어, 문법, 내용을 갖고 있는 완전히 별개의 언어임에 주목해야 한다.

사람들은 글로 필요한 모든 정보를 충분하게 전달할 수가 없고, 읽고 쓰는 능력도 다르기 때문에, 특히 법적인 문제를 다룰 때에는 서면 방식 이 갖고 있는 한계로 의사소통의 오류가 생기지 않도록 각별히 주의를 기울여야 한다.

환경적 요인들 Envrionmental Factors

환경적 요인들 또한 농인이나 난청인과의 원활한 의사소통에 영향을 미친다. 방에는 너무 흐릿하지 않은 적절한 조도의 조명이 있어야 한다. 기계 소리, 다른 대화 및 주의를 산만하게 하는 소음에서 멀리 떨어진 조용한 장소에서 대화를 시도해야 한다. 농인들은 일반적으로 배경 소음의 영향을 받지 않지만 많은 배경 움직임이나 조명 변화로 인해 주의가 산만해지는 경우가 있다. 보청기를 사용하거나 잔여 청력이 있는 사람은 배경 소음에 의해 상당히 집중력이 흐트러질 수 있다.

소통을 위한 해결책들

COMMUNICATION SOLUTIONS

서면 소통과 독화술로 복잡한 커뮤니케이션을 할 때는 이해를 더 잘 할 수 있도록 도움을 줄 수 있는 보조적 도구나 서비스가 제공되어야 한다. 이러한 보조적인 도움 수단과 서비스로는 '공인 통역사, 필기자, 컴퓨터에 의해서 말한 내용을 글로 옮기는 서비스, 글로 쓰여진 문서, 전화 수어기 증폭기, 보조 청각 장치, 보조 청각 시스템, 청각 보조 장치가 있는 전화기, 농인을 위한 자막 해독기, 개방 자막, 청각장애인용 통신기기 **Telecommunication Device for Deaf persons, TDD**, 비디오자막 디스플레이, 귀로 전달된 내용을 이해할 수 있도록 해주는 여러 가지 효과적인 방법들'[3]이 있다. 보조 기구나 서비스의 필요 여부는 농인의 특성이나 커뮤니케이션 방법뿐만 아니라 상호작용의 성격과 복잡성에 따라 차이가 있기도 하다.

통역사 Interpreters

말한 내용을 통역하여 농인 간의 커뮤니케이션을 활성화시키는 통역사은 그 기술을 배우고 익히고 개발하는 데 오래된 전문가들이다. 경험이 적고 실력이 부족한 통역사는 쉽게 구하고 비용도 적게 들 수는 있으나 그들은 아무래도 상황마다 필요한 정보를 효과적으로, 완전하게, 효율적으로 전달하지 못한다. 이러한 이유에서, 가능한 대로 전문적으로 잘 훈련된 통역사를 이용해야 한다.

수어통역사 *Sign Language Interpreters*

수어통역사 또한 말한 영어의 의미를 수어로, 특히 미국수어 American Sign Language, ASL로 번역해 주고 수어를 영어로 통역해 주는데 필요한 기술을 갖춘 전문가들이다. 수어를 배우는 것도 다른 언어를 배울 때와 똑같이 시간과 노력이 필요하다. 더구나 두 가지 이상의 언어 사이를 오가며 통역을 하는 일은 단순히 두 가지 이상의 언어를 안다는 것 이상의 고도의 기술이며 이 기술을 익히고 개발하는 데는 많은 시간이 걸린다. 글로 써졌거나 말한 영어를 수어로 통역하는 데는 가장 먼저 미국수어 ASL를 배워야 하지만 이외에도 다각도의 훈련이 필요하다. 법적으로 수어통역사들이 자격을 인정받는다는 것은, '특화된 용어를 잘 구사하면서 효과적으로, 정확하게, 있는 그대로 받아들이기도 하고 적극적인 표현으로 어느 한쪽에 치우치지 않도록 통역하는 경지'[4]를 말한다.

또한 '자격을 갖춘 통역사'로 인정하는데 필요한 것은 통역사가 농인을 위해 효과적이고 정확하며 균형 있게 통역할 수 있는지, 또는 통역사와 농인이 서로 교감하고 이해했는지와 같은 주관적 판단 기준들이다. 농인마다 어떤 누구는 수어가 능숙하지 못하고 어떤 이는 수어 영어에, 또 서면 영어에, 또 다른 여러 커뮤니케이션 방법에 어려움이 있을 수 있다. 따라서 통역사가 농인마다 특성과 특이점을 고려하여 효과적으로 통역하는 일은 상황에 따라 방법과 형태가 달라진다. 결론적으로 확실하고도 성공적인 커뮤니케이션을 위해서는 모든 통역사가 농인과 소통할 수 있다고 섣불리 판단해서는 안 된다. 각기 다른 다양한 개인의 언어표현 방식과 커뮤니케이션 능력과 방법은 진정으로 효과적인 커뮤니케이션을 제공하기 위한 통역사 능력을 좌우한다.

그럼에도 통역사 자격을 확인할 수 있는 가장 좋은 방법은 '국가공인 수어통역사'를 찾는 것이다. 미국 수어통역사협회 Registry of Interpreters for the Deaf, RID와 미국 농인협회 National Association of the Deaf, NAD 두 기관은 1970년대 중반부터 수어통역사 국가자격을 인증하고 자격증을 발급했다. 이 두 기관의 수어 인증시험과 등급은 각기 특징을 가졌으나 두 자격증은 똑같이 인정받고 있다. 때문에 최근에는 미국 수어통역사협회 RID와 미국 농인협회 NAD 두 기관이 공동으로 '국가공인 통역사 자격증 National Interpreter Certification, NIC'을 발급하고 있다.

국가공인 자격증 외에도 몇몇 주에서는 각각 평가를 실시하여, 자격을 인정하고 자격증을 부여하고 있다. 대부분의 경우 주에서 실시하는 평가, 허용, 인증 과정은 국가공인 제도보다 비교적 느슨하여 훈련시간이 짧고 서면 시험도 수월한 편이다. 일부 주들이 전문성과 특성을 제고하기 위하여 수어통역사를 공식 인증하기도 하지만, 대부분의 주들은 국가공인 자격증으로 공인 통역사 자격을 확인하고 있다.[5]

국가나 주 단위의 자격증이 통역사들이 모든 면에서 충분한 자격을 갖춘 것으로 만들어 주는 것은 아니다. 통역사들은 자신에게 주어진 주제와 역할을 자신이 가장 효과적이고 정확하게 또는 균형 있게 통역할 능력이 부족하거나 익숙하지 않을 경우 윤리적인 신념에 따라 통역 제의를 거절해야 한다. 모든 농인의 배경이 다르고 수어 능력의 편차가 크기 때문에 모든 농인들이 특정 수어 통역을 다 이해할 수는 없기 때문이다. 결과적으로 농인은 일반적으로 통역사의 능력을 판단할 수 있는 최고, 최적의 판단 주체이다. 농인이 통역사의 통역을 이해할 수 없다고 내비치거나 통역사가 농인을 이해하지 못한다고 느낀다면, 그것은 해당 통역사가 특정 농인을 통역하는 데 적합하지 않다는 강한 의사표시로 받아야 한다. 나아가 다른 통역사의 통역을 더 선호한다면 그 요구는 당연히 받아들여야만 한다.

공인 농인 통역사 *Certified Deaf Interpreters*

수어를 하는 모든 농인이 전통적인 미국수어 ASL를 사용하는 것은 아니다. 어떤 농인들은 전통적인 미국수어 ASL 통역사를 이해하는 데 있어, 과거 미국수어 ASL를 배우는 것이 어려운 환경이었을 수도 있고, 개인적 한계가 있을 수도 있다. 일반적인 수어통역사들이 모든 환경에서 효과적인 커뮤니케이션을 제공할 수 있는 능력을 갖추고 있지는 않다. 그런 경우에는 특정 상황의 커뮤니케이션 유형에 대해 특별한 교육을 받은 통역사를 부르는 것이 필요하다. 이렇게 특화된 통역사는 대개 '공인 농인 통역사 **Certified Deaf Interpreter, CDI**'이다. 언어능력에 한계가 있는 농인과 영어로 말한 내용을 미국수어 ASL로 옮길 수 있는 청인 통역사 간의 커뮤니케이션을 활성화시킬 수 있다. 공인 농인 통역사 CDI의 역할은 미국수어 ASL에 익숙하지 못하고 어떤 공식적인 형태의 언어에도 익숙하지 못한 농인일지라도 이해할 수 있도록 청인 통역사의 미국수어 ASL를 '보이는 커뮤니케이션'의 형태로 통역하는 것이다. 따라서 전통적인 수어를 사용하지 않는 농인은 때때로 두 명의 통역사가 필요하다. 즉 개개인의 커뮤니케이션 스타일과 미국수어 ASL를 통역할 수 있는 '공인 농인 통역사 CDI'와 미국수어 ASL와 영어를 상호간 통역할 수 있는 '청인 통역사'가 그들이다.

미국 수어통역사협회 RID는 농인 통역사에게 'Certified Deaf Interpreter, CDI'로 알려진 공인 통역사 자격증을 발급하고 있다. 공인 농인 통역사 CDI는 특별한 필요와 요구를 처리하는 전문성과 다양하고 광범위한 훈련을 마친 국가공인 통역사 자격증 NIC과 동일하다.

독화통역사 *Oral Interpreters*

수어를 하지 않고 독화술로 커뮤니케이션을 하고자 하는 농인들은 말하는 사람의 말을 소리 내지 않고 입만 움직여 전달할 수 있는 독화통역사가 필요할 수 있다. 독화통역사는 대화 하나하나를 통역하는 데는 필요하지 않으나 독화술을 사용하기 어려울 때 중요한 역할을 할 수 있다. 이러한 이유에서 이들 통역사들은 강사가 청중과 멀리 떨어져 있거나 움직이며 강의를 하는 경우, 또는 대화를 따라가기 어려운 그룹토론 등 환경에서 가장 흔하게 활용되고 있다. 독화통역사는 수어를 모르는 농인을 위해 필요하며, 다양한 사람들이 관계된 법정에서는 독화 통역이 필요하다.

수어통역사와 함께 독화통역사들도 광범위한 교육을 받는다. 교육은 독화술을 쉽게 할 수 있도록 말을 입술로 움직이는 훈련, 독화술하기 어려운 말들을 다른 동의어로 대체하는 훈련, 독화술이 더 잘 전달될 수 몸짓을 사용하는 것에 집중되어 있다. 또한 농인이 전하려는 메시지나 의도를 이해하고 반복하는 능력을 키운다. 미국 수어통역사협회 RID는 독화통역사에게 전문 독화통역사 자격증 Oral Transliteration Certificate, OTC을 발급하고 있다.

영상원격통역사 *Video Remote Interpreters*

현장에 함께 있어야 할 통역사를 여러 사정으로 섭외하지 못했을 때 외부의 통역사가 영상원격통역 Video Remote Interpreting, VRI이라 불리는 통역 방법이 사용될 수 있다. 영상원격통역 VRI 방법은 농인과 청인 모두가 같은 방을 사용한다. 외부에 있는 통역사는 카메라, 스크린, 인터넷 연결을 통해서 농인을 볼 수 있고 농인도 통역사를 볼 수 있는 환경, 청인도 통역사를 볼 수 있어야 한다. 이러한 시스템은 통역사가 급히 필요한 상황이거나 또는 능숙한 통역사를 구할 수 없을 때 대신 사용할 수 있다. 그러나 영상원격통역 VRI 방법이 모든 환경에서 적합한 것은 아니다. 어떤 상황에서는 통역사가 반드시 현장에 함께 있어야만 참가자와 쉽고 명확하게 교감하는 것이 중요하기 때문이다. 예를 들면 농인이 재판에 관계되었을 경우, 통역사가 법정에서 벌어지는 모든 상황을 잘 듣고 봐야지만 농인과 재판 관계자의 커뮤니케이션이 순조로워지기 때문에 필수적인 일이다. 또한 의학적인 진단과 예측과 같은 어려운 대화가 이루어질 때는 통역사가 현장에 함께 있는 것이 무엇보다 중요하다.

미국 농인협회 NAD는 영상원격통역 VRI의 가이드라인을 아래와 같이 설정하고 있다.

- 영상원격통역 VRI은 강력한 인터넷망이 필요하므로 인터넷 연결이 약하거나 다른 요인들로 인해 비디오 스트리밍이 원활하지 않을 때는 효과적이지 않다.
- 영상원격통역 VRI은 농인들이 스크린을 선명하게 볼 수 있어야 한다. 시력에 문제가 있는 농인들에게나 부상을 당했거나 다른 요인들로 스크린을 볼 수 없는 곳에서는 전혀 효과적이지 않다.
- 병원에 입원 중인 농인과 간헐적인 커뮤니케이션을 하기 위해 영상원격통역 VRI에 의존하게 되면 심각한 통역의 문제가 발생할 수 있다. 미국수어 ASL는 매우 깊은 맥락에 의존하는 언어이다. 예를 들어 '약을 먹었습니까?'라는 질문은 알약인지 물약인지, 주사인지에 따라 다르게 해석될 수 있다. 또한 지속적인 커뮤니케이션을 위하여 영상원격통역 VRI를 사용하게 되면 새로운 통역사가 그동안 진행된 내용을 잘 모를 수 있기 때문에 정확한 통역을 할 수 없게 된다. 이러한 이유에서 지속적인 통역이 필요할 때는 최대한 매번 현장

에서 함께하는 통역사가 있어야만 한다.

- 재판정에서와 같이 집중하고 다수가 관계된 커뮤니케이션에서는 영상원격 통역 VRI을 사용하는 것은 적합하지 않다.

지역 수어통역사 *Locating a Sign Language Interpreter*

공인 수어통역사는 미국 수어통역사협회 RID나 각 주에 등록된 통역사 협회에서 찾을 수 있다. 농인들 스스로 지역 통역사를 지정할 수도 있다. 그 외 통역사를 구할 수 있는 다른 방법은 다음과 같다.

- 농인을 위해 특화된 지역 통역사 단체
- 농인 조직과 단체
- 각 주의 농인협회
- 농인 주립 위원회 또는 단체
- 농인 학교나 프로그램 실시기관

전문기관이나 서비스 대행사는 그들이 보유한 유능한 통역사들을 계속 확보하고 유지관리하면서 언제든 수어통역사들 소개할 수 있도록 준비하고 있어야 한다.

수어통역사 활용 모범사례 *Best Practices in Using Sign Language Interpreters*

단순히 수어통역사를 투입한다고 해서 성공적인 커뮤니케이션이 되는 것은 절대 아니다. 특히 사람들이 수어통역사 활용이 익숙하지 않을 때는 더욱 그렇다. 다음의 팁들이 가능한 한 효과적인 대화를 이끌어 내는 데 도움이 될 수 있다.

전문 통역사는 전문적 상황에서 어떻게 행동해야 할지에 대해 광범위한 훈련을 받는다. 나아가 그들은 어떤 행동을 해야 하는지, 어떤 행동을 해서는 안 되는지 등 전문가 윤리강령에 따라야 한다. 통역사는 다음 사항을 준

수해야 한다:

- 통역사에게 연락한 사람이나 대행사에 주제나 역할 등 상세한 내용을 파악하고 그 임무에 대해 준비해야 한다.
- 통역사는 자신에게 주어지는 임무에 대해 정확하고 효과적으로 통역하는데 능력이 부족하거나 기반 지식이 부족할 경우 또는 균형적으로 통역할 수 없을 때 임무를 거부해야 한다.
- 임무 전, 임무 중, 임무가 끝난 후에도 습득한 정보와 관계된 사람들 인적사항 포함, 임무와 관련된 모든 정보의 비밀을 지켜야 한다.
- 정보의 복잡성이나 민감성에 관계없이 관련자들 간 이루어진 모든 대화와 정보는 전부 충실하게 정확히 전달해야 한다.
- 정보를 명확히 하는데 필요한 일이 아니거나 통역사 역할을 제대로 수행하지 못할 때가 아니면 상호 간의 대화 중에는 통역사가 절대 개입해서는 안 된다.
- 참가자 격식에 맞추어 상황에 맞는 복장을 해야 하고 집중을 해치는 옷과 향수, 액세서리를 삼가한다.
- 모든 참가자를 정중하고 공손하게 대해야 한다.

통역사가 이러한 준수 사항을 지키지 못했다면 해당 통역사를 소개했거나 파견한 기관에 이를 알려주는 것이 매우 중요한 일이다. 통역사는 독립적으로 또는 둘씩 짝을 지어 배타적으로 일을 하기 때문에 통역사를 고용한 회사나 소개한 업체에게 잘못된 행동을 알리지 않으면 잘못된 행동들을 시정할 수가 없기 때문이다.

통역사를 고용하는 일

전문가로서 인증받았다 하더라도 모든 통역사가 모든 임무에 적합한 것은 아니다. 다음과 같은 정보가 통역사를 고용할 때 충분한 자격은 물론, 또한 준비가 잘 된 최고의 통역사를 찾을 수 있게 한다.

- 가능한 통역사 소개업체에 통역사가 필요한 상황에 대해 최대한 많은 정보를 제공하라.
    - 통역의 목적
    - 복잡한 임무를 이해할 수 있도록 배경 정보를 포함하여 논의될 정보
    - 통역 예상시간 및 복잡성 정도
    - 통역의 중요성
    - 통역 중 사용될 시각 자료 (사전에 제공될 수도 있고 통역사가 현장에 도착한 후, 제공될 수도 있다.)
- 통역사들에게 공인 통역사 여부와 통역 경력에 대해 물어야 한다.
- 전문 통역사 자격증이 없거나 교육이나 경험이 부족한 통역사를 채용하면 안 된다. 해당 주에서 요구하는 공인자격증이 없는 통역사는 절대 채용해서는 안 된다.
- 지속적인 통역이 필요한 상황이면 항상 같은 통역사를 채용하도록 해야 한다.
- 통역사에게 통역할 내용과 진행 순서를 미리 알리면 더 효과적으로 통역할 수 있다.

수어통역사 활용 *Using a Sign Language Interpreter*

수어통역사를 통해서 농인과 커뮤니케이션할 때 아래 가이드라인을 명심해야 한다.

- 농인을 가리킬 때 통역사를 보지 말고 농인을 똑바로 봐야 한다. 통역사가 없는 것처럼 해당 장애인을 보며 말해야 한다. 예를 들어 '그에게 회의는 화요일에 열릴 것이라고 말해주십시오.'라고 말하는 대신, '회의는 화요일에 열릴 것입니다.' 통역사는 말한 것을 정확하게 수어로 옮겨야 한다.
- 어떤 농인은 수어를 할 때 자신의 목소리를 사용한다. 다른 사람들은 소리를 내지 않지만 통역사은 수어로 말한 것을 영어로 말할 것이다. 두 경우 모두

통역사가 아닌 말 한 농인 본인에게 말함으로써 대답하라.

- 통역사는 연사 바로 옆에 위치해야 한다. 그래야만 통역사가 농인에게 쉽게 보이기 때문이다.
- 통역사는 그림자에 서있거나 그림자처럼 보이는 곳에 위치하면 안 된다. 창문과 같이 역광이 비치는 곳에 있으면 안 된다.
- 통역사가 통역이나 대화 중에 다른 참석자가 오가는 것을 허용하면 안 된다. 통역사의 유일하고도 중요한 역할은 농인 사이의 의사소통을 용이하게 만드는 것이다.
- 농인 앞에서 통역사 또는 그 누구와도 개인에 대한 대화를 하지 마라. 통역사는 누군가가 개인적인 대화를 했어도 농인 앞에서 말해진 것은 모두 통역해야 한다. 농인이 말한 내용들을 이해했는지는 통역사가 아닌 농인에게 물어라.
- 자연스럽게 빠르지 않게 말해라. 이름이나 몇몇 말들은 손가락으로 철자를 써야(지화 指話)만 된다는 것과 이것은 수어보다 시간이 더 많이 든다는 것을 기억하라. 통역사는 천천히 해야 할지 말지를 알릴 것이다. 통역사는 익숙하지 않은 전문용어나 기술적인 말을 사용하지 마라. 강사는 미리 통역사를 만나 특정 기술적 개념들은 그 의미를 살리면서 수어로 옮길 수 있는 최선의 방법을 논의하라.

전문 통역사 자격증이 통역사의 실력을 평가하는데 유용할 수도 있으나, 끝내 통역사가 이해할 수 있었는지를 평가하는 궁극적 주체는 농인이다. 특정인에게 효과적인 의사소통을 제공할 수 없는 통역사는 전문 통역사 자격 등급과 관계없이 부적격자이며 무자격자이다.

무자격 통역사 채용 때의 위험요소 *The Hazards of Using Unqualified Interpreters*

미국수어 ASL나 다른 수어에 능숙하지 못한 아마추어나 신인 통역사들은 효과적으로 통역하기 어렵다. 먼저 그들은 어휘력이 제한되어 있고, 때로는 특정한 말과 구문에 해당하는 미국수어 ASL를 모를 수도 있다. 그들은, 그들의 이런 한계를 피하기 위하여 말을 손가락으로 철자를 만드는 지화 指話로 의사소통을 할 때와 같은 문제점을 나타낼 수 있다. 두 번째는 그들이 적절한 어휘를 안다고 해도 미국수어 ASL 문법에 취약할 경우 통역할 내용을 완벽하고 정확하게 전달하지 못할 것이다. 예를 들면 'have to'라는 구문의 철자를 말할 수는 있으나 두 말이 합쳐져 의미 있는 구문이 되어야 하는데 수어를 할 때는 'have'와 'to'가 별개로 여겨져 오역이 되면 의무나 요구의 뜻을 가진 'have to'를 소유라는 의미로 잘못 통역할 수가 있다. 유사한 사례로 주차권에 쓰여진 'fine'이라는 말은 벌금이라는 뜻으로 전달되어야 하는데 잘 되어간다는 웰빙으로 해석될 수가 있다. 따라서 'You have to pay this fine.(당신은 벌금을 내셔야 합니다.)'라는 문구가 'You have payment. Good.(당신에게 지급될 금액이 있습니다. 좋습니다.)'라고 잘못 통역될 수 있다.

게다가 초급 또는 중급 수어통역사는 농인들이 수어로 표현한 내용을 영어로 통역하기에 충분할 정도로 농인을 이해하지 못한다는 것이다. 아마추어 수어자가 농인 수어를 이해했다며 통역을 할 수도 있지만 잘못된 번역은 심각한 문제를 낳을 수 있다.

통역사로 공식적인 교육과 훈련을 받지 않고는 수어에 능숙한 사람이라 해도 성공적인 통역을 할 수가 없다. 영어와 미국수어 ASL는 생각을 주고받는 똑같은 커뮤니케이션이지만 서로 매우 다른 방식을 가지고 있다. 아무리 두 개 언어에 능숙한 사람일지라도 훈련을 받지 않고는 보통 몇 초 안에 동일한 뜻으로 번역하기가 어렵고, 잘못하면 잘못된 정보를 전달하게 된다. 공식 훈련을 받지 못한 사람들은 수어에 능하다 하더라도 그들의 역할을 이해 못할 수가 있다. 양쪽에 완벽한 정보를 전달해야 하는 필요성을 이해하지 못할 수도 있고 중요한 개념을 빠뜨릴 수도 있다. 통역하는 중에 끼어드는 것을 자제해야 하는 필요성을 깨닫지 못할 수도 있고 모든 대화는 비밀을 지켜야 한다는 것을 모를 수도 있다.

특별한 요구사항의 고객을 위한 통역 ***Interpreting for Clients with Special Requirements***

아래와 같은 상황에서 확실한 커뮤니케이션을 위해서는 다른 종류의 통역사나 특별한 기능을 가진 통역사가 필요할 수 있다.

- 농맹인의 경우
- 지적장애나, 정신 질환과 같은 장애나 어린 나이로 언어 노출이 충분하지 않은 상태로써 미국 주류문화를 이해하지 못할 때
- 농인이 해외에서 성장하여 미국수어 ASL를 배우지 않았을 때
- 심각한 질병이나 경찰의 심문이나 재판정과 같은 예민하고 자세한 논의가 벌어질 때

농맹인의 경우

농인 대부분은 의사소통을 할 때 전적으로 시각에 의존한다. 그러나 시각장애인이거나 시력에 문제가 있는 농인들은 시간이 경과함에 따라 달라지는 고유한 커뮤니케이션 요구사항을 가지고 있다.

일찍 농인이 되었는데 10대나 성인이 되어 중도에 시각장애가 생긴 사람들은 의사소통을 위해 보통 수어를 사용한다. 많은 사람들이 의사소통을 위해 남아있는 시력에 의존하며 통역사들에게 그들의 피부 색깔과 대조되는 색깔의 옷을 입을 것을 요청하거나 수어 동작을 보다 좁은 시야에 맞춰주기를 요구한다. 또 다른 사람들은 광범위한 의사소통에 의존할 충분한 잔존 시력을 가지고 있지 않거나 단순히 그런 것을 선호하지 않을 수 있다. 그들의 경우, 촉각을 이용하는 형태의 수어 Tactile Forms of Signed Communications로 의사소통을 하는 전문 통역사가 필요할 것이다. 촉각 수어 커뮤니케이션은 농인이 '수어를 하는 농인이나 통역사의 손에 손을 얹고 촉각을 사용하

여 수어를 이해'할 수 있을 때 사용한다.

농인이며 동시에 시각장애인인 사람(농맹인)들은 그중에서도 특히 시각장애인이 성장 과정 등 중도에 농인이 된 경우에는 일반적으로 수어를 사용하지 않는다. 그들은 점자 또는 확대된 글자로 실시간 자막을 읽거나 확대하는 등 다양한 다른 커뮤니케이션 방법에 의존한다.

현재 이러한 경우 사용하는 커뮤니케이션 형태를 위한 특화된 공인자격증은 없다. 통역사를 고용하는 사람은 미리 농맹인에게 선호하는 커뮤니케이션 방법을 물어보고 소개업체나 통역사에게 알려줘야 한다. 모든 노력은 농맹인의 특별한 요구사항이나 선호도를 수용하기 위해 이루어져야 한다.

언어장애 또는 시적장애 혹은 정신장애가 있는 사람들

성장과정이나 여러 요인으로 발생한 장애이기 때문에 모든 농인이 표준수어를 하는 통역사를 이해할 수 있는 것은 아니다. 미국수어 ASL 통역사들의 압도적 다수는 10대 때나 성인이 되어 수어를 배웠기 때문에 태어나서부터 한 원어민 수준의 수어를 하지는 못한다. 대부분의 농맹인 사람들은 그러한 통역사를 이해하기에 충분할 만큼 영어와 미국 문화에 익숙하다. 그렇지만 몇몇 사람들은 익숙하지 않아 고객의 커뮤니케이션 스타일과 세상을 이해하는 정도에 잘 맞추려면 공인 농인 통역사 CDI 없는 커뮤니케이션은 효과적이지 않다.

그러한 상황들은 인지장애나 정신 질환을 가지고 있는 농인에게 더욱 빈번하게 일어난다. 또 듣는데 문제가 없는 사람들도 고령화로 영향을 받는 것처럼 농인도 고령화로 의사소통 능력에 더욱 영향을 받게 된다. 이러한 상황은 농인 아동이 성인이 될 때까지 표준 미국수어 ASL를 전혀 모르거나 다른 지역에서는 도저히 이해할 수 없는 극도로 지방화된 미국수어 ASL를 익혔거나 미국수어 ASL답지 않은 동작을 사용할 때도 일어난다.

이민자

미국으로 이민 온 농인들은 그들이 모국에서 사용되는 수어만 알고 있고 미국수어 ASL를 배운 적이 없기 때문에 그들은 이민자 모국의 수어를 아주 능숙하게 할 수 있는 통역사을 구해야 한다. 그런 통역사는 다른 나라 수어와 미국수어 ASL 사이를 번역하고 또 한 명의 통역사는 미국수어 ASL와 영어를 통역하게 된다. 농인의 모국 수어에 익숙한 통역사를 구하지 못할 때 공인 농인 통역사 CDI는 다른 수어를 사용하는 농인과 언어 유대를 만들어 공동 수어 세트를 활용하여 미국수어 ASL로 번역할 수도 있다.

용의자, 증인 및 피고

경찰의 심문이나 법원 심리와 같이 정확한 통역이 결정적인 역할을 할 만큼 중요할 때 최고의 정확도를 확보하기 위해 미국수어 ASL 표준 통역사를 채용해야 한다. 이러한 방법들은 농인이 미국수어 ASL과 영어에 익숙하더라도 자주 필요하다. 왜냐하면 이러한 상황에서는 아주 작은 오역도 매우 심각한 결과를 가져올 수 있기 때문이다.

자막처리

CAPTIONING

읽기 실력이 뛰어난 농인에게는 자막을 제공하는 것은 통역사 만큼이나 효과적이다. 예를 들면 고도의 기술정보가 포함된 발표는 자막을 통해서 보다 쉽게 내용을 전달할 수 있는데 그 이유는 전달 내용을 이해하고 중간 역할을 하는 자막처리자가 필요하지 않기 때문이다. 자막과 함께 제공되는 동영상은 시각정보와 청각정보의 상호작용, 자막과 시각적 정보의 근접성, 말하는 사람의 말하는 속도의 변화와 높낮이 등으로 통역사 통역보다 훨씬 쉽게 이해될 수 있다.

실시간 자막처리 Real-Time Captioning

행사 생중계를 위해서 실시간 문자통역 Communication Access Real-time Translation, CART은 실시간 동시통역으로 커뮤니케이션 접근 또는 자막출력 C-Print등 여러 방법으로 처리될 수 있다. 속기나 다른 자막 시스템에 집중 훈련을 받은 사람들이 연사의 말을 타이핑을 해 프로젝션 스크린이나 모니터에 나타나게 한다. 농인들은 생중계되는 동안 글로 옮긴 내용을 동시에 읽을 수 있다.

자막처리는 읽기능력이 뛰어나고 수어를 모르는 농인에게 유용하여 수어통역사가 없어도 된다. 그러나 글로 옮기는 작업 속도 때문에 천천히 글을 읽는 사람이나 기술적인 어휘에 익숙하지 않은 사람들에게는 적절하지 않다. 농인의 토론 참여가 필요한 상황이나 환경에서는 보조 수단이나 서비스로도 적합하지 않다. 또한 이러한 환경에서 자막처리는 농인이 말한 내용을 이해하는 데 도움은 줄 수 있으나 수어통역사나 농인 자신의 생각과 의견을 밝힐 수 있도록 할 다른 형태의 서비스가 반드시 필요하다.

실시간 문자통역 CART은 실시간 통역의 커뮤니케이션 시스템으로 재판정에서 자주 사용되는데 그 이유는 법원 속기 기술을 응용하여 개발된 시스템이기 때문이다. 이 시스템은 학교 교실, 강당, 또는 다른 환경에서도 광범위하게 사용되고 있다. 이 시스템의 성공 여부는 속기사의 숙련도와 번역 프로그램의 정교함에 달려있다. 또한 실시간 문자통역 CART의 장점은 재판 관련자 전원이 사용할 수 있도록 법정에서 주고받은 모든 정보를 출력된 원고 형태로 속기사가 제공할 수 있다는 것이다. 그러나 기술이 진보되었다 하더라도 아직도 잘못 해석되는 심각한 실수들이 종종 나타나고 있다.

컴퓨터의 광범위한 사용과 숙련된 속기사를 구할 수 있다 하더라도 그 사람들이 실시간 자막을 제공하는 데 자격을 갖추었다고는 할 수 없다. 표준화된 키보드로 타이핑해서 사람이 말하는 속도에 따라 타이핑할 수 있는 타이피스트는 매우 예외라고 할 수 있다. 실시간 문자통역 CART과 자막출력 C-Print은 자막넣는 사람이 말하는 속도를 따라잡을 수 있도록 고안된 음소 Phonmes, 속기, 축약어를 활용할 수 있도록 특별한 소프트웨어를 사용한다. 그러한 소프트웨어 사용 훈련을 받지 못했거나 접근할 수 없던 사람은 말하는 속도를 따라잡을 수 없을 것이기 때문에 자막처리 작업자로 적합하지 않다.

폐쇄 자막처리 Closed Captioning

비디오와 미리 녹화된 미디어에서 보는 사람이 끄고 켤 수 있는 '폐쇄 자막처리'는 농인 같은 특별한 시청자에게 정보를 볼 수 있게 만들어 준다. 현재 폐쇄 자막처리는 연사의 말을 음성인식 소프트웨어에 입력하여 자막으로 동시에 나타낼 수 있도록 한다. 그러나 음성인식 소프트웨어는 아직, 비디오 콘텐츠에 100% 접근했다고 신뢰하지 못한다. 때문에 음성인식 소프트웨어를 통해 생성된 자막은 사용되기 전에 일단, 사람에 의해 살펴보고 수정함으로써 정확도를 높여 사용되어야 한다.

개방 자막처리 Open Captioning

어떤 환경에서는 영화, 점보트론(경기장 대형스크린), 영화관 LED보드, 극장, 스타디움에 나타나는 개방 자막처리로 이루어진다. 자막은 버튼으로 켤 수도 있고 끌 수도 있으며 디스플레이 되었을 때는 모든 청중이 동시에 볼 수 있다.

폐쇄 자막처리와 청각 보조 장치의 신뢰할 수 없는 점 때문에 영화관이나 운동경기장 같은 대형 장소에서는 농인 요청이 있으면 자막을 넣는다. 연극무대 같은 극장에서는 개방 자막처리를 함으로써 농인이나 난청인 접근이 가능하다. 수어를 하지 않는 농인이나 난청인이 공연장에 접근을 할 수 있는 방법이 된다.

청각 보조 장치; 인공귀 Assistive Listening System

농인은 보청기 사용 여부 또는 인공와우 사용 여부와 관계없이 주변의 소음과 울림이 있으면 말과 주변의 소리를 구별하기 어렵다. 청각 보조 장치가 설치되어 있지 않은 실내에서 농인이 청인과 똑같이 소리를 구별하는 것은 어려운 일이다. 최고의 청각 보조 장치와 함께 최고기술로 이루어진 음향 시스템이라도 이러한 문제를 해결할 수는 없다. 그러므로 1990년 미국장애인법 Americans with Disabilities Act, ADA에서는 공공장소에는 반드시 청각 보조 장치를 설치하라고 규정되어 있다. 청각 보조 장치 설치 목적은 가능하면 직접적으로 귀에 소리를 전달하고자 함이다. 이러한 시스템은 안내방송시스템 Public Address Systems, PAS과 혼동할 수가 있다. 이것은 일반적으로 소리의 질을 높이거나 단순히 소리를 증폭시키는 장치이다. 그러나 안내방송시스템 PAS는 실내의 모든 소리를 향상시키는 것이 아니라 '특정 소리'만을 직접 사용자 귀에 옮겨주는 것이다. 다음의 기본적인 세 가지 무선통신 기술이 이러한 목적에 사용된다. 유도 루프 기술 Induction Loop Technology, FM 방송, 적외선 기술. 세 가지 기술 하나하나가 모든 기기에 최적으로 적용될 수는 없다. 청각 보조 시스템의 세 개 타입 모두 한계가 있기 때문에 세 개 모두 새로운 시설이나 오래된 시설에 설치한다.

유도 루프 기술 *Induction Loop Technology*

유도 루프 기술은 전자기 전송 Electromagnetic Transmission에 기반한 기술로써 사용자의 보청기나 인공와우 Cochlear Implant가 텔레코일 Telecoil Circuit이다. T스위치와 함께 사용되면 신호가 사용자가 보청기나 인공와우에 직접 전달되는 특별한 장점이 있다. 보청기나 인공와우가 수신기 역할을 하기 때문에 다른 모든 기술에서 요구하는 추가 수신기가 필요 없다. 예를 들면 텔레코일을 틀면 사용자는 헤드폰 없이도 자신의 보청기나 인공와우 내에서 신호를 받을 수 있다. 그러나 농인이 텔레코일이 장착된 보청기나 인공와우 등 아무런 보조 기구도 가지고 있지 않다면 반드시 유도 수신기를 사용해야 한다. 유도 수신기가 헤드폰과 같이 소리를 직접 귀까지 전달해 주는 텔레코일 기능을 하면서 보청기나 인공와우를 대체할 수 있다. 이에는 세 가지 유형이 있는데 지팡이 모양 기구 Wandlike Device, 헤드폰이 달린 주머니 크기 기구 Pocket-sized Device with Headphones, 보청기처럼 보이는 플라스틱 조개껍데기 모양 안에 설치된 텔레코일이다. 지팡이 모양의 기구와 헤드폰이 달린 주머니 크기의 기구가 가장 보편적이다.

FM 방송기술 *FM Broadcast Technology*

연방통신위원회 **Federal Communications Commission, FCC**는 FM 시스템을 운영하기 위하여 일정한 주파수를 지정한다. 각 시스템은 각각 주파수를 사용하기 때문에 여러 시스템이 서로 방해하지 않고 같은 장소에서 동시에 운영될 수 있다. 그러나 유도 루프 시스템과 다르게 FM 시스템은 농인이 보청기나 인공와우 소지 여부와 관계없이 사람마다 특별 수신기가 필요하다. 보청기를 FM 시스템에 연결하기 위해서는 몇 가지 조건이 있다. 공공장소에서 가장 편리한 방법은 보청기나 인공와우의 텔레코일 회로를 사용한 목모양 루프 Neckloop나 실루엣 유도 장치를 사용하는 것이다.

적외선 기술 ***Infrared Light Technology***

실제적인 면에서 적외선 수신기 시스템은 FM 시스템에 작동하는 방법과 유사하다. 수신기들은 송신기의 가시권에 있어야만 한다. 시그널은 밀폐된 방에서만 수신된다. FM 기술과 마찬가지로 개개인은 보청기나 인공와우 사용 여부와 관계없이 수신기를 별도로 사용해야만 한다.

여기서 언급되는 커뮤니케이션 테크닉이나 청각 보조 시스템은 농인, 난청인, 청인을 구분 짓는 커뮤니케이션 장벽을 없애는 방법들이다.

통신

TELECOMMUNICATION

증폭장치로 농인이나 난청인들도 전화 사용을 가능하게 한다 해도 어떤 사람들은 전통적인 전화를 통한 커뮤니케이션이 어려울 수 있다. 그러나 문서 의사소통인 이메일, 문자메시지, 온라인 채팅 소프트웨어의 확산은 청인과 농인 사이일지라도 특별한 도구 없이 즉각적인 커뮤니케이션을 가능하게 한다. 과거 이 같은 농인과 청인 간의 데이터 전송을 위해 통신타자수의 데이터 입력 시스템인 청각장애인용 문자전화기 Teletypewriter, TTY 또는 청각장애인용 통신기기 TDD는 이제 더 이상 쓸모가 없게 되었다.

커뮤니케이션 사정이 복잡하거나 상대방과 문서 의사소통이 가능하지 않을 때, 흔히 은행이나 병원 등에서 일어나는 경우에는 농인의 선호에 따라 다양한 장치가 사용될 수 있다. 수어를 사용하는 농인이나 난청인들은 비디오전화기 Video Phone, VP로 전화 통화를 대체할 수 있다. 비디오전화기 VP는 독립적인 장치로써 영상통화를 가능하게 하며, 웹캠을 사용하여 인터넷으로 연결되는 비디오 커뮤니케이션을 가능하게 한다. 또 비디오전화기 VP 소프트웨어를 스마트폰에서 다운받아 비디오전화기 VP를 똑같이 사용할 수 있다. 비디오전화기 VP의 가장 주된 장점은 통화를 주고받는 사람들이 미국수어 ASL를 사용할 수 있고 의사소통이 가능한 어떠한 수어도 사용할 수 있다는 것이다.

연결 서비스 Relay Services

농인이나 난청인이 전화를 걸 때 표준 전화기와 호환이 안되는 전화기를 사용할 경우에는 그 둘을 중계해 주는 연결 서비스가 있어야 한다. 연방통신위원회 FCC는 이런 중계 서비스에 대해 무상 지원을 하고 있다. 모든 기업과 정부기관은 청인들에게 걸려온 전화를 받는 것처럼 중계 서비스를 통해서 걸려온 전화도 받아야 할 의무가 있다.

비디오전화기 VP와 표준전화기 사이의 전화는 영상중계서비스 **Video Relay Service, VRS**를 통해 통화할 수 있다. 영상중계서비스 VRS중계자는 미국수어 ASL 사용자와 직접 소통하기 위해서 비디오전화기 VP를 사용하고, 청인과의 소통은 표준 전화기를 사용하는 미국수어 ASL 통역사와 한다. 인터넷 프로토콜 **Internet Protocol, IP**를 매개로 해서 온라인 채팅이나 텍스트 메세지 시스템으로도 통화할 수도 있다. 인터넷 프로토콜 IP로 연결된 중계자는 타이핑하는 통화자의 텍스트를 표준 전화기를 통해 큰소리로 읽어주고 청인의 말을 받아 타이핑한다.

비교적 말을 잘 들을 수 있는 농인은 자막 시스템이나 비디오전화기 VP와 함께 표준 전화기도 사용할 수 있다. 농인이 표준 전화기로 직접 청인에게 말하고, 중계자는 청인의 말을 농인에게 다시 전달한다. 중계자는 답변을 미국수어 ASL로 통역, 영상중계서비스 VRS를 사용하거나 인터넷 프로토콜 IP 중계서비스, 자막전화 또는 청각장애인용 문자전화기 TTY를 통해 답변을 타이핑할 수도 있다.

경고 장치 Alerting Devices

청각 신호를 사용하여 사용자에게 경고를 주는 장치는 본래 농인이 있는 소비자에 맞춰서 만들어졌다. 예를 들면, 비디오전화기 VP는 불빛이나 깜박이는 화면으로 사용자에게 전화가 걸려왔음을 알려준다. 전화나 핸드폰은 벨이 울릴 때마다 불빛이 번쩍이도록 세팅할 수 있고 다른 장치들도 눈에 보이는 경보 시스템으로 사용할 수 있다.

이 챕터에서는 농인과 청인 사이의 의사소통 채널이 보다 쉽고 효과적인 대화를 위하여 열려져 있음을 다양한 방법으로 설명하였다. 방법들이 압도적으로 많아 보일 수도 있으나, 대부분 농인들은 그들이 선호하는 특정한 방법에 더 친숙하다. 그들은 다양한 보조 기구나 서비스에 대해 수어통역사나 자막처리 등 서비스 제공자들에게 커뮤니케이션 간극을 어떻게 메울 수 있는지에 늘 상담하고 있다. 우리 모두의 작은 노력으로 우리 주변과 직장에서 만나는 농인들이 우리 사회에 완전하고 평등하게 접근할 수 있는 사회통합과 커다란 발전을 만들 수 있다.

NOTES

1. Johns Hopkins University, "One in Five Americans Has Hearing Loss," November 14, 2011, http://www.hopkinsmedicine.org/news/media/releases/one_in_five_americans_has_hearing_loss.
2. McCay Vernon and Eugene D. Mindel, *They Grow in Silence: The Deaf Child and His Family* (Silver Spring, MD: National Association of the Deaf, 1971), 96.
3. 28 C.F.R.[*] Part 36.
4. 42 U.S.C.[**] 12101-12213.
5. http://www.360translations.com/burnsat/stateregs.htm.

*미국연방규정집 Code of Federal Regulations, C.F.R.

**미국법전 United States Code, U.S.C.

Chapter 2

미국장애인법

Americans with Disabilities Act, ADA

1990년 제정된 미국장애인법 Americans with Disabilities Act, ADA은 '장애를 가진 모든 미국 시민'에게 획기적인 민권법 Civil Right Act이자 차별 금지법이다.[1] 이 법으로 인해 농인들은 사회 곳곳에서 평등한 접근권을 얻으려 했던 여러 노력에서, 특히 수많은 중요한 장소에서 커뮤니케이션 장애물과 장벽을 제거하는 엄청난 혜택과 진전이 얻게 되었다.

미국장애인법 ADA이 통과되기 전, 연방법과 주법은 제한된 장소에서만 장애인에게 차별을 금지했다. 예를 들면 1973년 제정된 재활법 Rehabilitation Act'은 연방정부 채용, 연방정부 프로그램이나 활동, 연방정부 재정 지원을 받는 프로그램이나 활동에서 차별을 금지했다.(챕터 3 참조) 1968년 제정된 '건축장벽법 Architectural Barriers Act'은 연방정부의 재정 지원을 받는 빌딩에서는 물리적 접근과 커뮤니케이션에 장애물은 제거해야 한다고 규정되어 있다. 1975년 '모든 장애 아동을 위한 교육법 Education for All Handicapped Children Act'이 1990년 '장애인교육법 Individuals with Disabilities Education Act, IDEA'으로 다시 제정됨으로써 이 법은 공립학교(챕터 4 참조)에 다니는 많은 농인에게 중요한 절차와 실질적인 보호와 교육권 확보에 중요한 전기를 제공했다. 이렇듯 모든 연방법은 평등한 접근권에 대한 중요한 원칙을 세웠지만 법의 영향력은 특별한 장소로 제한되었었다.

미국장애인법 ADA는 이러한 법들 속에 있는 중요한 원칙을 취하고 그것들을 미국인 공공생활은 물론 광범위한 주류사회까지 확장시켰다. 미국장애인법 ADA는 거의 모든 사회 전반에서 모든 차별을 금지하고 있다. 이 법이 제정됨으로써 모든 미국 장애인은 차별 없는 고용 **TITLE I : EMPLOYMENT**, 주정부와 지방정부 **TITLE II : STATE AND LOCAL GOVERNMENTS**의 접근과 공공 편의 시설 **TITLE III : PUBLIC ACCOMMODATION**과 통신 **TITLE IV : TELECOMMUNICATIONS**에서 차별금지의 법적 보호를 받게 되었다.

미국장애인법 ADA은 1장 고용 TITLE I : EMPLOYMENT에서 재활법 Rehabilitation Act에 해당되는 연방정부 계약자나 연방정부 재정 지원을 받지 않더라도 15명 이상 직원을 채용한 모든 기업의 고용주는 고용에 있어 모든 차별적 관행을 없애야 한다. 미국장애인법 ADA 2장 주정부 및 지방정부 TITLE II : STATE AND LOCAL GOVERNMENTS에서는 연방정부나 연방정부의 재정 지원을 받지 않더라도 주정부와 지방정부의 모든 활동과 서비스에서 차별 없이 접근할 수 있어야 한다고 규정하고 있다. 미국장애인법 ADA 3장 공공 편의 시설 TITLE III : PUBLIC ACCOMMODATION에서는 민간기업과 전문기관과 비영리 기관 시설과 서비스에 장애인이 접근 가능하도록 해야 한다고 규정했다. 각각의 법령은 개인소유 빌딩이나 편의 시설을 새로 설비하는데 광범위하게 적용되기 때문에 새로운 건축물 표준들은 장애인 접근권을 포함하게 된다.

미국장애인법 ADA은 상하 양원의 초당적 지원을 받으며 의회에서 채택되었고, 조지 부시 대통령은 최종 서명했다. 미국장애인법 ADA은 폭넓은 찬사를 받았으며, 모든 장애인에 대한 완전한 차별을 없앨 수는 없으나 현저히 차별을 금지하는 강력한 도구가 되었다. 그러나 해가 갈수록 연방 대법원을 비롯한 각급 법원은 미국장애인법 ADA 영향력을 축소하는 판결을 내렸다. 때문에 2008년 국회는 미국장애인법 ADA 영향력을 더욱 넓히고자 개정 미국장애인법 **Americans with Disabilities Act Amendments Act, ADAAA**을 통과

시킴으로써 영향력을 축소해 온 대법원 판결에 정면으로 맞섰다.

장애의 정의

DEFINITION OF 'DISABILITY'

미국장애인법 ADA은 서로 다른 종류의 신체적 정신적으로 장애가 있는 많은 사람을 보호하고 있다. 미국장애인법 ADA에서 장애의 정의는 첫째, 신체적으로나 정신적으로나 장애로 인하여 중요한 일상생활과 여러 활동에서 적어도 하나 이상 심각한 제한을 받고 있는 사람, 둘째, 그러한 장애를 가지고 있는 사람, 장애인을 포함한다.[2] 미국장애인법 ADA 3장에서는 민간기업, 전문기관, 비영리 기관도 그들 시실이나 서비스에 장애인이 쉽게 접근할 수 있도록 편의 시설을 완비하라고 규정하고 있다.

법원 판결로 본 장애 Defining Disability in the Courts

미국장애인법 ADA에 따르면 장애는 주요 일상생활과 활동을 하는데 능력과 기능에 심각한 한계가 있는 상태를 말한다. 어떤 농인이 미국장애인법 ADA의 보호를 받기 위해서 아주 심각하고 심한 청각장애이어야만 하는 것은 아니다. 이미 듣는 것에 심각한 영향을 받고 있으므로 그는 미국장애인법 ADA의 보호를 받을 자격이 충분하다. 고용에 관한 미국장애인법 ADA 규정에서 '실질적 한계'라는 용어는 일반적으로 전체 인구 중 평균적인 사람이 하고 있는 일상적인 활동을 할 수 없다는 의미로 개념적 정의를 하고 있다.[3]

1999년 연방 대법원은 '장애인의 정의'를 다룬 3가지 유형의 판례를 세운 바 있다. 아래의 세 가지 판결에서 대법원이 제기한 주요 쟁점은 어떤 사람이 장애인인지를 판단하는 데 있어 보조 장치와 약물이 고려되어야 하는

가의 여부였다. 이들 케이스에서 대법원은 원고들의 장애가 미국장애인법 ADA에서 정의한 장애가 아니기 때문에 장애인이 아니라고 판결했다.

'스톤 대 유나이티드항공 **Sutton v. United Airlines**' 판결; 유나이티드항공은 두 명의 민간항공 조종사를 근시라는 이유로 채용하지 않았다. 이에 대해 조종사들은 자신들은 안경을 쓰지 않으면 20/100 이하의 시각장애인이라며 차별을 주장했다. 그러나 대법원은 두 사람은 안경을 쓰면 20/20으로 시력이 교정될 수 있기 때문에 이들을 장애인이라고 볼 수 없다는 판결이었다.[4] '머피 대 유피에스 **Murphy v. United Parcel Service**' 판결; 한 정비사가 약물로 혈압을 관리하고 있음에도 고혈압을 이유로 해고되었다. 그러나 대법원은 원고가 약물치료로 혈압을 적절히 관리하고 있으며 혈압에 의한 장애가 없다며 해고가 부당하다고 판결했다.[5] '키르킹버그 대 앨버트슨스 **Kirkingburg v. Albertsons**' 판결; 눈 하나로만 볼 수 있는 사람이 트럭 운전사로 취직을 하려는데 회사는 계속 거절했다. 대법원은 이 사람은 눈 하나만으로도 볼 수 있기 때문에 장애가 없는 사람이라며 취업거부는 부당하다고 판결했다.[6]

이 세 가지 판례는 미국장애인법 ADA과 재활법 Rehabilitation Act에 의해 법적 보호를 받을 수 있다고 믿었던 많은 사람들에게 영향을 주었다. 대법원의 판결은 안경이나 약물과 같은 보조 기구나 약물치료 방법 등으로 주요 일상활동에서 장애를 겪는 상태를 시정할 수 있다면 장애인이 아니라고 판결했기 때문이다.

의회는 상기한 대법원 판결로 장애의 한계 수준을 부적절하게 높여놨다며 2008년 개정 미국장애인법 ADAAA을 제정했다. 이 법은 미국장애인법 ADA이 장애에 대해 내린 정의보다 장애의 범위를 더욱 크게 넓혔다. 의회는 스톤, 머피, 키르킹버그 **Sutton, Murphy, Kirkingburg** 판례에 대해 보조 기구나 약물로써 장애로 인한 심각한 한계를 개선하는 효과가 있다는 점을 장애냐 아니냐를 결정하는 데 고려해서는 안 된다고 결정하면서 대법원 판결을 거부했다.[7] 의회가 위의 세 가지 케이스의 판결을 취소하면서 보청기 또는 인공와우와 같은 보조 기기 등의 활용은 개인이 주요 일상생활에서 듣는 데 있어서 심각한 한계가 있는지 없는지를 판단하는 데 더 이상 고려 사항이 될 수 없었다.

개정 미국장애인법 ADAAA 이전에는 이러한 대법원의 결정이 농인들에게는 별로 제한적이지 않았다. 대법원은 장애 여부를 판단하는 데 있어 사안별로 다뤄야 할 필요가 있다고 강조했기 때문에 대법원의 판결은 농인들에게 심각한 영향을 미치지 못했다. 미국장애인법 ADA과 재활법 Rehabilitation Act에서 농인은 주요 일상 활동에서 듣는데 심각한 장애가 있다며 이미 장애인으로 간주되었기 때문이다.

따라서 주요 쟁점은 보청기와 인공와우의 관계와 청각 손실이 경미하거나 중간 정도인 사람에게 있었다. 어떤 사람들은 농인이 보청기나 인공와우를 장착하는 경우, 장애 여부로 논쟁하지만 이것은 불필요한 과잉반응인 것이다.

대부분 사람들은 안경을 써서 20/20의 시력으로 교정한다. 이것을 단순히 보청기, 인공와우 같은 청각 보조 장치와 같은 경우와 비교할 수는 없다. 많은 보청기와 인공와우 사용자는 말을 이해하는 데 있어, 특히 소음이 심한 경우 큰 어려움을 가지고 있다. 개정 미국장애인법 ADAAA 이전의 주요 법적 이슈는 보청기, 인공와우, 보조 청각 장치를 사용하는 사람이 일상 활동을 하는데 심각한 장애를 가지고 있는지 여부를 가리는 것이었다. 어떤 사람이 심각한 장애를 갖고 있다면 그 사람은 미국장애인법 ADA과 재활법 Rehabilitation Act에 의해 법적 보호를 받을 자격이 있었다. 대부분의 농인에게 해당하는 것이었다. 그런데 개정 미국장애인법 ADAAA 이후 주요 법적 이슈는 개인의 보청기, 인공와우, 청각 보조 장치 사용 여부와 '관계없이' 주요 일상생활에서 듣고 말하는데 심각한 한계를 가지고 있느냐의 여부이다. 따라서 어떤 사람이 청각을 손실한 정도가 보청기, 인공와우, 그 외 다른 청각 보조 장치를 사용해서 정상범위에 들어오면 그 사람은 미국장애인법 ADA나 재활법 Rehabilitation Act으로는 보호받을 수 없었다. 왜냐하면 그들이 보청기, 인공와우, 그 외 청각 보조 장치가 없으면 주요 일상생활에서 심각한 장애가 있음을 증명해야만 연방법에 의해 법적 보호를 받을 수 있었기 때문이다.

1장 : 고용

TITLE I : EMPLOYMENT

미국장애인법 ADA 1장과 미국 고용평등위원회 US Equal Employment Opportunity Commission, EEOC에서 채택된 규정에 의하여 고용주는 '유자격 장애인 Qualified Individual with a Disability'의 (1) 취업 응시과정, (2) 채용, (3) 해고 (4), 보상, (5) 승진, (6) 그 외 다른 고용조건, 규정, 특혜 등으로 차별하는 것을 금지하고 있다.[8]

미국장애인법에서의 고용주 Employers Covered under the ADA

파트타임 또는 임시 직원을 포함하여 15명 이상의 직원을 고용하고 있는 고용주는 1장의 규제를 받는다. 고용알선기관, 노동조합, 노사위원회 등도 역시 1장의 규제를 받는다. 미국장애인법 ADA 적용이 면제되는 곳은 미국정부, 인디언족, 개인 면세 멤버십 클럽 등이다.[9]

차별 금지 Discrimination Prohibited

미국장애인법 ADA과 미국 고용평등위원회 EEOC 규정에서 아래와 같은 경우, 고용주가 유자격 장애인을 배제하는 등 차별하는 것은 불법이다.

- 직원 모집 광고, 입사지원 과정
- 채용, 승진, 징계, 좌천, 전보, 해고, 계약 해지, 해고에서 재입사할 권리
- 임금
- 업무 배치, 업무 분류, 직급 설명, 선임자 명단
- 결근, 병가, 그 외 다른 휴가
- 임금 외 부가혜택
- 교육 기회와 재정 지원
- 사교 및 여가 프로그램을 포함한 고용주가 후원하는 활동
- 고용 기간, 조건, 특혜 등[10]

고용주는 입사지원 과정 중 그리고 취업 중에 장애인에게 '합리적인 편의 Reasonable Accommodation' 제공해야 한다. 합리적인 편의란 유자격 장애인 지원자나 기존 직원에게 고용 지원 과정에 참가할 수 있고, 필수적인 기능을 수행하고, 고용의 혜택과 특혜를 누릴 수 있도록 허용하는 환경의 변경 또는 조정을 말한다.

농인을 차별하는 사례는 다음과 같다.

- 취업 면접을 위한 공인 통역사를 고용하지 않을 때
- 고용주가 통역사를 채용하는 등 편의 제공을 꺼려 채용하지 않거나 승진하지 못했을 때
- 청인과 동일한 일을 하는데 낮은 임금을 받을 때
- 특별한 보조 장비를 제공받지 못할 때
- 고용주가 통역사에게 수고비 지불을 거절하여 교육받을 기회를 상실했을 때

'과도한 부담'에 대한 고용주의 방어 Employer's Defense of 'Undue Hardship'

합리적인 편의를 제공해야 한다는 요구를 받는 고용주는 요구하는 편의가 심각한 어려움이나 큰 비용이 드는 등 과도한 부담이 있다고 주장할 수 있다. 요구한 편의 내용이 과도한 것인지를 결정하는 데는 다음 사항을 고려해야 한다:

1. 필요한 편의의 성격과 실제 비용을 세금공제와 감면 또는 외부 지원금 등과 비교
2. 편의를 제공해야 하는 사업장의 전반적 재정 여력, 직원 수와 투입된 재원의 효과
3. 직원 수 대비 재원의 규모와 사업장 형태를 포함한 전반적인 재정
4. 사업 전체 대비 사업장 운영 형태와 요구 시설과의 관계

미국 고용평등위원회 EEOC 규정을 분석하면 청각장애 지원자를 포함하여 다음과 같은 예시를 보여준다: 개인소유의 패스트푸드 프랜차이즈 가맹점은 모기업으로부터 아무런 지원을 받지 못한다. 프랜차이즈 본사는 매월 직원 회의에 통역사 제공은 '과도한 부담'에 해당된다며 농인 고용을 거절한다. 모기업과 가맹점 간 비용은 가맹점이 부담하기 때문에 본사의 편의제공이 과도한지 여부를 결정하는 데 고려될 필요가 없다. 또한 그러나 재정이나 행정적 관계가 모기업과 가맹점 사이에 존재한다면 모기업의 재정상태가 편의제공의 어려움이 과도한지 여부를 결정하는 데 고려될 수 있다.

집행조항 Enforcement Provisions

미국장애인법 ADA 적용에 따른 고용관행들은 미국 고용평등위원회 EEOC와 주 및 지방 시민권리단체와 함께 시행되고 있다. 장애인도 1964년

제정되고 1991년 개정된 민권법 Civil Rights Act 2장으로 보호받는 모든 그룹과 똑같은 개선책을 적용받는다. 미국장애인법 ADA 고용 법령을 위반한 고용주가 발견되면 즉시 고용주는 차별 관행을 중단하고 고용정책과 관행을 수정하여 유자격 장애인을 고용하고 손해를 보상하며 해고한 경우, 다시 채용하고 필요한 편의를 제공할 것을 명령받는다. 고의적 차별로 생긴 손실과 징벌적 피해는 보상받을 수 있지만 고용주가 필요한 편의를 조성하기 위한 노력을 증명할 수 있는 경우, 피해를 보상받지 못할 수 있다. 해당 사건에서 패소한 고용주는 장애인에게 변호사 비용을 포함한 기타 비용을 지불해야 한다.(미국장애인법 ADA 7장 고용 참조)

2008년 미국장애인법 개정에 따른 미국 고용평등위원회 개정안

EEOC AMEDMENTS OF ITS ADA REGULATION TO REFLECT THE ADA AMENDENT ACT OF 2008

2008년 9월 25일 미국 상하 양원이 미국장애인법 ADA 개정법인 개정 미국장애인법 ADAAA을 만장일치로 통과시킴으로써 동법은 2009년 1월 1일부터 효력을 발생했다. 장애인고용평등위원회 EEOC는 장애라는 용어에 대해 개정 미국장애인법 ADAAA의 변경사항을 반영하기 위하여 미국장애인법 ADA 규정을 개정한 것이다. 다음은 미국장애인법 ADA 기존 규정에 대해 변경된 개정 미국장애인법 ADAAA의 중요 내용은 다음과 같다.

- 장애의 정의는 미국장애인법 ADA에서 허용하는 최대한 범위까지 광범위한 해석을 강조
- 다음 두 가지 목록을 제시함으로써 '주요 일상생활 활동'의 정의를 확대
  - 첫째는 미국 고용평등위원회 EEOC가 특별하게 인식하지 못한 활동 (읽

기, 아래로 굽히기, 의사소통하기 등) 뿐만 아니라 미국 고용평등위원회 EEOC가 인식한 많은 활동을 포함

- o 둘째는 주요 신체기능을 포함. (면역시스템 기능, 정상세포 성장, 소화, 배변, 방광, 호흡기, 신경계, 순환기, 내분비 및 생식기능)

- 일반적인 안경이나 콘택트렌즈 외 시력교정 조치는 그 사람의 장애 여부 판단에 고려하지 않을 것을 명시
- 일시적인 장애나 회복 중에 있는 장애도 주요 일상 활동에 심각한 제한이 있다면 장애로 규정
- 주요 일상생활에서 활동할 때 실질적으로 제한이 있다면, 일시적이거나 완화된 장애도 장애임을 명시
- '~으로 간주된다'는 정의가 바뀌어 고용주는 장애인이 주요 일상생활에서 심각한 한계가 있다는 것을 더 이상 밝힐 필요가 없고, 대신 고용주는 지원자나 직원이 일시적이거나 경미하지 않은 장애를 이유로 미국장애인법 ADA상 차별을 당했을 경우 지원자나 직원이 장애를 가진 것으로 간주. 장애를 주장할 뿐 아류로 간주되는 사람들은 합리적인 편의를 제공받을 자격이 없음을 명시
- 장애 범주에 지속적으로 포함시킬 장애에는 자폐증, 암, 당뇨병, 간질, HIV/AIDS, 다발성경화증, 근이영양증, 우울증, 양극성장애, 외상후스트레스장애, 강박장애 및 정신분열증 Autism, Cerebralpalsy, Diabetes, Epilepsy, HIV/AIDS, Multiple sclerosis, Muscular dystrophy, Major depression, Bipolar disorder, Posttraumatic stress disorder, Obsessive compulsive disorder, and Schizophrenia을 포함

2장 : 주정부 및 지방정부

TITLE II : STATE AND LOCAL GOVERNMENTS

미국장애인법 ADA 2장은 주정부와 지방정부와 산하기관에게 장애인들에게도 그들이 주관하는 프로그램, 활동 및 서비스에 접근할 수 있게 하라고 요구하고 있다. 공공교통에도 장애인이 자유롭게 이용할 수 있도록 요구하고 있다. 2장은 1992년에 효력이 발생됐다. 미국 법무부는 미국장애인법 ADA 2장 요구사항을 시행하고 설명할 것을 법으로 규정했다.[11]

이러한 요구사항들이 중요한 이유는, 연방정부와 모든 주정부와 지방정부 산하기관 등의 재정 지원을 받지 못했다. 때문에 재활법 Rehabilitation Act 504조가 커버하지 못하는 농인들은 이러한 법원과 집행기관들이 통역 서비스를 제공하지 않을 경우, 차별 시정을 위해서 재활법 Rehabilitation Act 504조는 적용되지 않았다. 그러나 1992년부터는 미국장애인법 ADA에 의해 비장애인과 똑같이 차별받지 않게 되었다.

2장의 목표는 장애인도 주정부와 지방정부의 모든 서비스, 프로그램에 차별 없이 참가하고 활동할 수 있다는 점을 명확히 하려는 것이다. (필수적 자격조건을 충족시킨) 모든 장애인은 누구나 미국장애인법 ADA의 적용을 받아 정부의 서비스와 혜택을 권리로 받으며 정부 프로그램에 참가하고 모든 수혜를 받는다.

접근 가능한 공공기관 및 시설 Agencies That Must Be Accessible

미국장애인법 ADA 2장은 암트랙이나 공공교통뿐만 아니라 모든 주정부와 지방정부 공공 기관들에도 적용된다. 주 또는 지방기관이 할 수 있는 모든 것을 포함할 수 있도록 광범위하게 정의되었다. 공공기관에는 다음과 같은 곳들을 포함한다.

- 학교 시스템
- 자동차 부서
- 경찰서 및 소방서
- 공원 및 레크리에이션 프로그램
- 구치소 및 감옥
- 도서관
- 식료품 할인 구매권 사무실
- 사회복지 서비스 대행업소
- 공공 병원, 치료소, 상담 센터

연방 법원은 2장으로 커버되지 않으나 시, 카운티 및 주 입법부 뿐 아니라 주 법원과 지방법원은 법령을 준수해야 한다.[12] 민간 계약자에 의해 이루어지는 주정부와 지방정부의 활동들은 미국장애인법 ADA으로 커버될 수 있다. 예를 들어 주립공원 탐사활동 Concession Activities은 민간 계약자에 의해 운영될 수 있고, 대피소와 중간시설들은 비영리 민간 대리자들에 의해 운영될 수 있으나 그들은 주와 지방정부의 계약권을 받기 때문이다.

그러나 연방정부기관들은 2장에 의해 커버되지 않는다. 연방빌딩이나 연방행정기관들은 접근 가능하도록 요구되어지고 있으나 그들은 미국장애인법 ADA이 아닌 재활법 Rehabilitation Act과 건축 장애물법 **Architectural Barriers Act**에서 이를 요구받고 있다.

미국장애인법과 재활법상 차별의 정의

Defining Discrimination under ADA and the Rehabilitation Act

장애인이 주 또는 지방정부 프로그램, 활동 서비스에 필요한 필수 자격

요건을 충족했으면, 해당기관은 해당자를 (1) 참여에 배제시키거나, (2) 프로그램, 활동, 서비스의 혜택을 나눠주는 것을 거부하거나, (3) 장애를 이유로 해당자를 차별할 수 없다. 이에 더하여 주·지방정부기관들은 다음 사항을 준수해야 한다.

1. 정부기관은 장애인을 서비스 제공에서 배제하거나 거부할 수 없다. 예를 들면, 시에서 실시하는 레크리에이션 프로그램 등에서 농인에게 추가 요구사항을 추가로 부과할 수 없다. 또한 상담 또는 건강 서비스에서 농인과 소통하기 어렵다고 서비스를 거절할 수 없다.
2. 정부기관은 장애인에게 불공평한 정책 및 관행을 고쳐야만 한다. 예를 들면, 신원확인을 위해 운전면허증을 요구하는 기관은 시각 장애인이나 다른 장애로 인해 운전년허증을 딸 수 없게 한 제도를 바꿔야 한다. 어떤 기관이 프로그램의 안전한 운영에 필요하다고 안전 요구사항을 부과한다면 (운전면허증을 요구하는 등), 그 요구사항은 실제 위험에 근거해서 단순한 추측, 고정관념 또는 장애인을 비장애인과 동일한 범주에 두어서는 안 된다. 어느 기관이 동물 출입 불가 방침이 있다면 이 방침은 고치라고 요청할 수 있다. 왜냐하면 개나 다른 동물들이 농인과 시각장애인에게 도움을 주도록 훈련받은 동물일 수 있기 때문이다.
3. 보트나 다른 장비를 임대하는 공공 공원에서 농인에게 청인들보다 더 많은 보증금을 요구하거나 더 많은 보험금을 요구할 수 없다.
4. 정부기관은 건축물, 의사소통, 교통수단 등의 모든 장애물을 제거해야만 한다. 그러나 정부기관이 제공할 프로그램 등이 장애인에게도 별도의 서비스나 보조 수단 제공으로 이용이 가능한 한, 모든 공공건물의 모든 물리적 장애물을 제거할 필요는 없다. 예를 들면, 해당기관은 장애인이 접근 가능한 장소에서 서비스를 제공할 수 있고, 서비스를 이용할 수 있도록 도우미, 보조원, 장치들을 제공할 수 있다.

5. 농인에게 가장 중요한 것은 농인과 청인 사이의 의사소통을 원활히 할 수 있는 보조지원과 서비스를 제공할 것이다.

보조지원 및 서비스 Auxiliary Aids and Services

어떤 보조지원을 제공해야 하는가? *Which Auxiliary Aids Should Be Provided?*

정부기관들은 보조지원을 제공하여 농인들이 정부 서비스, 프로그램 및 활동에 참여하고 즐길 수 있도록 동등한 기회를 제공해야 한다.[13] 적절한 보조 지원은 서비스, 프로그램 및 활동에 수반되는 형태와 참가를 원하는 장애인의 욕구에 달려있다. 예를 들면, 수어를 사용하는 농인은 학교위원회의 내용을 이해하거나 사회복지사와 경찰관에게 말을 하기 위하여 통역사가 필요하다. 그러나 수어를 사용하지 않는 농인에게는 통역사가 필요하지 않을 수도 있다. 이러한 경우에는 적절한 보조지원은 글로 옮기는 문자통역 서비스나 증폭 시스템이 될 수 있다.

법무부 Department of Justice, DOJ는 공인 통역사를 '영상원격통역 Video Remote Interpreting, VRI 서비스 또는 현장 대면을 통하여 특화된 어휘를 사용하여 효과적이며 정확하고 편견 없이 대화를 주고받으며 통역할 수 있는 사람'이라고 정의하고 있다. 예를 들면, 공인 통역사는 수어통역사, 구두 음역자 Oral Transliterator, 단서 언어음역자 Cued-language Transliterator를 포함한다.[14] 한 가지 유형의 통역에 자격을 갖춘 통역사라고 해서 다른 상황의 통역을 하는데 충분한 기능을 가졌다고는 할 수 없다.

통역사나 보조지원의 필요 여부를 결정하는 데 정부기관은 의사소통이 필요한 장소, 관계된 사람들의 인원수, 의사소통의 중요도, 의사소통하는데 해당 정보의 복잡성 또는 자료의 양을 고려해야 한다. 감정적인 또는 사적인 관계 때문에 또는 비밀 보호 때문에 가족이나 친구가 통역사 자격을 갖

무엇이 보조지원과 서비스인가?

What are Auxiliary Aids and Services?

주정부 및 지방정부는 농인과 효율적인 의사소통을 해야 한다.[15] 농인과의 의사소통이 다른 사람들과 같으려면 적절한 보조지원을 제공해야만 한다. 보조지원은 말로 표현된 정보를 농인에게 전달할 수 있는 필요 장치나 서비스를 포함한다. 법무부 법령에는 특별히 다음과 같은 사항을 포함하고 있다.

- 공인 통역사(현장에서 또는 영상 원격 장치를 통한 통역 서비스)
- 필기자 Notetakers
- 컴퓨터 기반의 실시간 글로 옮기는 문자통역 서비스
- 눈서사료 또는 글자로 의견 교환
- 전화기 증폭장치 또는 보청기 호환전화
- 청각 보조 장치(루프, FM, 적외선 기술)
- TV 자막과 해독기; 개방과 폐쇄 자막
- 목소리, 텍스트 및 비디오 기반의 통신
- 비디오 텍스트 디스플레이
- 접근 가능한 전자 및 정보기술
- 텍스트 낭독자
- 녹화된 텍스트

그러나 새로운 기술이 나오게 되면 그러한 기술은 이 리스트에 포함되지 않고, 미국장애인법 ADA상 표준인 보조 지원책의 추가 유형으로 요구된다. 단순히 보조 장비를 갖는다고 모든 것이 충분한 것은 아니다. 주 또는 지방정부는 가능한 장비를 채택하고 해당 장비를 요청하는 방법과 절차를 알려야 한다.

줬다고 여겨서는 안 된다.[16]

주 또는 지방정부가 제공하는 보조지원 유형에 설사 말을 할 수 있다 해도, 농인 본인이 자신의 욕구와 서비스 효과를 평가하는데 가장 최적이라고 할 수 있다. 법무부 규정은 어떤 보조지원과 서비스가 필요한가를 결정할 때 공공기관은 해당 장애인의 요청이 최우선의 고려 사항으로 여겨야 한다.[17] 관련 미국장애인법 ADA 규정에 대한 법무부 DOJ 분석은 아래와 같다.

> 공공기관은 장애인에게 어떤 보조지원과 서비스를 선택할지를 물어보는 기회를 제공해야 한다. 공공기관은 그들의 선택을 최우선 순위를 두어야 한다. 공공기관은 효과적인 다른 의사소통 방법이 존재하거나 선택한 방법을 제공할 규정이 없다는 것을 입증할 수 있다 해도 그들의 선택을 최대한 존중해야 한다.[18]

농인은 통역사가 충분한 실력을 갖추지 못했거나 보조지원이 해당 프로그램에 동등한 접근을 제공하지 못할 때 이를 정부기관에 알려야 한다.

누가 통역비와 보조지원비용을 지불하는가?

Who Pays for the Interpreters and Other Auxiliary Aids?

주 또는 지방정부 기관은 통역사나 보조지원을 제공한 비용을 농인에게 부과하지 않을 수 있다.[19] 예를 들면, 장애인이 재판에 관련되어 재판비용 지불을 요구받았을 때 법원은 법정비용으로 통역사 비용을 포함시키지 않을 수 있다.[20] 미국장애인법 ADA은 정부기관에게 보조지원 제공이 과도한 부담이 될 때, 또는 기관이 제공한 서비스 성격을 근본적으로 변경해야 한다면 정부기관에게 보조지원을 제공하라고 요구하지 않는다. 통역사 비용이 주 또는 지방정부에 과도한 부담으로 생각되지는 않기 때문이다. 특정한 보조지원이 너무 비싸고 부담이 된다 할지라도 주 또는 지방정부는 제공할 수 있는 다른 보조지원을 제공해야 한다. 근본적인 변경을 야기하지 않고 기관에 과도한 부담이 되지 않는 한 다른 보조지원을 제공해야만 한다.

불만 접수 Filing a Complaint

누군가 주 또는 지방정부의 차별에 피해자라고 여겨지면 미국장애인법 ADA에 의해 소송을 제기할 수 있고 행정 불만을 접수할 수 있다. 손해 및 금지명령과 같은 구제책은 재활법 Rehabilitation Act의 504조에서 제공되는 것과 동일하다. 행정 불만은 재정 지원을 제공하는 기관과 함께 접수할 수 있고 또는 법무부와 함께 또는 그 건이나 해당 주제 역에 대한 집행 권한이 있는 연방기관과 함께 접수할 수 있다. 불만은 서면으로 작성되어야 하며 불만 제기자 또는 권한을 위임받은 대리인이 서명해야 한다. 불만은 불만 제기자의 이름과 주소 및 공공기관에 의해 받은 차별 내용이 포함되어야 한다.
더 자세한 정보나 불만 접수를 위한 연락처:

U.S. Department of Justice (미국 법무부)
950 Pennsylvania Avenue NW
Civil Rights Division
Disability Rights Section - NYA
Washington, DC 20530

3장 : 공공 편의 시설

TITLE III : PUBLIC ACCOMMODATION

장애인 권리가 가장 드라마틱 하게 확대된 것은 미국장애인법 ADA 3장의 적용으로 공공시설이 있는 장소에 누구에게나 동등하고 완전한 접근권을 준 것이다. 3장은 장애인에게 수 천 개의 사기업, 전문기관, 비영리 기관에게 의사소통과 신체적 장애물을 제거하라고 요구하고 있다. 농인에게 의사소통 장애를 제거하는데 3장과 법무부 규정은 엄청난 도움이 되었다.[21] 3장에는 '어느 누구도 장애 때문에 상품, 서비스, 시설, 특권, 특혜 또는 소유주나 임대인에 의해 운영되거나 공공시설을 운영하는 시설 등에서 차별 당하지 않는다'라고 명시되어 있다.[22]

3장은 호텔, 영화관, 식당, 병원, 변호사 사무실, 소매점, 은행, 박물관, 공원, 도서관, 데이케어 센터, 사립학교 등과 같은 상업적이고 비영리 장소까지 광범위하게 커버하고 있다.

1. 여관, 호텔, 그 외 숙박시설 (임대용 방 5개 이하 빌딩과 숙박시설 소유주 거주지 시설은 제외)
2. 식당, 바, 음식과 음료를 서빙하는 그 외 시설들
3. 영화관, 연극 공연장, 콘서트홀, 대형 운동경기장, 그 외 전시장이나 엔터테인먼트 장소
4. 강당, 컨벤션홀, 강의장, 공개 모임 장소 등
5. 제과점, 식료품점, 옷가게, 철물점, 쇼핑센터, 그 외 판매시설이나 각종 임대시설
6. 빨래방, 세탁소, 은행, 이발소, 미장원, 여행사, 구두점, 장례식장, 주유소, 회계사 및 변호사 사무실, 약국, 보험사무실, 건강관리업 종사자들의 전문적 사무실, 병원, 그 외 서비스 시설
7. 터미널, 정류장, 대중교통을 위해 사용되는 역 등
8. 박물관, 도서관, 갤러리, 공공전시장과 작품 전시장
9. 공원, 동물원, 놀이동산, 그 외 레크리에이션 장소
10. 양호실, 초등학교, 중학교, 고등학교, 사립 예비학교, 그 외 교육기관
11. 데이케어센터, 시니어 시민센터, 홈리스 피난처, 푸드뱅크, 입양기관, 그 외

기타 사회복지시설

12. 체육관, 헬스 스파, 볼링장, 골프코스, 또는 그 외 기타 레크리에이션 장소[23]

각 카테고리의 사례들은 공공 편의 시설을 나타내고 정의하지만 그것들만 커버되는 것은 아니다. 예를 들면, 판매 및 임대시설이라는 카테고리에 보석상점이 열거되어 있지 않다 해도 보석상점을 포함한 모든 상점들이 커버되는 것이다. 서비스 시설 카테고리에 사진인화점이나 청소 서비스가 리스트에 없더라도 모든 서비스와 전문 서비스점들이 이에 포함된다. 교육 카테고리에 운전학원이나 컴퓨터 전문학원이 없더라도 이러한 모든 교육 활동장도 커버된다.

미국장애인법 ADA 3장은 공공시설이 얼마나 많은 직원을 고용하고 있는가를 고려하지 않는다. 단 한 명의 직원이라도 적용을 받게 된다. 공공시설이 12개 카테고리에 속한다면, 미국장애인법 ADA 3장으로 커버되어야 한다. 그러나 모든 공공활동이 미국장애인법 ADA 3장에 의해 커버되지는 않는다. 예를 들면, TV 방송국들이 일반 대중에게 서비스를 제공하고 있으나, 그들은 12개 카테고리 중 어디에도 맞는 곳이 없다. 더군다나 미국장애인법 ADA 3장에는 개인 클럽, 종교기관 또는 예배당 등도 포함되지 않는다.

보조지원 Auxiliary Aids

공공시설은 효과적인 커뮤니케이션을 필요로 할 때 보조지원과 서비스를 제공해야만 한다. 미국장애인법 ADA 3장을 실행하기 위한 법무부 규정은 공인 통역사를 포함하여 미국장애인법 ADA에서 요구되는 보조지원과 서비스들의 광범위한 목록을 제시하고 있다.[24]

목록에 있는 보조지원 사례들은 필기사, 글로 옮기는 문자통역 서비스, 서면 정보, 전화기 증폭기, 보조 청각 장치, 보조 청각 시스템, 보청기 호환

가능 전화기, 폐쇄 자막 해독기, 개방과 폐쇄 자막기, 농인을 위한 통신장치, 비디오 텍스트 디스플레이 등이 있다. 이것들이 반드시 완전한 것은 아니다. 법무부는 기술이 진보하면서 새로운 장치가 이용 가능하게 되면 이러한 새로운 것들도 보조지원이나 서비스로 추가될 것이라고 했다.

보조지원 요구에 수반되는 비용을 농인에게 부과하여 재정을 확보하지는 않는다. 통역사 고용비용을 지불하라고 농인에게 요구하는 것은 절대 허용되지 않는다.[25] 그러나 공공시설에서 고객에게 해독기 또는 보청 장치와 같은 특별한 장비를 대여해 준다면, 확실한 장비 반납을 보증하기 위하여, 합리적인 반환보증금을 부과하는 것은 허용될 수 있다.

요청사항의 방어 Defense of the Requirements

미국장애인법 ADA은 공공시설에 과도한 부담이 될 수 있는 보조지원을 제공하거나 그들이 제공하는 상품과 서비스에 근본적인 변경을 요구하지는 않는다. 과도한 부담은 공공시설에게는 '심각한 어려움'이라고 정의하고 있다. 그러나 이 기관들이 과도한 부담이라고 해서 대체할 수 있는 보조지원을 제공해야 하는 의무에서 벗어나는 것은 아니다.

법무부는 공공시설에게 특정한 보조지원과 서비스를 제공하기 전에 해당자와 상담할 것을 강력하게 권고하고 있다. 규정에 대한 분석에서 통역사야말로 가장 효과적인 커뮤니케이션을 위해 필요 방법이라고 말한다. 효과적인 의사소통을 위하여 통역사의 필요가 건강, 법률, 재정 등과 같은 분야를 포함하여 의사소통 상황이 광범위하게 존재하고 있다고 분석하고 있다. 그러나 미국장애인법 ADA 2장을 실행하는 법무부 규정과는 달리 미국장애인법 ADA 3장을 실행하는 법무부 규정은 공공시설에게 장애인의 보조지원 요구에 맞춰 최우선으로 고려할 사항으로 통역을 포함하고 있지는 않다.

해독기와 자막처리 Decoders and Captioning

환자용으로 TV를 제공하는 병원과 5개 이하의 객실이 있는 숙박시설에서 TV를 제공할 때, 요청이 있으면 캡션 장치를 설치해야 한다. 필름, 비디오테이프, DVD, 슬라이드쇼에 들어있는 사운드트랙 (녹음 부분)을 통해 언어정보를 전달하는 그 외 공공시설도 자막 등을 통하여 언어정보에 접근할 수 있도록 해야 한다.

영화자막 *Movie Captioning*

2013년 법무부는 농인에게 영화관 접근성을 높이기 위해 제안된 규칙 제정 통지 Notice of Proposed Rulemaking, NPRM를 발간했다. 이 과정은 법무부가 영화관에서 보다 접근성을 높이기 위해 미국장애인법 ADA 3장을 실행하는 규정을 개정하려고 했던 2008년에 시작되었고, 이 문제에 의견을 구하기 위하여 제안된 규칙 제정 통지 NPRM를 발간했다. 농인들은 영화관에서 자막처리는 반드시 필요하다고 법무부를 설득했다.

새로운 필요성에 대해 어떻게 실행할 것인가에 대해 해결하지 못한 법무부는 이 문제에 더욱 많은 장애인과 관계자의 조언을 끌어내기 위하여 2010년 제안된 규칙 제정 통지 NPRM를 추가로 발간했다. 이에 따라 영화관은 공공시설과 같이 미국장애인법 ADA 3장에 특별히 지정되었다. 법무부 규정들은 장애인에게 보조지원과 서비스를 포함하여 합리적인 시설을 제공하라고 공공시설들에게 요구한다. 그러나 많은 영화관은 그들이 상영하는 영화에 자막처리를 제공하지 않는다. 법무부는 미국장애인법 ADA이 법으로 제정되는 과정을 설명하면서 의회가 1990년에는 영화의 개방 자막처리를 요구하지 않았다 하더라도 법무부는 기술이 발전함에 따라 자막처리가 필요할 것이라는 여지를 남겼다고 지적했다. 폐쇄 자막처리의 다양한 유형이 생겼기 때문에 과거 개방 자막처리보다 훨씬 저렴해지고 쉬워져서 법무부는 영화관 자막처리를 요구하는 새로운 법 제정이 필요하다고 믿고 있다. 게다가 영화관의 스크린들이 디지털화 되어가는 것을 확인하면서 법무부는 영화관이 기술을 업데이트할 때 새로운 규정을 필요할 수 있다고 여겨 2013년에 다시 제안된 규칙 제정 통지 NPRM를 출간했다.

2010년 제안된 규칙 제정 통지 예고 **Advanced Notice of Proposed Rulemaking, ANPRM**에서 법무부는 어떻게 규정을 실현할 것인가, 특히 많은 스크린들이 어떻게 자막처리를 할 것이고, 자막처리의 적절한 방법은 무엇이며, 어떻게 설치를 요구할 것인가에 대해 여론을 수렴할 지침을 만들었다. 2010년 제안된 규칙 제정 통지 예고 ANPRM에 대한 코멘트에서 미국 농인협회 **National Association of the Deaf, NAD**는 영화 스크린 중 50%만 5년 안에 새로운 자막처리 요구에 응할 필요가 있다고 한 법무부 제안에 강력하게 반대하며, 영화관이 과도한 부담을 주지 않고 모든 영화관의 모든 영화에서 자막처리를 표시할 것을 수정 제안했다. 미국 농인협회 NAD는 미국장애인법 ADA 3장은 이미 영화관에 보조지원과 서비스를 제공하여 장애인들도 서비스로 완전하고 동등한 즐거움을 누릴 수 있도록 하라고 요청했다고 강조했다. 또한 규정들은 가능한 빨리 영화관에 자막처리되는 영화로 전환하는 것이 필요하다고 재차 축구했다. 미국 농인협회 NAD는 법무부에게 영화가 처음 상영될 때 디스플레이하기에 가능한 폐쇄 자막처리가 필요하다고 주장하면서 자막처리된 텍스트를 읽을 수 있도록 하려면 기술표준을 채택하라고 독려했다.

웹 접근성 *Website Accessibility*

법무부는 장애인에게 공공시설에서 웹사이트에 확실하게 접근할 수 있게 하기 위하여 미국장애인법 ADA 3장을 실행하는데 관련 규정을 개정할 것을 고려하고 있다고 법무부는 2010년 제안된 규칙 제정 통지 예고 ANPRM에서 지적했다. 1990년 미국장애인법 ADA이 제정되었을 당시, 인터넷은 오늘날과 같이 미국인 일상생활에서 큰 역할을 하고 있지 않았다. 그러나 미국장애인법 ADA이 법제화되었을 때, 의회는 인터넷 적용 범위가 계속 진화할 것으로 전망하였으므로, 법무부는 미국장애인법 ADA이 계속 기술발전을 추적해야 하고 인터넷에서 가상공간을 다루는 비즈니스는 미국장애인법 ADA 하에서는 공공시설 장소로 간주해야 하며 법에 명시된 12개 카테고리의 하나로 포함돼야 한다고 주장했다. 이에 따라 법무부는 인터넷 접속에 관해 2013년 제안된 규칙 제정 통지 NPRM을 냈다.

법무부는 웹사이트에 완벽하게 접속할 수 없게 되면 상품과 서비스를 획득하는데, 교육을 받는데, 사회적 관계를 맺고 즐거움을 찾는데, 건강관리 정보를 얻는데 엄청난 불이익을 받게 된다는 것을 인식했다. 법무부는 농인들이 때때로 웹비디오나 다른 멀티미디어 정보에 자막처리 기능이 없어서 접근하지 못하다는 것을 지적했다. 일부 법원은 어떤 비즈니스가 접속 불가능한 웹사이트를 운영한 사건에서 기업의 책임을 발견했지만, 장애인 커뮤니티가 지속적으로 웹사이트에 접속할 수 있도록 지적하고 미국장애인법 ADA 요구사항에 대한 명확한 지침을 지키라는 확실하고 선명한 지적이 없었다.

다른 이슈 중에서 법무부는 제안된 규칙 제정 통지 예고 ANPRM에 무엇이 웹사이트에 적용될 접근성에 대한 기준이 되어야 하는지 그리고 어떤 온라인 활동이 배제되어야 할지에 대해 여론을 수렴하여 지침을 세웠다. 웹접근성에 대해 제안된 규칙 제정 통지 예고 ANPRM의 코멘트 중에 미국 농인협회 NAD는 웹 접근성 여부를 판단하기 위해 사용할 기준은 자막 품질이 우수한지와 캡션 대본을 쉽게 구할 수 있는지가 가장 중요하다고 상기시켰다. 이것에 추가하여 미국 농인협회 NAD는 법무부에 웹사이트에서 운영되는 비즈니스들은 그들의 가상공간도 공공시설 장소가 되어야 된다는 점이 면제

될 수 없다는데 동의했다. 제안되는 법안에서 이 점을 확실하게 명시할 것을 법무부에 확인했다.

대형 운동경기장 *Stadiums*

농인들에게 스포츠 경기 시 자막을 반드시 제공해야 한다는 판결이 최근 법정에서 이루어졌다. 2006년 워싱턴 레드스킨스 **Washington Redskins** 팬인 농인 3명은 프로풋볼 협회가 청각을 잃어버린 팬들에게도 음성 콘텐츠에 동등하게 접근할 수 있는 기회를 제공하지 않았다며 소송을 제기했다. 고소인은 피고인에게 안내방송시스템 **Public Address Systems, PAS**으로 알리는 모든 안내방송 즉 방금 일어난 모든 경기 내용, 모든 벌칙, 안전과 비상사태 알림 정보, 그 외 안내방송시스템 PAS에서 이루어지는 모든 안내방송을 페덱스 필드 **FedEX Field** 경기장의 비디오 모니터에서 볼 수 있도록 자막처리를 제공하라고 요구했다.[26] 2011년 3월 25일 제4차 순회법원의 항소법원은 메릴랜드 **Maryland** 지역 연방 법정의 '가사가 있는 음악, 경기 안내, 광고, 심판 신호, 안전 및 비상 안내 정보와 그 외 모든 안내방송은 자막처리되어야 한다'[27]는 결정을 최종 확인했다. 항소법원은 결정에 대한 이유를 원고도 레드스킨스에 제공되는 서비스를 청관중과 동등하게 즐길 수 있어야 한다고 판시했다. 항소법원의 언급은 이어 원고에게 그런 접근을 가능하게 하는 보조지원을 하지 않는다면 피고는 미국장애인법 ADA 위반 유죄가 된다며 피고는 상품과 서비스에서 완전하고 동등한 즐거움을 모두에게 제공해야 한다고 판결했다.

2010년 10월 12일 오하이오주 법무장관 빈센트 사비노 **Vincent Sabino**는 오하이오 주립대학 **Ohio State University**을 상대로 운동경기장 자막처리 사용에 대한 소송을 해결하기 위하여 '동의법령 **Consent Decree**'을 제기했다. 소송에서 사비노는 오하이오 주립대학 체육부서가 오하이오 스타디움 **Ohio**

Stadium과 제롬 쇼텐스테인 센터 Jerome Schottenstein Center 밸류씨티 경기장 Value City Arena에서 적절한 보조지원과 서비스를 제공하지 않음으로서 본인과 다른 농인을 차별했다고 주장했다. 동의법령에서 사비노는 오하이오 주립대학에게 오하이오 스타디움 풋볼 홈경기 시작 전, 경기 중, 경기 후에 있는 모든 안내방송, 비상 정보, 음악 및 다른 음성 정보방송을 점수판에 자막처리할 것을 요구했다. 또한 오하이오 주립대학에게 오하이오 스타디움의 중앙 홀에서 TV 모니터의 절반에 TV 방송국의 자막처리를 활성화하라고 요구했고 아울러 현재의 접근 가능한 좌석을 계속 유지하라고 요구했다. 이에 더하여 오하이오 주립대학은 체육부와 밸류씨티 경기장의 웹사이트를 장애인 고객을 위한 가이드, 편의 시설에 관한 정보, 오하이오 주립대학 미국장애인법 ADA 코디네이터의 연락처, 장애인을 위한 불만 처리 절차 내용을 포함할 수 있도록 업데이트해야 했다.

회의 및 공연 Conferences and Performances

회의 및 공연을 위하여 호텔, 컨벤션 센터, 스타디움을 빌리는 교육과 훈련 기관들, 무역협회, 공연예술가들은 미국장애인법 ADA를 따라야만 한다.[28] 법무부 규정 분석을 보면 임차인은 회의 참석자나 공연 관람자들을 위해 보조지원과 서비스를 제공할 의무가 있다. 실제로 누가 보조지원을 제공할 것인지, 임대인인지 임차인인지의 결정은 임대계약을 할 때 결정해야 한다. 예를 들면, 극장이 공연 예술가에게 장소를 빌려준다면 누가 통역사를 제공할 것인가는 그들의 계약에서 결정될 수 있다. 임대인과 임차인 모두가 미국장애인법 ADA에 적용된다.

서비스 동물의 사용 Use of Service Animals

법무부는 미국장애인법 ADA 3장은 '서비스 동물'에 대해 광범위한 보호책을 규정하고 있다.[29] 공공시설들은 장애인에게 도움을 줄 수 있도록 훈련된 개나 그 외 다른 동물 등 광범위하게 정의한 서비스 동물의 출입을 허용할 수 있도록 그들의 제도와 관행을 수정해야 한다. 미국장애인법 ADA는 서비스 동물들은 전문적으로 훈련받거나 주립 기관에 의해 공인받을 것을 요구하지는 않는다.

시험과 과정 Examinations and Courses

미국장애인법 ADA 3장은 통역사와 같은 적절한 보조지원을 제공하기 위하여 허가증, 증명서 또는 자격증을 위한 시험과 인증을 사립기관에게 요구하고 있다.[30] 이것은 고등학교나 전문대학 그리고 전문교육에도 적용된다. 해당 규정이 근본적으로 테스트하는 기술과 지식을 바꿀 것이라는 것을 증명할 수 있으면 사립기관은 보조지원을 제공하지 않을 수 있다.

테스트는 그 사람의 손상된 감각, 손동작, 말하기 가능이 아닌, 태도나 성취 정도를 최대한 반영할 수 있는 방식으로 설계되고 운영되어야 한다. 유일한 예외 상황은 바로 그러한 스킬을 측정하는 테스트할 경우일 때뿐이다.

기존시설과 새로운 시설 Existing v. New Facilities

미국장애인법 ADA은 기존 시설에서 구조적인 의사소통 방해물을 제거할 것을 요구하고 있다.[31] 이러한 요구는 불빛이 깜빡이는 경보 시스템, 영구 간판, 보조 청각 시스템, 적절한 사운드버퍼 등을 설치함으로써 충족될 수 있다. 미국 건축 및 교통장벽 준수위원회 US Architectural and Transportation Barriers Compliance Board (Access Board)는 신축 건물에 대해 미국장애인법 가이드라인 ADA Accessibility Gidelines, ADAAG을 인용했다.[32] 가이드라인에 따르면 모든 새로운 신축 건물과 재건축 건물은 모든 장애인이 접근할 수 있어야만 한다. 전화, 보조 청각 장치, 시각경보 시스템에 대한 요구사항은 다음과 같다.

1. 빌딩 내부와 외부에 4대 이상 유료 공중전화가 있는 빌딩은 반드시 청각장애인용 문자전화기 Teletypewriter, TTY 1개소가 빌딩 안에 제공되어야 한다. 이 외에도 스타디움 또는 원형경기장, 컨벤션 센터, 컨벤션 센터가 있는 호텔, 지붕으로 덮혀진 쇼핑몰, 병원 응급실, 회복실 또는 대기실 등 실내에 유료 공중전화가 있는 곳마다 청각장애인용 문자전화기 TTY 1개소를 설치해야 한다.
2. 접근 가능한 유료 공중전화 1대는 공공시설 각 층마다 설치되어야 한다. 어떤 층에 2대 이상의 전화기 설치 장소가 있다면 각 설치 장소마다 1대의 접근 가능한 전화기가 있어야 한다.
3. 50명 이상 수용하는 고정 좌석 설치 장소나 오디오 증폭 시스템이 있는 장소에는 영구적으로 설치된 보조 청각 시스템 장치가 있어야 한다.
4. 호텔은 매 100개 객실마다 8%와 나머지 방들의 4%는 농인이 접근 가능한 객실로 만들어야 한다. 이러한 객실에는 시각경보기, 알림 장치, 볼륨 조절 가능한 전화기, 청각장애인용 문자전화기 TTY용 전기 콘센트가 반드시 있어야 한다.

집행 Enforcement

장애인이 미국장애인법 ADA 3장에 의거해 차별을 멈추라는 법원 명령을 얻어내기 위하여 소송 제기를 할 수 있으나, 그들은 금전적 손해를 부담하지 않는다. 개인이 소송에서 이기면 그들은 변호사 비용도 모두 보상받을 수 있다. 장애인은 또한 공익적 중요성과 필요에 따라 또는 차별의 패턴이나 관행이 계속되는 경우에 소송 제기 권한이 있는 미국 법무장관에게 불만을 제기할 수 있다. 그러한 경우, 법무부장관은 금전적 손해배상과 민사상 처벌을 청구할 수 있다. 많은 경우 법무부는 소송보다는 중재를 추천한다.

미국장애인법 3장 실행을 위한 법무부 규정의 2010년 수정안

The 2010 Amendments to the DOJ Regulations Implementing Title III of the ADA

2010년 9월 법무부는 장애를 가진 미국인들에게 공공기관에 적용되는 미국장애인법 ADA 2장과 공공시설과 상업시설에 적용되는 미국장애인법 ADA 3장의 실행 규정에 대해 수정안을 공표했다. 이러한 최종 규정들은 2011년 3월 15일 법적 효력이 발생되었다. 다음 요약들은 새로운 규정들이 특별히 농인과 3장 하에 공공기관과 시설들이 효과적인 의사소통을 제공하기 위한 요구사항에 대해 미치는 중대한 효과에 대해 설명하고 있다.

- 공인 통역사는 '영상원격통역 VRI 서비스나 현장에 직접 참석하여 효과적으로 통역을 할 수 있는 통역사'라고 명확히 했다. 더군다나 법무부는 수어 통역사, 구두 음역자 **Oral Transliterator**, 단서 언어음역자 **Cued-language Transliterator**를 포함하여 공인 통역사 자격을 부여하고 있다.
- 농인이 제외되지 않도록 공공시설에서 제공해야 하는 보조 장치나 서비스의 정의를 확대했다. 보조 장치나 서비스라는 용어에 다음 내용들이 첨가되었다: 현장 또는 영상원격통역 VRI 서비스가 가능한 공인 통역사, 실시간 컴퓨터 문자통역 서비스, 서면 작성 메모의 주고받음, 실시간 문자통역을 비롯한 개방과 폐쇄 자막처리, 문자전화기 TTY, 비디오전화기 **Video Phone, VP**, 자막처리 전화기 **Captioned Telephone** 또는 이와 동등한 효과적인 통신장치를 포

함하여 음성 텍스트 및 비디오 기반의 통신제과 시스템, 비디오 텍스트 디스플레이 등 전자 및 정보기술

- 장애인뿐만 아니라 공공 편의 시설의 상품, 서비스, 시설, 특권, 이점 또는 편의 시설에 접근하거나 참여하고 있는 장애인 가족, 친구, 또는 지인들과 같은 동반자들에게도 효과적인 커뮤니케이션이 제공되어야 한다고 규정하고 있으며 공공시설에서 커뮤니케이션을 도울 적절한 사람이 있어야 한다고 설명하고 있다.
- 공공기관은 장애인에게 본인들이 통역사를 데려와야 한다고 요구해서는 안 된다고 말하고 있다. 게다가 공공기관은 통역을 하는데 또는 커뮤니케이션을 돕는 역할을 장애인이 동반한 성인에게 의존해서는 안 되나 다음과 같은 경우는 예외가 될 수 있다. (1) 통역사가 여의치 않은 위기 상황이나 (통역사 역할을 할 수 있는 사람이 미성년자일 경우) 또는 (2) 장애인이 특별히 동반한 성인이 통역하기를 요청하는데 해당 성인도 통역하겠다고 동의하고 도움이 처한 상황에 적합하다고 여겨질 때
- 자동 안내 시스템을 사용하는 공공시설들은 보조 장치와 서비스를 사용하는 사람을 위하여 텍스트 전화기와 연방통신위원회 Federal Communications Commission, FCC가 승인한 모든 형태의 통신 전달 시스템 그리고 인터넷으로 연결된 시스템을 포함하여 실시간으로 효과적인 의사소통을 할 수 있는 시스템이 요구된다고 말하고 있다. 더욱이 공공시설은 직접 전화 통신 대신 중계서비스 Relay Service를 사용하여 전화를 받거나 전화를 걸 수 있도록 해야 하며 미국장애인법 ADA 4장에 나와 있듯, 걸려온 전화에 응답할 수 있는 똑같은 방법으로 통신중계서비스 Telecommunications Relay Service, TRS로부터 걸려온 전화에 응답해야 한다고 말하고 있다.
- 통역을 제공하기 위한 영상원격통역 VRI 서비스를 통제할 수 있는 기술표준을 설정해야 한다. 영상원격통역 VRI은 고품질의 비디오 이미지를 전달할 수

있는 초고속, 광대역 비디오 전용회선이나 무선 기술에 기반하는 화상회의 기술을 사용하고 있다. 법무부는 영상원격통역 VRI의 성능 기준을 정하고 해당 기술 사용자들과 관련자들에게 교육을 받을 것을 요구함으로써 빠른 시간 내 효율적으로 시스템을 설치하고 운영할 수 있도록 하고 있다.

4장 : 통신

TITLE IV : TELECOMMUNICATIONS

미국장애인법 ADA 4장은 전화 통신회사들에게 전국에 걸쳐 가능한 단거리 및 장거리 지역 통신중계서비스 TRS를 제공하도록 요청하고 있다.(챕터 11 참조) 이러한 중계서비스는 언제, 어디서나 어떤 경우라도 농인들이 전통적으로 목소리로 전화하는 사람과 대화할 수 있도록 해준다. 더욱이 4장은 연방정부에서 생산되거나 자금 지원을 받은 모든 TV 공공서비스 광고와 소식은 폐쇄 자막처리를 하도록 요청하고 있다. 때때로 연방기관들은 에이즈, 노화, 마약, 그 외 일반적인 건강과 소비자 문제에 관한 TV 광고를 개발한다. 앞으로는 TV에서 말로 전달되는 중요한 정보와 그 외 연방정부에 지원을 받는 광고는 폐쇄 자막처리로 처리되어 사람들에게 전달될 것이다.

NOTES

1. Pub. L. No. 101-336; 42 U.S.C.* 12101 et seq.
2. 42 U.S.C. 12102(2). 참조 *Rehabilitation Act*, 29 U.S.C. 706(8)(A); *Fair Housing Act Amendments Act*, 42 U.S.C. 3602(h) (1988); *Air Carrier Access Act*, 49 U.S.C. 1374(c)(2).
3. 29 C.F.R.** §1630.2(j)(1)
4. *Sutton v. United Airlines*, 119 S.Ct. 2139 (1999).
5. *Murphy v. United Parcel Service*, 119 S. Ct. 2133 (1999).
6. *Kirkingburg v. Albertsons*, 119 S.Ct. 2162 (1999).
7. Pub. L. No. 110-325(b)(2)
8. 29 C.F.R. §1630.
9. 29 C.F.R. §1630.2.
10. 29 C.F.R. §1630.4.
11. 28 C.F.R. part 35.
12. Federal courts are covered by 28 U.S.C. §1827.
13. 28 C.F.R. §35.160(b).
14. 28 C.F.R. §35.140.
15. 28 C.F.R. §35.160.
16. *56 Fed. Reg.* 35,701 (July 26, 1991).
17. 28 C.F.R. §35.160(b).
18. *56 Fed. Reg.* 35,711–35,7012 (July 26, 1991).
19. 28 C.F.R. §35.130(f)
20. 법무부의 미국장애인법 ADA 규정 분석에서 보면, 통역사 서비스 비용은 법정비용의 하나로 여겨지지 않을 수 있다. 법무부는 법정 통역사 서비스 비용의 부과가 재활법 504조 하에서는 허용되지 않는다는 사실을 이미 밝히고 있다. 따라서 통역사 서비스 비용을 법정비용으로 여기고 이를 회수하는 것은 금지되고 있다. (56 *Fed. Reg.* 35,706 [July 26, 1991])
21. 28 C.F.R. §35.161.
22. 28 C.F.R. §35.162.
23. 28 C.F.R. part 36.
24. 42 U.S.C. §12182(a)
25. 28 C.F.R. §36.301©

26. *Feldman, Kelly. & Singleton v. Pro Football, Inc., & WFI Stadium, Inc.*, (4th Cir. 2011)

27. *Feldman, et al. v. Pro Football, Inc., et al.*, No. AW-06-2266 (Md. Dist. Ct. 2011)

28. 28 C.F.R. §36.201(b)(4).

29. 28 C.F.R. §36.104.

30. 28 C.F.R. §36.303.

31. 28 C.F.R. §36.302.

32. U.S. Access Board, "ADA Accessibility Guidelines (ADAAG)," September 2002, http://www.access-board.gov/guidelines-and-standards/buildings-and-sites/about-the-ada-standars/background/adaag.

* 미국법전 United States Code, U.S.C.

** 미국연방규정집 Code of Federal Regulations, C.F.R.

Chapter 3

1973년 재활법

The Rehabilitation Act of 1973

1920년 의회는 장애인들도 직업훈련을 받고 일자리를 구할 수 있도록 돕는 첫 연방법을 통과시켰다.[1] 그러나 이 법은 충분한 준비 없이 제정된 것으로 시기 상조였다. 충분한 자격을 갖춘 장애인도 사기업 고용주나 연방, 주, 지역 정부에 널리 퍼진 장애인 차별로 좋은 직업을 찾을 수가 없었기 때문이다. 의회는 1973년 재활법 Rehabilitation Act을 제정함으로써 이 문제를 처리하려고 하였다.

이 법의 통과 당시 재활법 Rehabilitation Act 5장은 '장애인 권리장전'으로 환영받았다. 5장의 목적은 연방 재정 지원을 받는 모든 프로그램들에서 확실히 장애인을 차별하지 않도록 조치하는 것이었으며, 연방정부는 더 이상 차별적 행위를 하지 않을 것이라는 선언이었다. 본 챕터는 연방 프로그램과 연방정부 지원 프로그램에서 차별을 금지하고 있는 504조의 구현, 규제, 적용 및 최근 508조 수정안에 대해 집중할 것이다.

5장의 개요

Synopsis of Title V

5장은 5개 주요 부문에서 차별을 금지하고 있으며 고용, 교육, 건강, 복지 및 사회 서비스에 접근권을 요구하고 있다.

501조는 연방정부 고용 관행에 적용된다.[2] 연방정부는 연방정부의 지원자 및 직원을 차별하지 말 것을 지원자와 직원들에게 합리적인 편의 시설을 마련할 것을 요구하고 있다. 또한 각 임원실과 해당 조직은 유자격 장애인의 채용, 배치, 승진에 확실한 실천 계획을 채택할 것을 요청하고 있다.(7챕터 참조)

502조는 건축 및 교통장벽 준수위원회 Architectural and Transportation Barriers Compliance Board 또는 접근위원회 Access Board를 신설하는 것이다.[3] 접근위원회의 기본적인 기능은 연방정부의 재정 지원을 받은 빌딩에서 건축 장벽을 없애는 1968년 연방법 Architectural Barriers Act을 따를 것을 재확인할 것이며 공공 빌딩에서 장벽을 제거하는 것이다.(접근위원회에 관한 상세한 내용은 2챕터 참조)

503조는 연방정부의 계약자들에게 장애인 지원자와 직원을 차별하지 말 것을 요구하는 것이다.[4] 연간 연방정부와 계약 금액이 1만 달러 이상 되는 계약자들은 유자격 장애인의 채용, 배치, 승진에 있어 실천 계획 세울 것을 요구하고 있다. 연간 계약 금액 규모가 5만 달러 이상인 계약자들은 분명한 실천 계획을 서면으로 제출하라고 요구한다.(7챕터 참조)

504조는 연방정부의 지원 프로그램이나 활동과 관련하여 연방정부의 재정 지원을 받는 수령자들도 장애인을 차별하지 못하도록 하고 있다.[5] 연방정부 재정 지원 수령자는 많은 공공기관과 몇몇 민간 기관들을 포함하고 있다.

508조는 연방기관들에게 장애인들이 접근하는데 필요한 전자 및 정보기술을 도입하며 사용하라고 요구한다. 이러한 기술 사례들은 컴퓨터, 통신장비, 인터넷 기반의 정보 및 애플리케이션 및 멀티미디어 응용프로그램들의 하드웨어와 소프트웨어들이다. 건축 및 교통장벽 준수위원회는 508조에 의해 접근에 관한 기준을 수립해야 할 책임이 있다. 각각의 연방기관들은 전자 및 정보기술을 도입하여 사용함에 있어 이러한 기준들을 원칙으로 사용해야만 한다.

504조

SECTION 504

1978년 개정된 재활법 Rehabilitation Act 504조는 다음과 같다:

> 미국에서 유자격 장애인은 어떠한 이유에서도 장애를 이유로 참가하는데 배제되지 않을 것이며, 연방정부의 재원 지원을 받고 있는 프로그램이나 활동 또는 어떠한 행정기관이나 미국 우편 서비스에 의해 실시되는 프로그램이나 활동에서도 차별 대상이 되지 않을 것이다.

504조는 재정 지원을 받는 모든 연방기관은 504조의 의무를 명시하고 공표하도록 상세한 규정을 두어 법을 구현하고 있다. 1977년 미국 보건교육후생부 US Department of Health, Education and Welfare, HEW[6]는 그 법령과 상세 해설을 공표한 첫 기관이 되었다.[7] 미국 보건교육후생부 HEW는 다른 기관들도 각 기관만의 504조를 개발 준수하는 데 사용할 수 있도록 일련의 표준 세트를 발간하였다. 1980년 행정명령은 법무부가 기관들의 법령 준수를 모니터 할 수 있는 1차 권한을 부여하였다.[8]

누가 504조를 준수해야 하는가? Who Must Obey 504?

연방정부는 온 나라에 걸쳐 많은 프로그램과 활동을 지원하고 있다. 504조 규정에서 연방정부 지원의 정의를 내렸는데, '원조, 대출, 계약, 그 외 연방정부 인력이나 자산 지원 서비스 또는 기금 형태로 지원이 제공되었으면 연방정부 지원으로 규정'하고 있다.[9] 구매계약은 특별히 제외되었다. 그 결과 정부가 구매한 제품의 개인 생산자들은 504조를 준수하지 않아도 된다. 그러나 그들은 연방정부 계약자들에게 고용차별을 금지하고 있는 503조의 적용 대상자가 될 수 있기 때문에 구매계약을 가지고 있는 기관들과 연방정부의 재정 지원을 받는 기관들은 503조와 504조 둘 다 준수해야만 한다.

504조는 연방정부 지원을 직접적으로 받든지 또는 주정부나 지방정부를 통해 간접적으로 받든지 관계없이 적용된다. 수령인은 연방정부 지원을 받거나 간접적으로 그러한 지원의 혜택을 받는 기관이라고 분명히 규정하고 있다.

어떤 특별한 연방정부 개입 형태는 기금이나 서비스의 지원을 받지 않았다고 여겨질 때가 있다. 예를 들면, 연방정부는 라디오와 TV 방송 사업가들에게 방송 인가증을 부여한다. 그러나 이러한 인가증들은 연방정부의 지원 또는 연방정부가 실시하는 프로그램이라고 볼 수 없는 것이다.[10] 상업 항공사들은 정부가 제공하는 항공관제 시스템의 혜택을 받고 있으나 미국 대법원은 연방정부 시스템의 운영은 항공사에 연방 재정을 지원하는 것은 아니라고 판결하였다.[11]

이러한 좁은 예외에도 불구하고, 연방정부 재정 지원의 정의는 광범위하여 많은 민간 기관과 공공기관들은 504조를 준수하여야만 한다. 일반적으로 연방정부의 재정 지원을 어떤 형태로도 받고 있는 기관들은 초등학교, 중학교, 초급대학, 대학, 병원, 요양원, 직업재활기관, 공공복지사무소, 주정부,

지방정부, 경찰서와 소방서, 교정 및 보호관찰 부서, 도서관, 박물관, 연극 프로그램, 공원, 레크리에이션 시설, 대중교통 시스템, 공항과 항만, 보조금을 받는 개별 프로그램, 법률서비스프로그램 등 대부분의 사법 시스템들이다.

때때로 어떤 기관이 연방정부 재정 지원을 받고 있는 기관인지를 판단하기가 어렵다. 해당기관이 공공기관이라면 시민들은 일반적으로 재정 기록이나 보고서를 통해 연방정부 지원을 받고 있는지 아닌지를 알 수 있다. 많은 연방기관들은 그들이 재정 지원을 하고 있는 프로그램이나 활동에 대한 공개목록을 가지고 있다. 해당기관이 만약 공개 리스트를 가지고 있지 않거나 특정 기관이 목록에 없다면, 1966년에 제정된 정보공개법 Freedom of Information Act, FOIA에 의하여 재정 지원처라고 여겨지는 연방기관에 정보공개를 요청할 수 있다.[12]

정보공개법 FOIA에 의한 요청은 가능한 수령자의 신원을 확인해야 하고, 정보공개법 FOIA에 의해 요청하는 정보가 무엇인지 정확히 기술하고, 특정 기관이 연방 재정 지원을 받고 있는지 여부와 어떤 목적인지를 밝혀야 한다. 해당기관이 속한 상부기관의 이름과 주소를 제공하는 것은 중요한 일이다. 예를 들면, 지방 지부 도서관은 연방 재정 지원의 직접적 수령인으로 리스트되어있지 않다. 대신 주립, 지방, 자치주 연합회가 정식 수령자로 되어있을 수 있다. 연방기관은 10일 내로 정보공개법 FOIA 요청에 회신해야 한다.

504조를 위반한 기관에 대해 불만사항은 해당기관이 재정 지원을 받는지 여부가 불분명하다 해도 정부기관에 접수할 수 있다. 불만 접수기관이 해당기관에서 재정 지원을 받지 않는다면 불만 접수기관은 거절하면 된다. 해당기관 활동의 한 부분에서라도 연방 재정 지원을 받고 있다면 다른 부분에서는 직접 지원을 받지 않더라도 재정 지원을 받고 있는 것으로 간주되는 모든 활동에서 504조를 준수해야만 한다. 504조는 법이 연방정부 재정 지원을 받는 기관, 부서, 전문대학, 병원과 기타 기관의 모든 운영에도 적용된

다는 점을 명확히 하기 위하여 1987년에 재개정되었다.[13]

504조는 연방행정기관과 연방정부 재정 지원을 받는 수령기관에 적용된다. 1973년 처음의 법은 연방기관들에 적용되지 않았기 때문에 대부분 504 규정들이 기관들로부터 재정 지원을 받는 수령자들에게만 적용되었던 것을 수령기관에도 적용하였다. 1978년 개정안이 채택된 이후 기관들 역시 자신만의 활동에 적용되는 특별한 규정을 채택했는지 여부와 관계없이 504조를 준수해야만 한다.[14]

'유자격 장애인'의 정의 Defining a 'Qualified Person with a Disability'

504조는 단지 어떤 사람이 장애를 가졌다는 이유로만 일자리와 서비스에 접근권을 보장해 주는 것은 아니다. 504조로 보호받기 위해서는 장애인은 문제가 되는 일자리와 서비스에 자격을 갖추고 있어야만 한다. 504조 규정은 유자격 장애인을 다음과 같이 정의하고 있다.

- 고용면에서 합리적인 편의 시설이 갖추어져 있으면 해당 일자리의 핵심 기능을 수행할 수 있는 장애인
- 공립유치원, 초등학교, 중등학교, 성인교육에서 살펴보면,
  (i) 다른 학생들이 해당 서비스를 받는 동안의 동일 연령의 장애인
  (ii) 주 법에 의해 의무화되어있는 서비스가 제공될 때 해당되는 동일 연령의 장애인
  (iii) 주정부가 장애인교육법 **Individuals with Disabilities Education Act, IDEA**에 의해 적절한 공공 무상교육 제공에 해당되는 장애인
- 고등교육과 직업교육 서비스로 볼 때, 입학하기 위하여 요구되는 학력과 기술적 기준을 충족할 수 있는 장애인 또는 교육 프로그램이나 활동에 참가하는데 시행기관이 요구하는 조건을 충족할 수 있는 장애인

- 다른 서비스로 볼 때, 해당 서비스를 받기 위하여 핵심적인 자격 조건을 충족하는 장애인[15]

해당인이 504조의 무차별 규정으로 보호받기 위해서는 위의 정의에 부합하여야 한다.

일반적 무차별 규정들

GENERAL NONDISCRIMINATION PROVISIONS

504조 규정들은 금지되고 있는 차별행위의 일반 분류를 제시하고 있다. 또한 특정 차별행위가 504조를 위반하는 것인지 판단하기 위한 광범위한 정책 지침을 세웠다.

기회평등 Equal Opportunity

504조의 가장 중요한 원칙은 정부 지원을 받는 기관이나 연방기관은 해당 프로그램이나 서비스에 참여하거나 혜택을 받을 수 있는 기회에 자격을 갖춘 사람을 거부해서는 안 된다는 것이다.[16] 연방정부 재정 지원을 받는 프로그램은 장애가 있다는 이유로 장애인에게 서비스 제공을 거절할 수 없다. 예를 들면 단순히 해당인이 농인이라는 이유로 연방정부 재정 지원을 받는 정신건강 카운슬링 프로그램에 참여하는 것을 거부할 수 없다. 그러나 카운슬링 프로그램이 특정지역인들에게만 해당되는데 농인이 그 지역에 살지 않는다면 해당 농인은 비차별적 이유로 그 프로그램에 가입이 거부될 수 있다.

장애인은 다른 사람들에게 제공되는 기회만큼 효과적이고 동일한 형태로 프로그램에 참가하거나 혜택을 받을 수 있는 기회가 주어져야 한다.[17] 프로그램은 장애인 참가자들에게 비장애인과 똑같은 결과와 성취를 요구해서는 안 된다. 프로그램의 법 요구사항은 장애인에게 동일한 결과를 얻기 위하여, 동일한 혜택을 갖기 위하여, 또는 다른 사람들과 같은 정도의 성취도에 도달하기 위하여 '동일한 기회'가 주어져야 한다는 것이다.[18] 예를 들면 성인교육 프로그램 관리자는 농인에게 강의나 토론에 참석하기보다 학과를 위하여 서면자료를 읽으라고 말할 수 있다. 그러나 이것은 공정하지 않다. 강의와 토론은 서면자료를 설명하고 강화하는 데 도움을 줄 수 있기 때문에 농인이 프로그램으로부터 혜택을 볼 수 있는 동일한 기회를 갖지 못하는 것이 될 수 있다. 더욱 중요한 것은 다른 사람들은 강의와 토론에 참여할 수 있기 때문에 혜택을 받을 수 있으나 504조는 농인에게도 다른 사람과 동일한 기회를 제공을 요구하고 있다.

다르거나 또는 특별한 대우 Different or Special Treatment

때때로 장애인에게 진정한 평등의 기회를 제공하기 위하여 장애인은 다른 대우를 필요로 한다. 인종차별, 성차별에서 말하는 보통 동등한 기회는 '아주 정확하게 똑같은 방법으로 대우'하는 것을 의미한다. 그러나 장애인은 다른 사람이 얻게 되는 동일한 혜택과 서비스를 얻기 위해서 특별한 도움이나 시설이 필요하다. 시설과 도움 제공을 거절하거나 도움이 안 되는 것은 차별한 것으로 여겨진다. 504조 규정 원안의 분석을 보면 다음과 같이 설명한다.

> 동등한 기회를 확고히 하기 위해서는 다양한 맥락에서 장애인을 다르게 대우하고 특별히 대우하는 것이 필요할 수 있다. 예를 들면 어떤 프로그램이 이루어지는 장소가 걸어 올라가야 하는 빌딩 3층에서 이루어진다면 그 프로그램에서 장애인에게 휠체어 사용을 허용하는 것은 의미가 없다. 아동이 선생

> 님 말을 이해하거나 지시를 받아들일 수 있도록 할 수 있는 어떤 방안도 제공하지 않고 아동에게 교실에 들어오도록 허용하는 것은 농아동에게 동일한 교육 기회를 제공하는 것이라고 말할 수 없다.[19]

동시에 504조는 장애인이라고 낙인찍거나 다른 사람들과 분리하려는 불필요한 특별대우나 다른 대우를 금지하고 있다. 다른 사람에게 제공되는 것과 같이 효과적인 서비스를 제공하는데 필요한 것이 아니라면 차이가 있거나 분리시키는 도움, 혜택, 서비스는 금하고 있다.[20] 예를 들면 법률서비스 기관은 장애인 고객에 응대하기 위해 어떤 사무실에 물리적으로 접근하는데 문제가 없고, 장애인 법에 훈련된 변호사가 있다면 특별한 사무실을 따로 지정할 수 있다. 그러나 모든 장애인 고객에게 그들의 법적 문제가 무엇인지에 관계없이 바로 그 특정 사무실만을 사용하라고 요구하는 것은 불공정하다.

의사소통 방해물 Communication Barriers

504조 규정의 일반적 비차별 조항들은 휠체어 탄 사람들이 부딪치는 신체적 방해물 뿐 아니라 농인이 마주치는 커뮤니케이션 방해물에도 적용되는 내용들이다. 농인 여성은 별 어려움 없이 일자리 상담 센터에 가기 위해 계단을 올라갈 수 있다. 그러나 그녀가 지원서를 작성하는데 취업 상담자의 설명내용을 이해하지 못하면 지원서를 정확하게 작성할 수 없다. 또한 그녀는 어떤 서비스가 가능한지 또는 어떻게 서비스를 얻을 수 있는지 알 수 없게 된다. 한 농인 남성은 병원 또는 정신건강 센터로 걸어서 들어갈 수 있으나 의사 또는 상담가와 의사소통할 수 없다면 그는 그 프로그램과 시설에 맞는 의미 있고 동등한 접근권을 가질 수 없는 것이다.

보건후생부 Health and Human Service, HHS 규정에 대한 분석에 따르면 고객과 의사소통을 위해 전화기를 사용하는 복지사무소의 사례를 들 수 있다. 고객들은 정보를 얻기 위해서 또는 사례별 사회복지사와 접촉하기 위해서 전화를 할 수 있다. 또한 직원은 약속 일정을 잡기 위해 고객에게 전화를 걸 수 있다. 이 사무실은 농인과 커뮤니케이션하기 위하여 통신 중계 시스템과 같은 접근 가능한 방법을 제공해야만 한다. 다른 사례는 녹화 비디오 인터뷰나 설명을 담고 있는 모니터를 포함해야 하는 박물관 전시이다. 전시 비디오는 농인이나 난청인이 똑같은 정보를 얻을 수 있도록 자막처리가 되어야만 한다.

의사소통 문제는 특별히 법무부 504조 규정에서 언급되고 있다. 이 규칙들은 시각장애인이나 농인에게 커뮤니케이션이 효과적으로 전달될 수 있도록 수신자가 필요하다.[21] 이 규정은 장애인들에게 프로그램이나 서비스에 동등하게 접근할 수 있도록 적절한 보조도구를 제공할 수 있는 수신자를 필요로 한다.[22]

법무부가 미국장애인법 Americans with Disabilities Act, ADA을 시행했을 때 법무부는 504조에서 보조 기구와 서비스에 대한 정의를 명확히 하였다. 미국장애인법 ADA 규정은 현장에서 또는 영상원격통역 VRI 서비스를 통한 공인 통역사, 필기자, 실시간 컴퓨터 문자통역 서비스, 문서로 된 정보물, 서면 노트의 교환, 전화기 증폭기, 청각 보조 장치들, 청각 보조 시스템, 보청기 호환 전화기, 폐쇄 자막 해독기, 실시간 문자통역기를 포함한 개방 및 폐쇄 자막처리기, 음성, 텍스트, 비디오 기반의 통신 기기와 시스템, 청각장애인용 문자전화기 Teletypewriter, TTY를 포함한 비디오전화기 Video Phone, VP, 자막처리 전화기 Captioned Telephone 또는 동일한 효과의 통신장치들, 비디오 텍스트 디스플레이, 접근할 수 있는 전자 및 정보기술, 말로 전달되는 정보를 농인과 난청인들에게도 효과적으로 전달될 수 있는 방법들을 보조도구와 서비스에 포함시키고 있다.[23] 법무부는 현장에서 직접 또는 영상원격통역 VRI 서비스를 통하여 필요한 특화된 어휘를 사용하여 효과적이고, 정확하고, 편파적이지 않게, 수용하고 표현하면서 통역할 수 있는 사람을 공인 통역사라고 정의하고 있다. 공인 통역사는 수어통역사, 구두 음역자 Oral Transliterator, 단서 언어음역자 Cued-language Transliterator를 포함하고 있다.[24]

통역사는 연방정부 재정 지원을 받는 기관이 주최하는 회의, 콘퍼런스, 수업 또는 다른 그룹 활동에도 이용할 수 있어야 한다. 504조는 문화행사, 시 정부 회의, 성인교육 수업, 공원 프로그램 또는 농인이 참석하기를 원하는 행사에 통역사를 요구한다. 회의를 알리는 홍보 시 특별 서비스와 통역사의 도움 가능성을 알려야 하고 요청 절차도 써야 한다.

기금 수령자는 청각 또는 시각장애를 가진 사람들도 다양한 서비스에 관한 정보를 얻을 수 있도록 해야 한다는 농인의 요구사항을 보건후생부 HHS 규정에 특별히 언급되고 있다.[25] 예를 들면, 연방정부 재정 지원을 받는 TV 방송의 공공 서비스 안내는 반드시 삽입되거나 캡션 되어야만 한다. 연방정부 재정 지원 프로그램이나 서비스가 라디오에서 방송 공표된다면, 재정 지원 수령자는 직접 우편물 또는 지역 뉴스레터나 또는 농인 및 난청인들의 모임에서 배포되는 신문에 삽입되는 소식지로 농인들도 동일한 정보를 받을 수 있도록 해야 한다.

프로그램 접근 Program Accessibility

504조 규정은 모든 프로그램을 장애인들이 쉽게 이용할 수 있고 프로그램 혜택을 누릴 수 있는 동등한 기회를 허용하는 방식으로 제공되어야 한다고 요구하고 있다.[26] 지체장애인에게 프로그램 접근성은 건축물과 물리적 장벽을 제거하는 것을 의미한다. 농인들에게는 의사소통 장벽을 제거하는 것을 의미한다. 농인들이 동등한 접근성을 가질 수 없고 효과적으로 의사소통을 할 수 없는 프로그램과 시설들이라면 이들을 충분히 활용할 수 없다. 재활법 Rehabilitation Act에서 이러한 요구는 어떤 장소나 빌딩에 신체적인 접근성 보다 훨씬 큰 그 이상 것을 말하는 것이다. 사실상 장애인은 기능적으로 동일한 서비스와 프로그램 가질 것을 요구한다. 정책적 개념으로 볼 때, 프로그램 접근성은 농인들이 많은 프로그램과 서비스로부터 절대 배제되지 않도록 공격적으로 적용하여야 한다.

504조 규정은 프로그램을 접근 가능하도록 만드는 방법들이 열거되어 있다.[27] 리스트에는 특정 프로그램들이 농인에게 접근 가능하도록 만드는 지침은 미미하나, 장비의 리스트 부분에서는 전화기와 청각 알람 시스템, 영화와 비디오 자막, 무대, 연단, 시청각 시스템 디자인에 대한 수정안들을 포함하고 있다. 지원한다는 의미는 적절한 통역사, 필기사, 전사자 Transcriber 등 농인에게 필요한 여러 지원책 제공을 의미한다고 해석되고 있다.

504조의 강화

ENFORCEMENT OF SECTION 504

연방정부 재정 지원을 받는 수령자가 장애인을 차별했다고 믿는 사람들은 몇 가지 대안 절차를 가질 수 있다.

행정집행 Administrative Enforcement

504조를 위한 중앙집행 메커니즘은 없다. 때문에 법무부가 전반적인 감독을 하지만 연방 재정 지원을 제공하는 모든 기관은 그들만의 규정과 행정집행 절차 채택을 요청받고 있다. 각 기관은 수령자들에게 504조를 충실히 따르겠다고 확약하는 서명을 하게 하고, 1964년 민권법 Civil Rights Act 6장을 강화하려고 제정된 행정절차를 제정해야 한다. 이러한 틀안에서 다양한 기관에서 사용되는 절차는 근본적으로 다를 수 있다. 그러나 대부분 기관들은 원래 미국 보건교육후생부 HEW에 의해 개발되어 모델화되었고 지금은 보건후생부 HHS와 교육부에 의해 사용되고 있는 절차를 채택하고 있다.

자체 평가 Self-Evaluation

모든 수령자은 장애인이나 장애인을 대표하는 기관을 포함하여 관심 있는 대상자의 도움을 받아 504조 준수 여부에 대해 자체 평가를 해야 한다.[28] 수령자들은 자체 평가를 실시하여 504조를 따르지 않는 정책이나 관행들을 수정하여야 하며 과거 정책이나 관행들에서 나타날 수 있는 차별적 결과를 제거하기 위한 적절한 시정 조치를 취해야 한다. 수령자가 자체 평가를 실시하지 않거나 적절한 개선책을 만들지 않는다면, 불만을 가진 사람은 이 사실을 차별 관행으로 여론을 집중시키는데 사용할 수 있다. 불만 처리에 작성된 서신, 메모, 그 외 다른 문서들은 이후 수령인의 차별 태도나 정책의 증거로 사용될 수 있다. 불만 처리 절차는 수령인이 수립하고 처리하기 때문에 일반적으로 중대하고 논란이 되는 불만 처리에는 효과적이지 않다.

내부 고충처리 제도 Internal Grievance Procedure

교육부와 보건후생부 HHS는 직원이 15명 이상인 수령자들에게 504조에 따라 차별을 제기하는 불만에 대한 고충처리제도를 채택할 것을 요구하고 있다. 그러한 수령자들은 또한 504조 규정 조정을 위한 최소 한 사람을 지정해야 한다. 고충처리 제도에는 적절한 적법 절차 표준이 포함되어야 하며

'신속하고 공평한' 불만 해결을 제공해야 한다.[29] 고용 또는 고등 교육 기관 입학을 원하는 지원자들에 대한 불만처리 제도를 만들 필요는 없다.

고충처리 제도는 특히 장애 및 504조 의무에 대한 무지 또는 오해에서 비롯된 단순한 불만 사항을 해결하는 유용하고 접근하기 쉬운 방법이 될 수 있다. 고충처리 과정에서 수집된 서신, 메모 및 기타 문서는 나중에 수령자의 차별적 태도나 정책의 증거로 사용될 수 있다. 그러나 고충처리 제도는 수령자 스스로 주최하고 운영하기 때문에 일반적으로 주요 불만사항이나 분쟁이 있는 문제사항을 해결하는 것에는 비효율적이다.

연방정부기관에 대한 불만 Complaint to the Federal Agency

연방정부 재정 지원을 받는 수령자가 504조를 위반했다고 믿는 사람은 재정 지원을 지원하는 연방기관에 불만을 접수할 수 있다. 교육부나 건강 및 보건 및 복지 서비스 부서로부터 기금을 받는 수령자에 대한 불만은 해당 지역 인권사무소에 접수할 수 있다.

불만 접수 *Filing Complaints*

불만사항은 차별행위가 일어난 후 180일 안에 접수해야 한다. 예를 들면, 농인이 3월 1일 병원에 갔는데 통역사가 제공되지 않았다면 접수자는 차별이 일어난 날로부터 180일 안에 보건 및 복지 서비스부에 불만을 보내야 하는데 그 날짜는 8월 28일 된다. 불만 제기자가 그 기간을 넘긴다면, 해당 부서는 불만에 대해 어떤 조치도 취해야 할 필요가 없다. 그러나 접수 시점은 부서의 재량에 따라 연장될 수 있다. 많은 차별행위들은 연속적이며 그것들은 일반적인 정책이나 행동 과정에서 드러나고 있다. 때문에 이러한 경우에 180일이라는 제한은 문제가 되지 않을 수 있다. 불만 제기자는 프로그램이나 서비스를 다시 사용하려고 노력할 수도 있다. (예를 들면, 혜택이나 취업에 다시 지원하거나 보조 기구 요청을 갱신한다.) 차별행위가 제한 시간 안에 일어났었다는 데에는 의문의 여지가 없을 것이다.

불만 제기는 차별행위를 연방기관에 단지 알리기만 하는 간단한 편지가 될 수도 있다. 그러나 만약 차별행위의 모든 중요한 사실을 설명할 수 있고 504조 규정 위반 부분들을 상세히 확인할 수 있다면 그것은 더욱 차별 금지 방지 효과를 충격을 줄 수도 있다. 불만사항은 다음 내용을 포함하여야 한다:

- 불만 제기자의 성명, 주소, 전화번호와 불만을 제기한 농인을 접촉할 수 있는 방법 설명
- 만약 있다면, 불만 제기자의 변호사 또는 대리인의 성명, 주소, 전화번호, 불만 제기자가 504에 따라 인정받은 장애인이라는 진술
- 차별을 한 프로그램이나 시설의 이름, 주소, 전화번호와 해당 프로그램이 연방정부로부터 재정 지원을 받고 있다는 사실
- 시간 순서에 따라 차별행위의 완전한 설명. 가능하면 불만 내용은 날짜, 장소, 이름, 관계자들에 대해 구체적이어야 하며 그 행위가 왜 차별적인 것인지 불만 제기자가 해당 일자리, 혜택, 서비스 또는 프로그램에 어떻게 적격자가 될 수 있는지를 설명
- 차별과 해당 조직의 반응에 대해 불만을 제기하는 목적의 설명
- 차별을 설명하고 어떤 일이 일어났는지를 묘사하는 데 도움이 되는 그 외 다른 정보나 문서들
- 목격자의 성명, 주소, 직책, 전화번호가 포함된 목격자 리스트 가능하다면 위반한 504조 규정의 해당 부분의 분석

관련된 어떠한 문서들이 복사되고 불만 접수서에 첨부해야 한다. 원본을 보내지 말고 따로 보관하라. 첨부문서는 번호가 매겨져야 하며 불만 접수서의 내용에 번호를 매겨 명확하게 식별되어야 한다.

기관조사 *Agency Investigation*

연방기관은 해당 사안을 조사할 것이며 504조 위반이 일어났는지 여부를 판단할 것이다. 기관조사관들은 불만 제기자, 프로그램 대변인, 그 외 관련된 목격자를 면접한다. 불만 접수자가 조사하는 데 있어 공식적인 대상자가 아니고 기관에 도착된 결의안이나 조사에 아무런 역할이 없다 해도 불만 접수자가 적극적으로 개입할 수 있도록 해야 한다. 또한 연방조사관이 중요한 목격자와 해당 이슈에 대해 친숙한 사람들과 접촉할 수 있도록 해야 한다. 특히 농인에 관련된 불만사항 일 때는 더욱 중요하다, 조사관이 청각장애 및 의사소통 장벽을 극복하는데 필요할 수 있는 보조 기구나 합당한 편의 시설의 유형에 대해 잘 알고 있는 조사관은 거의 없다. 때문에 조사관은 전문가 또는 관련 정보를 제공할 수 있는 사람들을 만날 필요가 있다.

연방기관이 어느 수령자가 504조를 위반한 것을 발견하였다면 문서로 불만 제기자와 수령자에게 고지한다. 적절한 구제책을 제공하기 위하여 수령자와 협상하려고 노력할 것이다. 연방기관은 수령자에게 차별로 생긴 악영향을 극복하기 위하여 필요한 교정 행동을 취할 것을 요청할 수 있다. 연방기관은 수령자가 특정 기간 동안 504조를 준수할 수 있는 어떤 단계의 노력은 취할 것인지 보여줄 수 있는 교정 실천 계획을 요청할 수 있다. 그러한 계획의 노력을 모두 문서화해야 한다. 수령자가 요청된 시정 단계를 취하는데 실패했거나 협상이 만족할 결론에 이르지 못했다면 연방정부는 수령자의 연방정부 재정 지원을 중지하라는 행정명령을 내린다.

사법집행 Judicial Enforcement

어떤 사람들은 연방 법원에 소송을 제기하며 해당 기관의 불만 접수 절차를 우회할 수 있다. 연방 정부기관의 조사는 오랜 시간이 걸리기 때문이다. 조사가 끝날 때까지 시간이 너무 걸려서 장애인을 돕지 못할 수도 있다. 이에 반해 연방 법원의 소송은 보다 빠르고 효과적인 해결책을 제공할 수도 있다. 그러나 변호사비와 다른 법정비용이 들 수도 있다. 예를 들면, 곧 아기를 낳을 여성 농인은 병원 분만실에서 통역사를 허용하지 않을 것을 알게 되었다. 그녀는 연방기관이 그녀의 불만사항을 조사할 때까지 기다릴 수 없어서, 연방 법정에 소송하여 즉각적인 도움을 받게 되었다. 연방 금지명령은 학급에서 통역사를 필요로 하는 대학교 학생들과 관련된 사건에서도 권리를 인정하였다.

504조를 집행하는데 특정 케이스에 가장 효과적인 것을 판단하기 위해서는 각각의 방법들을 조심스럽게 살펴봐야 한다.

508조

SECTION 508

미국 의회는 508조를 1986년에 법률화하였다. 이에 따라 모든 연방기관들은 일반 서비스 관리 Services Administration에 의해 개발된 가이드라인에 따르기 위하여 전자 장비들이 접근 가능하도록 하라는 지시를 받았다. 그러나 그러한 명령에 부응할 수 있는 연방기관은 극히 소수였기 때문에 대부분의 기관들은 그 후 10여 년 동안 508조의 지시를 무시하였다. 전자 및 정보기술에 접근하려는 필요성이 1990년대 들어 점점 커지면서 장애인 소비자들은 508조 규정을 지키지 않는 연방정부에 좌절하게 되었다. 1990년 중반 소비자들은 다시 미국 의회에 508조의 강력한 집행 메커니즘을 담은 새로운 법령을 만들어 달라고 요청하였다. 1998년 소비자의 요청이 받아들여져 508조의 개정안이 그 해 인력투자법 Workforce Investment Act으로 제정되었다.[30] 508조 시행하는 규정들은 2013년 업데이트되었다.

508조의 개정안은 연방정부가 장애인 연방 직원들과 연방정부 정보가 필요한 연방정부 외부의 장애인들도 접근할 수 있도록 하는 전자 및 정보기술을 획득하고 사용하라는 엄격한 요구를 담고 있다. 이 법에 따르면, 정보 및 데이터에 접근하고 사용하는 것이 연방정부 직원과 비장애 일반인이 접근할 수 있고 사용할 수 있는 정보 및 데이터와 비교해야 한다. 그렇게 하지 않으면 기관에 과도한 부담을 줄 것이다. 접근을 제공하는 것이 과도한 부담을 주게 되면 연방기관은 (1) 접근하는 것이 왜 그러한 부담감을 주는지에 대한 설명 문서를 제공해야 하고, (2) 요청되는 정보를 다른 방법으로 접근하게 해야 한다. 소비자들은 이러한 요구사항에 따르지 않는 기관에게 불만을 진정할 수 있다.

508조는 농인과 난청인의 능력에 중대한 영향력을 주었다. 기술 자체에 접근을 요청하는 것 외에 새로운 법은 주류 기술이 적용 기술과 함께 협력할 것을 요청하고 있기 때문이다. 소리의 형태로 발표되는 모든 자료는 개방이나 폐쇄 자막처리로 제공되도록 요구하고 있다. 정보를 전달하는 어떠한 기술이라도 접근성을 제거하지 않은 형태로 만들어져야 한다고 했다. 예를 들면, 특정의 소프트웨어 프로그램이 자막을 가지고 있다면 프로그램을 전달하는 데 사용하는 기술은 그러한 자막들을 지우지 않을 수 있다.

NOTES

1. 청각장애인에 관한 가장 초기의 법률에는 Pub. L. No. 236-66과 1920년의 *Smith-Fess Act*이 포함된다.
2. 29 U.S.C.* §791.
3. 29 U.S.C. §792.
4. 29 U.S.C. §793.
5. 29 U.S.C. §794.
6. 미국 보건교육후생부 HEW는 1980년 4월 이후로 교육부와 보건후생부 HHS의 2개 부서로 나누어졌다. 그 이후로 보건교육후생부 HEW의 참조는 그날 이전에 취해진 법률로 제한된다. 달리 언급되지 않는 한, 보건교육후생부 HEW의 정책들은 교육부와 보건후생부 HHS에 유효하게 남아 있다.
7. Pub. L. No. 105-220, Title Ⅳ, §408(b), codified at 29 U.S.C. §794(d)
8. Exec.** Order No. 11,914 (1976), 41 *Fed. Reg.* 17,871 (April 28, 1976)
9. 45 C.F.R.*** Part 84.
10. Exec. Order No. 12,250 (1980), 45 *Fed. Reg.* 72,995 (1980); 28 C.F.R. Part 41.
11. 45 C.F.R. §84.3(h).
12. Pub. L. No. 105-220, Title IV, §508(b), codified at 29 U.S.C. §794(d).
13. 47 C.F.R. §1.1830(b)(6).
14. *United States Department of Transportation v. Paralyzed Veterans of America,* 477 U.S. 597 (1986).
15. 5 U.S.C. §552.
16. *Civil Rights Restoration Act*, Pub. L. No. 100-259, 29 U.S.C. §794(b) (1987).
17. 자체적으로 "연방정부에서 실시하는" 프로그램에 적용되는 미국 법무부 DOJ의 규정을 참조, 28 C.F.R. §39.
18. 45 C.F.R. §84.3(k); 34 C.F.R. §104.4(k).
19. 45 C.F.R. §84.4(b)(l)(i).
20. 45 C.F.R. §84.4(b)(l)(ii and iii).
21. 45 C.F.R. §84.4(b)(2).
22. 42 *Fed. Reg.* 22,676 (1977).
23. 45 C.F.R. §84.4(b)(3).
24. 28 C.F.R. §42.503(e).

25. 28 C.F.R. §35.104.

26. Ibid.

27. 45 C.F.R. §84.22(f).

28. 45 C.F.R. §84.22.

29. Ibid.

30. 28 C.F.R. §41.5(b)(2).

* 미국법전 United States Code, U.S.C.

** 실행문 Exec.

*** 미국연방규정집 Code of Federal Regulations, C.F.R.

Chapter 4

공립학교 교육

Public School Education

요즘 세상에 한 아동이 교육 기회를 거부 당했다면, 그 인생이 성공할 것이라 기대하기는 어려운 일이다. 주정부에서 교육받도록 제공되어야 하는 기회는 평등 원리에 따라 모든 사람에게 똑같은 권리이다.

– 교육위원회, Brown V.

특히 농인, 난청인과 그 가족에게 교육은 가장 핵심적인 권리들 중 하나이다. 교육의 중요성이 교육위원회의 브라운 브이 **Brown V.** 케이스가 1954년에 판결된 이후로 널리 인식되었지만 많은 장애 아동들이 아직도 평등한 교육 기회라는 권리를 거부당하고 있다. 1975년 의회는 미국의 팔백만 장애 아동의 반 이상이 적절한 교육 서비스를 받지 못하고 있고, 백만 명의 아동은 공교육시스템에서 배제 당하고 있다는 것을 알게 되었다.[1] 이후 의회는 아동들에게 자격을 갖춘 교사, 접근 가능한 교실, 적합한 자료와 프로그램에 대한 권리를 보장하기 위한 여러 조치를 강구했다. 그럼에도 불구하고 대부분 학부모들은, 아직도 아이들에게 불충분한 교육과 서비스를 온전히 받게 하려는 책임감과 사명감을 잃지 않는다.

장애인교육법 **Individuals with Disabilities Education Act, IDEA**은 주정부에게

어떻게 장애학생들에게 교육을 제공할 것인가에 대한 문제에 절차적이고 실질적인 필요사항에 대한 의무를 부과했다.[2] 이 법은 장애 관련 교육과 특수교육을 필요로 하는, 태어나서 21살까지 (일찍 시작했다면 고등학교 졸업 때까지) 학생들을 커버하고 있다.

이 법은 1975년 미공법 **Public Law** 94-142로 통과되었으며 장애아동교육법 **Education for All Handicapped Children Act**으로 알려져 있는 법으로 1977년 시행되었다. 이 법은 그 후 수십 년이 이어지면서 수차례 개정되어왔다. 1990년 재개정되면서 이 법은 '장애인교육법 IDEA'으로 이름이 바뀌었다. 1997년 장애인교육법 IDEA 개정이 이루어지면서 장애 아동을 위한 교육 기회가 개선되었고 가족들과 다른 커뮤니티 기반의 기관들에게 의사결정 과정에 훨씬 큰 역할이 주어졌다.[3] 2004년 장애인교육법 IDEA은 다시 개정되었으며 이때 장애인교육법 IDEA은 2002년에 제정된 소외아동 없애는 법 **No Child Left Behind Act**와 궤도를 같이 하게 되었고, 장애학생들에게 최고의 교사들에게 배울 수 있는 같은 권리와 매년 발전을 이룰 수 있다는 비장애학생들과 똑같은 기대를 주게 되었다.[4] 이 책이 출간되는 시점에도 장애인교육법 IDEA은 재개정을 기다리고 있다.

장애인교육법 IDEA과 규정들은 4개의 중요한 목적 달성을 목표로 한다.

- 모든 장애 아동이 장애인의 특화된 욕구에 맞출 수 있고 취업과 자립생활을 준비시킬 수 있는 특수교육과 관련 서비스에 역점을 두는 적절한 무상 공교육 보장을 확실히 해야 한다.
- 장애아의 권리와 그들 학부모의 권리가 보호되어야 함을 명시해야 한다.
- 주립, 지역, 교육서비스 기관, 연방기관들이 모든 장애아 교육비를 지원하도록 해야 한다.
- 장애아 교육의 효과를 명확히 평가해야 한다.[5]

모든 연방법이 그러하듯, 장애인교육법 IDEA도 모든 주정부가 지켜야 하는 최소한의 실질적이며 절차적인 요구사항을 규정하고 있다. 대부분 주들은 장애인교육법 IDEA를 보완하기 위하여 그들 주법과 규정을 채택한다. 미시간주 **Michigan**와 같은 몇몇 주에서는 학생들은 장애인교육법 IDEA 보다 해당 주법에 의해 보다 격상된 기준의 서비스를 받을 자격을 부여한다.[6] 또한 몇몇 주들은 농인과 난청 아동 권리장전 **Deaf and Hard of Hearing Children's Bills of Rights, DCBR**을 통과시키고 농인·난청 학생에게 추가적 권리를 부여하였다.[7] 권리장전은 본 챕터에서 더 깊이 논의된다.

장애인교육법 IDEA은 장애 아동들의 다양한 요구를 충족시키기 위해 몇 가지 부분으로 나누어진다. 파트 C는 태어나서 2살까지 영유아의 요구를 말하고 있다. 파트 B는 3살부터 21살까지 (또는 고등학교 졸업까지) 아동의 요구를 말하고 있다. 아래와 같이 장애인교육법 IDEA 부분들과 해당 요구 조건을 다루고 있다.

영유아기

PART C : INFANTS AND TODDLERS

농인·난청 아동 학부모에게 아이 교육은 태어나면서부터 시작이다. 이 기간은 언어를 배우게 되는 최적의 시기이기 때문에 영유아기 교육은 특히 중요하다. 장애인교육법 IDEA에서 학교 시스템의 책임의 아이가 세 살이 될 때까지는 부과되지 않는다 해도 연방정부는 주정부에게 태어나서 2살까지 특수한 요구가 있는 아이들에게 가능한 프로그램과 서비스를 위해 재정 지원한다.[8] 이 프로그램에 참여하는 주들은 장애영유아와 가족을 위한 조기개입 서비스를 제공할 수 있는 주 전체의 광범위한 기관 간 지원 시스템을 제공해야 한다.[9] 서비스를 제공받을 자격을 얻기 위해서는 해당 아이가 인지, 신체, 의사소통, 사회적, 감정적 발달 등에서 발달지연을 겪고 있는 것이

확실하고, 발달지연을 일으킬 가능성이 높은 신체적 또는 정신적 상태가 확인되어야 한다.[10]

개입 서비스는 주별로 다양하다. 어떤 주는 교육부를 통해 이를 관리하고 있으며 다른 주들은 주 보건 또는 사회 서비스 부처를 통해 관리한다. 3세 미만 유아의 서비스를 확인하는 방법은 개별가족 서비스계획 **Individualized Family Service Plan, IFSP**이다.[11] 아동을 위한 개별가족 서비스계획 IFSP은 연도별로 계획되어야 하고 6개월마다 평가 재검토되어야 한다.[12] 아이의 현재 발전단계와 기대되는 결과, 아이를 지원할 수 있는 유용한 자원, 어디에서 어떻게 지원이 시행되는지에 대한 구체적인 내용을 포함하여야 한다.[13] 부모, 보살피는 사람, 서비스 제공자들 모두 개별가족 서비스계획 IFSP의 개발에 관여해야 하고, 통역사나 보조 장치들도 농인과 난청인 학부모에게 제공되어야 한다. 이상적인 것은 개별가족 서비스계획 IFSP이 아이들이 학교에 들어갈 수 있는 최상의 상태에 이르게 하여, 학교에 들어갈 나이가 되면 개별화된 교육과정의 필요를 없애는 것이다.

개별가족 서비스계획 IFSP은 다음 사항을 포함해야 한다:

- 필요한 가족 훈련, 상담, 특수 신호, 구두 언어와 청각 서비스
- 작업치료, 물리치료, 심리치료 서비스
- 특수 증상 의료 서비스, 건강 서비스, 사회복지, 비전 서비스, 보조기술 장치 및 서비스
- 교통, 데이케어 등 서비스를 이용하는 장애아 가족에게 필요한 비용

각 개별가족 서비스계획 IFSP은 다음 내용을 포함한다.

- 아이의 발전단계 진술서
- 아이의 발달에 관련된 가족의 자원, 우선순위와 관심에 관한 진술서
- 아이와 가족을 위해 기대되는 주요 결과와 언제 어떻게 결과를 달성할 수 있

는지 목표에 대한 진술서

- 제공될 조기개입 서비스 진술서
- 제공될 서비스 배경과 서비스가 제공될 수 없는 경우의 타당한 이유
- 어떤 서비스가 먼저 시작되고 얼마나 계속될지에 대한 설명서
- 개별가족 서비스계획 IFSP의 조항을 실현하는데 책임이 있는 케이스 매니저 이름과 프로그램으로 이행하는데 아이에게 도움을 주기 위해 취해야 할 단계

개별가족 서비스계획 IFSP을 개발에는 팀에는 다음 사람을 포함해야 한다.

- 아이의 학부모
- 다른 가족 구성원 또는 학부모가 요청한 지지자
- 서비스 코디네이터
- 아이를 평가하는데 직접적으로 관련된 사람
- 적절한 서비스 제공자

3세-21세 학생

PART B : STUDENTS AGES 3-21

장애인교육법 IDEA의 실질적이고 절차적인 요구사항들은 파트 B에 들어있다. 이것은 3세부터 고등학교 졸업까지 혹은 21살까지 학생에게 적용되는 것이다.[14] 장애인교육법 IDEA 서비스를 받기 위해서 학생은 먼저 자격을 인정받아야 한다. 학생 자격이 확인되면 최소한으로 제한된 환경에서 적절한 무상 공교육, 개별화된 교육 프로그램을 받을 수 있다.

자격 Eligibility

장애인교육법 IDEA 서비스를 받기 위해서 학생은 청각장애를 포함하여 10개 카테고리 중 하나에 속하는 장애를 가지고 있어야 한다.[15] 그 외 서비스에 자격을 갖추려면 아이의 장애가 교육적 성과에 영향을 끼쳐야만 하고, 아이는 장애 때문에 특수한 지도가 필요해야 한다. 장애 때문에 특수한 지도가 필요하지 않은 학생일지라도 미국장애인법 **Americans with Disabilities Act, ADA**과 504조 하에서 교육에 접근할 수 있는 권리를 가지고 있다. 그러나 장애인교육법 IDEA가 요구하는 개인별 맞춤화 교과과정에 대한 권리는 가지고 있지 않다.

장애인교육법 IDEA에서 농인 카테고리는 3개로 구성된다.

- 농인은 듣는데 장애가 있다는 것을 의미하며 아이는 장애가 극심하여 증폭기가 있건 없건 언어적 정보를 처리하는데 제 기능을 하지 못하고 교육적 성과에 부정적 영향을 미치는 것이다.
- 농맹장애는 청각과 시각장애가 중복된 장애를 의미하며, 심각한 의사소통과 다른 발전단계 및 농인만 있는 아이 혹은 시각장애만 있는 아이를 위해 설계된 특수한 교육 프로그램만으로는 전달될 수 없이 특별한 교육적 욕구가 야기될 수 있는 상황이다.
- 농인은 아이의 교육적 성과에 부정적 영향을 주는 영구적이고 또는 변동성 장애를 의미하지만 반드시 농인 정의에 포함되지 않는다.

장애인교육법의 일반적 권한 General IDEA Entitlements

장애인교육법 IDEA의 중요 핵심은 최소한으로 제약되는 환경에서 모든 아이들의 적절한 무상 공교육에 대한 보장된 권리이다. 장애인교육법 IDEA은 이러한 권리들이 확실히 집행되도록 고안된 절차적 메커니즘이 포함하고 있다. 이러한 조항들은 아래에서 간략히 설명되고 본 챕터 뒷부분에서 깊게 다뤄진다.

적합한 무상 공교육 *A Free, Appropriate Public Education*

장애인교육법 IDEA과 재활법 Rehabilitation Act 504조에서 장애 아동들은 (1) 아이들 고유의 욕구에 맞출 수 있도록 특별히 설계된 설명과 (2) 아이들이 특별한 프로그램의 혜택을 받을 수 있도록 돕는데 필요한 서비스들에 대한 권리를 갖는다.[16] 장애인교육법 IDEA은 학교에게 권리를 가진 모든 학생들의 잠재성을 최대한으로 끌어올리라는 의무를 부여하지는 않지만 수업에서부터 교육적 혜택을 받을 수 있도록 충분한 지원 서비스가 포함된 개별화된 수업을 제공하도록 요구한다.[17]

이러한 기준을 만족시키는 게 무엇인가에 대한 의문은 전적으로 학생들의 욕구에 달려있으며 전문가 평가와 매년 개별 학생이 이루어 내는 진척도로 증명될 수 있다. 이러한 이유로 어느 학교가 제공해야 하는 특정 서비스는 아이들마다 다양하며 동일한 자격조건의 카테고리에 속하여 서비스를 받는 아이에게도 다양해야 한다. 예를 들면, 장애인교육법 IDEA의 첫 대법원 판결인 '핸드릭 허드슨 센트럴 학교교육위원회 대 롤리 Board of Education of Hendrick Hudson Central School District v. Rowley' 재판에서 농인 유치원생에 대한 평가에서 그녀에게 말해진 단어의 60%를 독순술로 해독하는 능력과 유치원에서 초등학교 1학년으로 쉽게 진학할 수 있다는 능력을 보여줬다. 그러나 그녀의 학부모는 학교에서 제공한 서비스 (언어치료 등)는 충분하지 않았다고 주장했다. 일반 커리큘럼에 접근하기 위해서 수어통역사가 필요했다고 주장했다. 그러나 대법원은 수업 현장에 통역사 없이도 학업 진척이 있었다는데 주목하면서 학교 편에 섰다.[18] 이러한 판례에도 불구하고 많은 농인·난청 학생들은 수어 통역 서비스를 받는다. 그들 대부분은 통역 서비스 없이는 커리큘럼을 소화하기 어렵기 때문이다.

한 학교가 어떤 서비스를 제공해야 하는지를 결정하는 것은 오직 학생의 필요에 달려있다. 학교 당국은 학부모들에게 비용을 부과하지 않고, 교육서비스뿐만 아니라 학생들이 모든 교육에 접근하는데 필요한 보조 서비스도 제공해야 한다. 즉, 사립학교 수업료; 기숙학교의 수업료, 숙식비; 학교를 오가는 교통비 등 몇몇 배심원단이 법정에 요청한 교육서비스 비용이 승인되긴 했지만 대다수 배심원단의 결정은 아니었다.[19] 게다가 대법원은 건강이 나쁜 학생이 유급하여 두 번이나 학교에 다닐 수 있게 했는데, 그에 필요한 비용 청구는 그것을 거부한 학교에 대해 타당한 변호가 아니라고 판결했다.[20]

제약을 최소화하는 환경 *Least Restrictive Environment*

개별화 교육프로그램 Individual Educational Program, IEP에 의해 결정된 적절한 무상 공교육은 '제약을 최소화한 환경'에서 시행되어야 한다. 장애인교육법 IDEA은 제약을 최소화한 환경이란 '비장애 학생들과 함께 가능한 만큼 장애학생들이 같은 교실, 프로그램 및 비장애학생과 같은 건물에서 교육을 받아야 한다'는 것이다. 동시에 주정부는 장애아들의 필요에 맞추기 위해 연속해서 대체할 수 별도의 장소를 제공하라는 요구를 받고 있다. 그러한 장소는 주류 수업, 특수 수업, 특수학교, 기숙학교와는 다른 형태의 프로그램 조합을 포함한다.[21] 법률에 따르면 특수 수업이나 별도의 학교로 배치한다는 것은 장애유형과 장애 정도에 따라 필요한 보조도구나 서비스를 별도 제공한다는 것을 의미한다. 다시 말해 정규 수업에서 아이의 교육적 필요를 충족시키지 못할 때만이 적절하다고 본 것이다.[22]

절차적 권리 *Procedural Rights*

공식적인 확대 절차는 학교와 학부모들이 적절한 무상교육과 제약을 최소화하는 환경을 결정하는 과정에서 이루어진다.[23] 학교 배치와 서비스 최초 결정은 개별화 교육프로그램 IEP에 의해 이루어진다. 장애인교육법 IDEA은 회의에 참석하는 특정인이 누구인가, 논의되어야 하는 주제, 개별화 교육프로그램 IEP에 나타나는 요소들에 대한 윤곽을 보여준다.[24] 상세 내용은 다음 세션에 나와 있다.

학부모들은 개별화 교육프로그램 IEP 개발에 참여할 수 있는 권리를 가지고 있다. 참여를 활성화하기 위하여 학부모들은 학생의 교육 기록부를 검토하고, 개별화 교육프로그램 IEP 회의를 기록하고, 개별화 교육프로그램 IEP 메모를 받고 자녀의 개별화 교육프로그램 IEP과 교육 기록에 포함되어야 할 추가 내용을 제출해야 하고, 학교가 어떤 서비스, 평가 또는 배치를 제공해야 할 하는 이유와, 이를 거부한다면 그 이유에 대한 사전 서면통보를 요구할 자격이 있다. 학교는 이를 개별화 교육프로그램 IEP 프로세스의 중요한 시점에서 학부모들에게 학부모들이 이해할 수 있는 언어와 의사소통 형태로 알려야 한다. 추가로 학교는 필요하다면 학부모 회의에 완전하게 참여할 수 있도록 통역 서비스나 다른 편의 시설을 제공해야 한다.

이러한 절차적 권리들이 학생들에게 실질적인 서비스로 보이지는 않는다 할지라도 학부모 요청과 요청에 대한 학교의 응답에 대한 기록을 남기는데 사용될 수 있고, 이는 분쟁 조정 절차에 유리할 수 있다.

개별화 교육프로그램 *The Individual Educational Program, IEP*

각 학생에게 보장된 적절한 무상 공교육의 핵심은 교육적 진전을 위한 학생의 잠재 가능성과 학생이 진전을 이루도록 하는데 필요한 서비스와 편의 시설에 따라 개별화된 결정이 이루어진다. 앞서 언급된 바와 같이 학생들의 목표, 서비스, 배치는 개별화된 교육 프로그램에 의해 전체 내용이 그려질 수 있다. 개별화 교육프로그램 IEP은 아동의 장애를 확인하여 식별하고 평가하고, 장단기 교육목표를 설정하여, 아동이 장단기 목표를 성취할 수 있도록 하는데 학교가 제공해야 하는 서비스를 서면으로 작성한 보고서이다. 특수교육과 관련 서비스들은 개별화 교육프로그램 IEP 내용에 맞추어 제공된다.[25]

학교는 법적으로 개별화 교육프로그램 IEP에 서면으로 나와있는 서비스를 제공하도록 되어 있다. 학부모는 아이가 필요한 모든 특수 서비스가 개별화 교육프로그램 IEP에 확실하게 포함되도록 절차적 권리를 적극 활용해야 한다.

장애인교육법 IDEA은 개별화 교육프로그램 IEP와 개별화 교육프로그램 IEP 팀 미팅을 위해 필요사항을 명확하게 세워놓았다. 이미 언급되었지만 여기에는 어떤 사람들이 회의에 참석해야 하는지와 이 팀이 개별화 교육프로그램 IEP을 개발하는 데 무엇을 고려해야 하는지를 구체적으로 지정하고 있으며 개별화 교육프로그램 IEP이 반드시 포함시켜야 할 요소들을 명시하고 있다. 장애인교육법 IDEA은 학교가 주어진 커리큘럼이나 편의 시설 세트 제공을 요구하지 않는다. 대신, 개별화 교육프로그램 IEP 팀은 학생의 고유한 요구사항을 중심으로 프로그램의 목표와 지원을 설계한다.

개별화 교육프로그램 IEP에 쓰여진 목표와 목적은 학문적 성과에만 제한되어 있지 않고, 전통적으로 학문적인 목표뿐만 아니라 사회적, 정신적, 의사소통, 감정적 필요도 충분히 감안하도록 한다. 개별화 교육프로그램 IEP 팀은 적절한 배치와 서비스를 결정하기 전에 아동의 장점과 평가 결과를 충분히 참고해야 한다. 아동에게 사용되는 테스트와 평가 척도는 인종 또는 문화적인 이유로 차별해서는 안 되며 아동의 모국어와 의사소통이 가능한 형태로 이루어져야 한다.[26]

1997년 장애인교육법 IDEA 재개정에서 농인·난청 아동의 개별화 교육프로그램 IEP을 개발하는 데 고려해야 할 특수사항들을 추가하였다. 이 조항에 따라 개별화 교육프로그램 IEP 팀은 아동의 학습 수준, 언어와 의사소통에 필요사항, 아동의 언어와 의사소통 방식으로 동급생, 전문 교직원과 직접 커뮤니케이션을 할 수 있는 기회를 포함한 아동의 의사소통에 필요사항을 반드시 고려해야 한다.[27] 직접적으로 의사소통한다는 것은 통역사 같은 제3자의 개입 없이 의사소통한다는 뜻이다. 아동의 언어와 의사소통 방식은 미국수어 American Sign Language, ASL, 수지영어 Signing Exact English, SEE 또는 구두 의사소통과 같이 아동이 어떻게 의사소통하는가를 말한다. 아동이 모든 사람과 직접 소통하는 것이 어려운 환경에 있다면, 특수학교나 특별 프로그램으로 배치되는 대체안이 더욱더 적절할 수도 있다.

이뿐만 아니라 개별화 교육프로그램 IEP은 보조 기구와 서비스 또는 편의 시설뿐만 아니라 비용, 종류, 아동이 받을 특별수업 횟수를 기술해야 한다. 이것은 미리 특별 장치와 서비스가 무엇인지 확인하는 것이 매우 중요하기 때문이다. 그래야만 학기 초에 제자리에 놓여있게 되어 서비스를 할 수 있기 때문이다.

학교는 개별화 교육프로그램 IEP을 개발하는 데 있어서 학부모들에게 의무사항을 갖는다. 가장 중요한 것은 학교는 개별화 교육프로그램 IEP에 단순히 서명을 받기 위해 학부모들에게 개별화 교육프로그램 IEP을 제시해서는 안 된다는 것이다. 그보다는 학부모들에게 개별화 교육프로그램 IEP이 개발되는 과정에 학부모들을 참여하는 기회를 주고 학부모들이 전적으로 참여하기 위해 필요하다면 통역사를 제공하는 것을 적극적으로 포함해야 한다. 의무사항은 학교에게 학부모들 바람에 복종하라고 요구하는 것이 아니라 개별화 교육프로그램 IEP 기록에 학부모들 관심사항을 포함시키고, 학부모에게 학생의 학과 기록을 볼 수 있도록 허락하며, 개별화 교육프로그램

IEP 회의에 대변자나 다른 지식이 있는 사람을 동반할 수 있도록 허용하라는 것이다. 학교는 반드시 개별화 교육프로그램 IEP을 시작하기 전에 학부모의 동의를 받아야 하며 서비스, 배치, 개별화 교육프로그램 IEP 어떤 항목을 변경할 때에 학부모 동의를 받아야 한다.

학부모는 개별화 교육프로그램 IEP에 관하여 특정의 권리를 갖는다. 학교는 부모의 관심사항을 고려해야 하기 때문에 학부모는 그들의 관심사를 분명히 밝히는 서신을 작성하여 자녀의 교육 파일에 포함시키도록 요구할 수 있다. 학부모들은 또한 그들 자녀의 교육적 평가에 대하여 권리가 있다. 학교는 학생의 장애를 평가하는데 학부모의 동의가 필요하지는 않다. 그러나 학교는 학부모 요구에 따라 그러한 평가를 실시해야 한다. 학부모들은 또한 독립 외부기관에 공적비용으로 평가를 실시하도록 요구할 수 있는 권리를 가지고 있으며 개별화 교육프로그램 IEP 팀은 이 평가를 반드시 따라야 한다는 요구가 없을지라도 평가 결과를 충분히 참고해야 한다.

개별화 교육프로그램 IEP은 일 년에 적어도 한번 이를 검토하여야 한다. 개별화 교육프로그램 IEP은 봄이나 이른 여름에 작성되어야 가을학기가 시작될 때 실행할 수 있다. 연간 프로세스가 적절하게 시행되지 못한 경우가 단 한 명의 학생에게라도 있었다고 해서 개별화 교육프로그램 IEP 서비스가 충분하지 못했다는 결론을 주정부 차원에서 내릴 수는 없다. 그러나 학교가 속한 지역 전체가 특수교육에 실패한 경우로 잘못 알려질 수가 있다. 학부모들은 자녀의 개별화 교육프로그램 IEP을 요구하고 원본은 보관해서 합의한 내용을 숙지하고 학교가 약속을 이행했는지를 확인할 수 있다. 그들이 나중에 서비스를 제대로 받기 위해 법정에 가야 한다면 개별화 교육프로그램 IEP은 제1차 증거물이 된다.

개별화 교육프로그램의 내용 *Contents of the IEP*

개별화 교육프로그램 IEP은 다음 내용을 포함하고 있다.

- 아동 학부모의 교육적 목표 수준 진술서
- 단기 목표를 포함한 측정 가능한 연간 목표 진술서
- 제공되어야 할 특수교육, 관련 서비스, 보조 기구, 서비스에 대한 진술서와 아동을 위해 제공되어야 할 교직원의 지원 또는 프로그램 수정안 진술서
- 아동이 정규 교실과 다른 활동에서 비장애 아동들과 함께 참여하지 않는 범위에 대한 설명
- 아동이 평가에 참가하기 위하여 필요로 하는 학생 성취의 주 단위 또는 지역 단위의 행정처리에 있어 개인의 수정사항에 대한 진술서
- 서비스 수정안 시작 날짜, 예상되는 횟수, 장소, 서비스 기간, 수성 내용
- 연간 목표를 향해 학습 진행이 어떻게 평가될 수 있는지, 어떻게 학부모들에게 평가 내용을 알릴 것인지에 대한 진술서[28]

개별화 교육프로그램 IEP을 개발할 때, 개별화 교육프로그램 IEP 팀은 다음 사항을 고려해야 한다.

- 아동의 강점
- 아동의 교육을 고취시키기 위한 학부모의 관심사항
- 아동의 최초 또는 가장 최근의 평가 결과
- 아동의 과학적, 발전단계, 기능적 요구
- 고려해야 할 특별한 사실들:
  - 행동장애가 있는 학생을 위한 긍정적인 행동 개입과 지원
  - 영어 구사력이 제한된 학생에게 아동의 언어 욕구
  - 맹인 및 시력장애 학생을 위한 점자 학습
  - 농인·난청 아동의 언어와 의사소통 요구, 아동의 언어와 의사소통 방식으로 동료 학생들과 교직원과의 직접적인 의사소통 기회, 학업 수준, 아동의

언어와 의사소통 방식으로 직접적인 학업 기회를 포함한 전방위적 요구

- ㅇ 아동이 보조기술 장치와 서비스 필요 여부 판단

개별화 교육프로그램 회의 필수 참석자 *Required Attendees at an IEP Meeting*

아래 사람들은 관계자들이 참석이 필요 없다고 판단하지 않았다면 반드시 개별화 교육프로그램 IEP에 참석해야 한다.

- 장애 아동 학부모
- 아동의 정규교육 교사 중 적어도 1명 이상 (아동이 정규교육에 참여하고 있는 경우)
- 1명 이상의 특수교사, 필요한 경우 해당 아동의 특수교육 제공자 1명 이상
- (1) 장애아 고유의 필요사항을 충족시키기 위해 특별히 짜여진 학과의 조항을 제공하고 감독할 수 있고 (2) 일반 교육과정에 대해 잘 알고 있는 (3) 지역 교육기관 자원의 유효성을 잘 알고 있는 지역 교육기관의 대표자
- 평가 내용이 암시하는 것을 통역할 수 있는 사람
- 학부모나 기관의 판단에 따라 아동에 대한 특수전문가 또는 아동에 관한 지식이 있는 제3자
- 필요한 경우, 장애 아동

학부모의 절차적 권리 *Parents' Procedural Rights*

학교는 다음과 같은 학부모의 권리를 포함한 절차적 권리를 인정해야 한다.

- 개별화 교육프로그램 IEP 개발에 참여한다.
- 개별화 교육프로그램 IEP 회의에 앞서 또는 그 후 어느 시점에라도 아동의 학업 기록을 검토한다.
- 개별화 교육프로그램 IEP 팀 회의를 기록한다.

- 반드시 통역사를 두어 회의 참석을 가능하게 한다.
- 아동의 신원확인, 평가, 교육적 배치 또는 적합한 무상 공교육의 조항을 시작하거나 변경하기 위하여 지역교육기관이 제안하거나 거부할 때마다 사전 서면통지를 받는다.
- 개별화 교육프로그램 IEP 팀에 의하여 고려되어야 할 결과에 대해 공공비용으로 독립적인 교육평가를 받는다.
- 개별화 교육프로그램 IEP 전체 또는 부문 시행에 대해 거부할 수 있는 등
- 주정부에 불만을 접수하거나 중재에 들어가거나 학교를 상대로 행정적 절차를 밟기 시작하는 것을 포함하여 학부모는 학교와 분쟁에 대해 독립적인 검토를 할 수 있다.
- 학부모의 모국어로, 쉽게 이해할 수 방식으로 쓰여진 절차적 보호장지에 내한 상세한 설명을 들어야 한다.

이러한 절차적 권리들이 학생들에게 본질적 서비스로 나타나는 것은 아닐지라도 학부모의 요구와 이에 대한 학교의 반응을 기록해서 후에 분쟁해결 절차를 진행할 때 유리할 수 있다.

개별화 교육프로그램 개발에 고려해야 할 중요한 점

Important Considerations in Developing an IEP

농인·난청 학생들의 고유한 필요사항은 그들에게 진정으로 혜택을 줄 수 있는 교육 프로그램을 개발에 가장 중요한 요소가 된다. 선택한 언어 매체나 배치와 같은 팩트들은 학생이 성장하고 발전하면서 예상치 않은 결과를 갖게 될 수 있다. 학부모들은 처음 선택했을 때 이러한 결과에 대해 잘 숙고해야 하며 이러한 이슈에 대하여 학교에게 적극적으로 충고해야 한다. 이외에도 보조기술과 자격을 갖춘 서비스 제공자들이 제공될 수 있는지 여부가 학생들이 프로그램에서 취할 수 있는 유용성의 정도에 큰 영향을 준다.

적절한 언어 매체 *Appropriate Language Medium*

적절한 교육 프로그램을 결정하고 개별화 교육프로그램 IEP을 작성하는데 첫 번째 단계는 특정 아동에게 적합한 언어 매체를 확인하는 것이다. 아동에게 가장 좋은 것은 아이들의 모국어, 남아있는 청력 정도와 타입, 수동통신방법 Manual Communication Methods에 대한 아동의 노출, 청력을 잃은 나이, 아동 가족이 사용하는 기본 언어 및 그 외 조건들에 따라 아이들마다 다르다. 적합하다고 판단된 것은 개별화 교육프로그램 IEP에 반드시 적어야 한다. 통역사나 교사들이 수어를 사용할 것이라면 개별화 교육프로그램 IEP은 최소 기술 수준 또는 전문가들이 보유해야 할 숙련도를 확인해야 한다. 텍사스 Texas와 같이 몇몇 주에서는 수어 수준 또는 통역사 숙련도를 확인하기 위하여 시험을 실시했다.[29] 가능하다면 언제라도 농인·난청 아동과 함께 일하는 통역사나 교사들이 보다 효과적으로 의사소통하기 위해서 그러한 기준이 개별화 교육프로그램 IEP에 포함되어야 한다.

언어 방식에 대한 논란은 수년간 농인 교육 프로그램에서 계속 격화되어왔다. 원래는 토론이 '구화 대 수어'의 효과에 대해 집중되어 있었다. 수동적 요소 Manual Components 사용해서 교육적 방법을 생각하기에는 다양한 수어가 존재하고 학습 환경에서 아동과 손동작 언어를 사용하는 수많은 서로 다른 시스템이 있기 때문에 매우 복잡하다. 수어는 사인, 손가락으로 스펠링 쓰기, 신체 움직임, 얼굴 표현과 같은 시각적 요소들로 구별되어진다. 수어는 특정 시스템이 공식적인 영어 구문 및 어휘와 유사한 정도에 의해 구별되어지고 고유의 언어적 요소로 구성되어 있는 언어 시스템의 연속체 A Continuum of Language System이다.

미국수어 ASL는 자체적으로 구문, 어휘 및 숙어를 가지고 있는 영어와 언어적으로 구별되는 엄연한 '하나의 언어'이다. 많은 농인학교는 2중 언어로 접근하면서 미국수어 ASL와 영어는 별도의 언어임을 강조하고 있으며,

학생들이 두 개 언어에 능숙해지기를 기대한다. 다른 학교들과 프로그램들은 영어와 밀접하게 관련이 있는 수어 변종들에 의존하고 있다. 이러한 종류의 몇몇 유형은 영어 단어 순서와 대략적으로 유사한 신호를 사용하는 '피진 사인 영어시스템 Pidgin Signed English (중국인이 사용하는 수어 영어)'이다. 다른 시스템들은 영어의 단어 대 단어를 번역하는데 신호와 손가락으로 스펠링 쓰기를 통하여 영어를 보이게 만들도록 고안되었으며, 단어 끝맺음과 다른 문법적 요소를 나타내기 위하여 추가적인 신호를 사용하도록 만들어졌다. 신호 스피치 Cued Speech는 몇몇 학교 시스템에서 소개되고 있는 또 하나의 방법이다. 신호 스피치는 언어가 아니지만 머리 주변 특정한 위치에서 특유의 손동작으로 이루어진 시스템이다. 아동들은 손 신호를 읽으면서 동시에 독화술을 한다. 궁극적으로 농아동을 위한 몇몇 프로그램들은 순전히 말로 하는 구화이며 남아있는 청력을 사용하는 독화술을 강조하고 있다.

적합한 의사소통 매개체를 선택하는 일은 중요하다 왜냐하면 이 선택이 수업을 가능하고 의미 있게 만들기 때문이다. 교사들은 모든 아이들이 영어라는 언어를 최대한 사용하고 이해하도록 노력하고 있다. 관련되어 있는 목표 중 보다 시급한 목표는 학급에서 일어나는 모든 일을 농아동에게도 접근 가능하도록 만드는 것이다. 몇몇 학생에게는 단지 듣도록 도움만 주는 것이 보조 기구일 수도 있고, 어떤 학생에게는 보조 기구와 수어통역사가 될 수 있고 또 다른 학생에게는 특수교사, 수정된 교과과정 및 다양한 지원 서비스가 될 수 있다. 개별화 교육프로그램 IEP은 각각 아동마다 개별적으로 의사소통에 필요한 사항을 명기해야 한다.

적절한 배치 *Appropriate Placement*

주류 교육에 통합되는 것이 많은 장애 아동에게 낙인과 고립을 줄일 수 있다 하더라도 농인·난청 아동에게 언제나 적절한 것은 아니다. 1988년 농인 교육위원회 Commission on Education of the Deaf, COED 보고서는 주류 교육에 통합시키는 것이 많은 농인 학생들에게 부작용이 더 많을 수 있다고 경고하고 있다.[30] 실질적인 지원 시스템과 서비스 없이 주류 교육 학급에 배치하는 것이 학생과 교사들이 공통언어를 쓰고 있는 환경과 농인 학생에 대해 보다 제한적인 사회적, 교육적 환경을 만들 수 있다는 것이다.

법으로 적절한 교육을 제공하는데 필요한 서비스들은 아이들에게 최소한으로 제한된 환경에서 이루어지도록 결정하도록 하고 있다. 따라서 개별화 교육프로그램 IEP 팀 학생이 미국수어 ASL로 수업에 직접 참가하겠다는 요청에 동의하였다면, 팀원들은 직접 접근이 일반 교육 환경에서 제공될 수 있는지를 판단해야 한다. 그럴 수 없다면 수업이 제공되는 곳에서 최소한의 제한적 환경을 판단해야 한다. 현실에서는 많은 학교들이 최소한의 제한적 환경을 최우선 고려 사항으로 생각하고 있다. 그러나 이러한 접근은 대부분 농인·난청 학생들의 실제 욕구를 무시하는 것이다. 회의에서 학교 측 대표자들의 직접적 의사소통이 현재 학생이 배치된 곳에서는 불가능하다고 주장하며, 최소한의 제한적 환경의 필요성 때문에 학생의 배치를 변경해야 한다고 주장할 수 있다.

최근 수년간 특수한 요소들이 자폐스펙트럼 장애 혹은 다운증후군과 같은 중복 장애를 가진 농인 학생이나 난청 학생들에게도 일률적으로 적용되어 농인·난청 아동들을 농인학교에 배치하는데 우호적인 판결을 내리도록 하기도 했다.[31] 이러한 조항에도 불구하고, 농인 학생이나 난청 학생들을 전반적으로 주류 환경에 배치하려는 경향이 있다.[32]

한 학생의 특별한 욕구는 그 학생의 프로그램을 결정하는 모든 결정에 우선되어야 한다. 교육은 교사의 말을 듣는다는 것 이상이다. 교육은 소규모 그룹토론, 친구와 교사와 공식·비공식적 상호 관계, 신체적이며 여가활동적인 교육, 학과 외 활동 및 사회생활의 배움 등이 포함된다. 단 한 번의 결정에 따른 배치가 모든 농인·난청 아동에게 적절할 수 없다. 부모들은 그들 자녀가 전방위적 교육목표를 달성할 수 있도록 하는 배치와 배치를 성공적으로 이룰 수 있는 모든 지원 서비스를 결정하는 데 충분하고 완전하게 개입할 필요가 있다.

보조공학과 관련 서비스 *Assistive Technology and Related Services*

개별화 교육프로그램 IEP은 농아동이 학급에서 관련 서비스와 커뮤니케이션 기술에 충분히 접근할 수 있도록 할 것을 말하고 있다. 이전에 언급했던 바와 같이 장애인교육법 IDEA에서는 특별히 언어 및 청각 서비스, 심리학적 및 상담 서비스, 직업치료, 레크리에이션, 조기진단 및 이동 서비스, 학교건강 서비스, 사회 서비스, 부모상담 및 부모교육을 언급하고 있다.[33] 그러나 이러한 리스트가 모든 것을 빠짐없이 작성한 것은 아니다. 다른 서비스들도 개별화 교육프로그램 IEP에 포함될 수 있고 추가되어야 한다. 농인·난청 아동을 위한 전형적인 서비스들은 증폭기 (보청기 또는 보조 청각 시스템), 실시간 컴퓨터 문자통역 Computer Assisted Realtime Transcription, CART 서비스, 컴퓨터 소프트웨어 및 하드웨어 및 통역사가 포함될 수 있다. 어떤 농아동은 그 범위가 전통적인 보청기부터 특수 청각 훈련기구 및 증폭장치까지 포함된 추가적인 청각 장치를 갖게 됨으로써 혜택을 볼 수 있다. 이러한 서비스나 기술에 더하여 어떤 아동은 남아있는 청력을 보완해 줄 추가 서비스가 필요할 수도 있다. 이러한 도움은 개별화 교육프로그램 IEP에 명확히 포함되어 있어야 하며 아동 프로그램의 한 부분으로 제공되어야 한다.

예를 들면 아동이 보청기로 충분한 혜택을 누리려면 주변 소음을 컨트롤해야 하는 것은 필수적이다. 이러한 요구는 반드시 확실하게 확인되어 학교는 아이의 교실에 있는 음향설비를 개선하기 위하여 적절한 단계를 밟을 수 있게 된다. 미국 접근성위원회 United State Access Board는 미국 국가 표준

협회 American National Standards Institute, ANSI와 음향학회 Acoustical Society와 연계하여 교실의 음향 기준(ANSI/ASA S12.60-2002)을 개발했다. 이러한 기준은 영구적인 학교와 이동 가능한 교실의 기준을 별도로 적용하기 위해 2010년에 개정되었다. 그들은 교실과 비슷한 환경을 위한 음향 성능 기준과 디자인 필수사항을 발표했다. 보다 중요한 사실은 교실의 음향 기준은 주법에서 특별히 처리되지 않으면, 법적 기준이 되지 않는다는 것이다. 그러나 부모들은 그들 자녀의 개별화 교육프로그램 IEP을 개발하는 데 있어 그러한 기준이 유용하다는 걸 알게 된다.

시각적으로 제시되는 정보가 명확하고 이해할 수 있도록 하려면 개선된 조명도 필요하다. 언어치료, 청각 훈련, 비디오 자막과 같은 매체 지원 서비스들은 농아동이 필요할 수 있는 또 다른 지원책이 된다. 그렇다면 이러한 내용들도 개별화 교육프로그램 IEP에 포함되어야 한다. 지원과 관련된 형태는 청각 서비스, 통역사, 부모와 자녀의 상담, 부모들이 아이의 개별화 교육프로그램 IEP을 지원하기 위해 필요한 기능을 익히기 위한 부모교육들이다. 학교는 학부모와 가족들에게 수어 교육과 훈련을 제공하여 아이들이 집에서도 언어 개발과 교육적 진보를 지속적으로 이룰 수 있도록 해야 한다.

학교는 아이의 보청기 및 다른 보조기술 기구들이 제대로 작동하는지 그리고 개별화 교육프로그램 IEP에서 그러한 장치들이 필요하다고 결정되었다면 비용 지불 없이 사용 가능한지를 정확히 해야 한다. 개별화 교육프로그램 IEP이 그러한 장치나 기구 사용이 아이의 적절한 교육을 위해 지속적으로 집이나 다른 환경에서도 필요하다고 결정했다면, 학교는 아이나 부모에게 그러한 장치를 학교 외부환경에서도 사용할 수 있도록 반드시 승인해야 한다.[34]

공인전문가 *Qualified Professionals*

어릴 때 청각장애 발생률은 낮다. 때문에 학교 시스템에는 그런 연령대 그룹에 농아동이 거의 없다. 왜냐하면 주류 교육 학급에서 적절한 농아동

교육이 확실하게 이루어질 수 있도록 알맞게 훈련된 교사와 고도로 특화된 연관 서비스 제공이 어렵기 때문이다.

미국 농아동협회 American Society for Deaf Children와 국제 농인 부모협의회 International Association of Parents of the Deaf는 다음과 같은 보고서를 발표했다.

> 현재 많은 지역의 학교와 공립학교에는 자격을 갖춘 인력이 부족하고 지원 서비스가 부족하고, 훈련된 인력이 부족하고, 필요한 증폭장치와 바람직한 시각환경이 부족하고, 학생들이 의사소통하는데 필수적이고 전반적인 커뮤니케이션에 대한 이해가 부족하고, 많은 경우에 농아동 교육에 필요한 재정 자원이 필요하고 투입하겠다는 정책적 결심이 부족하다.[35]

이러한 성명은 1976년에 이루어졌지만, 이러한 문제는 아직까지도 존재한다. 법으로 학교 시스템은 농인 또는 난청인지를 판단하기 위해, 청력 지원을 제공하기 위한 특별한 프로그램을 창출하기 위해, 농인이나 난청과 관련된 사안에 대하여 학생, 부모, 교사들에게 상담과 가이드를 제공하기 위해 학생들을 평가하라고 요구하고 있다. 그들은 증폭기에 대한 아동의 필요 여부를 결정하는 데 적절한 보조기를 정하고 장착하는데, 증폭기의 효과를 평가하는데 큰 책임이 있다. 이러한 책임성은 특수교육이 부족한 교사들과 행정가들의 문제를 극복할 수 있다. 이러한 교육을 위한 기회가 가능하도록 해야, 여러 장애인과 농인과 난청인에 대해, 가능한 해결책과 편의 시설의 범위, 법으로 정해진 그들 책임을 다하는데 어떻게 해야 최선이 될지에 대해 더 많이 깨닫게 될 것이다.

2004년 장애인교육법 IDEA은 장애를 가진 모든 학생들에게 2002년 제정된 소외아동 없애는 법 No Child Left Behind Act과 유사한 방식으로 높은 수준의 자격을 갖춘 교사에게 배울 수 있는 권리를 보장하도록 개정되었다. 특수교육을 받는 학생들과 교사들은 특수교육에 충분한 인증을 받아야 하고,

학사학위 소지자여야 하며, 전문 지식을 보여줄 수 있어야 한다고 요구하고 있다. 게다가 주정부는 주 안에서 특수교육 서비스 조항의 개요를 설명할 수 있는 계획 및 적절한 무상 공교육을 제공하는 대상자와 특정 장애 카테고리에 소수자에 대한 불균형적 현상을 포함하는 계획안을 마련하라고 요구받고 있다. 특수교육 또는 관련 서비스를 제공하는 인력들은 주립 교육기관의 인증서, 허가서, 등록 확인서, 그 외 필요사항들의 기준을 충족시켜야 한다. 이러한 것은 인증받은 농인·난청 아동 교육자, 인증받은 수어통역사, 허가받은 청력 학자여야 함을 의미하고 있다.

농인·난청 아동 권리장전

Deaf and Hard of Hearing Children's Bills of Rights, DCBR

여러 주정부들이 농인·난청 학생들의 유일한 교육적 필요성을 특별히 강조하는 추세로 농인·난청 아동 권리장전 **Deaf and Hard of Hearing Children's Bills of Rights, DCBR**으로 불리는 법을 앞다투어 제정하고 있다. 이 책 발간 즈음에도 14개 주에서 농인·난청 아동 권리장전 DCBR을 통과시켰다. 어떤 주는 전통적인 농인·난청 아동 권리장전 DCBR의 한 부분으로 통과시켰고 심지어 어떤 주는 농인·난청 아동 권리장전 DCBR을 법적 구속력이 없는 하원 결의안만으로 통과시키기도 했다.

공통 요소들 *Common Elements*

농인·난청 아동 권리장전 DCBR마다 그 내용과 법적 구속력이 다르다 할지라도 다음과 같은 공통 요소를 가지고 있다.

의사소통의 중요성 강조.

권리장전은 요구가 다른 아동과 자유롭게 의사소통할 수 있도록 기본적인간의 욕구를 강조한다. 권리장전의 목적은 의사소통 욕구와 필요에 대한 이해를 높이고 특정 커뮤니케이션 방식이나 특정 언어에 국한되지 않도록 하는 데 있다.

농인·난청 아동들과 직접 의사소통할 수 있는 자격 있고 인증받은 사람.

적절할 교육적 배치가 이루어지기 위해서는 아이들에게 농인·난청 아동들과 함께하기 위해 특별 훈련을 받아 농인의 고유한 성격을 잘 이해하는 인증받은 교사, 심리학자, 언어치료사, 평가자, 행정가, 통역사 및 관련자를 제공해야 한다고 하고 있다. 모든 인력들은 농인·난청 아동들의 기본적 커뮤니케이션과 언어 방식에 능숙해야만 한다.

같은 나이와 능력 정도가 같은 방식을 사용할 가능성.

이것은 비슷한 연령 및 농인·난청 아동들이 같은 언어로 직접 의사소통할 수 있는 능력 정도가 비슷한 또래의 숫자가 충분히 있는 임계점을 확실하게 하기 위해서 고안된 것이다.

롤 모델이 되는 농인과 난청 성인과의 상호 교류 기회.

부모와 교육자들에게 농인·난청 학생들이 학교에서 또는 학과 외 활동 중에 농인과 난청인 롤 모델이나 성인 멘토가 있으면 갖게 될 교육적 이익에 대해 알려야 한다. 아이들이 교사, 멘토, 지지자로 농인과 난청 성인들과 접근할 수 있게 해야 한다.

학교에서 모든 서비스와 프로그램에서 받을 수 있는 혜택에 대한 평등 기회.

농인·난청 아동들은 휴식, 점심, 과외활동, 사회적 활동, 체육활동을 포함한 교육을 구성하는 모든 요소에 직접적이고 적절한 접근을 할 수 있어야 한다.

적절한 평가.

언어, 의사소통, 학업 및 사회적 발달은 최대한 이른 나이에 아이의 교육적 경험을 통해서 평가되어야 한다. 아이의 언어는 능숙하고 자격 있고 인증받은 사람들이 평가를 실시해야 한다.

고유 규정 *Unique Provisions*

공통 요소들을 넘어 몇몇 입법안은 특별한 이슈에 대해 고유 규정을 담고 있다.

의사소통

농인·난청 아동의 청력을 보호하고 그들의 욕구를 충족시키기 위해서, 농인·난청 아동 권리장전 DCBR은 아동이 언어를 배우는 가장 중요한 수년간 지속적으로 의사소통 시스템을 사용하여 조기 개입 서비스를 제공한다. 시스템은 수어, 말하기, 신호 스피치, 수어, 다른 방식 또는 방식들의 결합이 될 수 있다. 또한 요구하고 있다. 아이들의 의사소통 방식은 존중받아야 하고 활용되고 동급 나이의 청인 학생들과 동일 수준의 능숙함과 어휘력을 갖출 수 있는 적정 수준까지 개발되어야 한다. 그들에게 더욱 요구되는 바는 아동의 지적, 사회적, 감정적, 문화적 발전을 높일 수 있도록 상호작용이 가능한 기회들이다. 추가로 학교는 농인·난청 아동에게 적당한 보조기술의 다양하고 전반적인 스펙트럼을 갖추도록 요구하고 있다.

언어라는 매개를 선택할 때 농인·난청 아동 권리장전 DCBR은 개별화 교육프로그램 IEP과 개별화 교육프로그램 팀에게 농인·난청 학생들에게 아동의 청력이 아직 남아있기 때문에, 아동 부모들이 해당 의사소통 방식과 가르치는 언어에 유창하지 못하다는 사실, 또 아동이 과거에 다른 의사소통 방식 또는 언어의 경험이 있다는 사실 때문에 특정한 의사소통 방식이나 언어로 가르치는 기회를 거부하지 못하도록 하고 있다. 대신 적절한 환경에서 가능하다면 해당 아동을 위하여 최고 수준의 교육을 받기 위하여 아동이 더 선호하는 방식이 존중되어야 한다. 이에 더하여 농인·난청 아동 권리장전 DCBR은 교사들에게 농인·난청 학생을 가르치는데 필요한 공인인증서를 취득하기 위하여 영어라는 언어와 의사소통에 능숙하며 미국수어 ASL에도 능통해야 한다는 점을 강조한다.

배치, 교과목 및 프로그램 개발

농인·난청 아동 권리장전 DCBR은 개별화 교육프로그램 IEP 팀에게 농인 및 난청 학생들을 위한 주립학교는 그들에게 제한적 환경을 최소화할 것을 고려하라고 요구하고 있다. 농인·난청 아동 권리장전 DCBR 은 학생들 기본 언어가 미국수어 ASL일 때 교육과정 중 학과 과목 중 하나로 미국수어 ASL를 배울 수 있도록 학생들에게 권리를 부여하고 있다. 프로그램의 범위, 내용, 목적과 학생들을 위한 서비스들이 농인과 난청인, 학부모, 인증받은 교사들과 이 분야 훈련받은 전문가의 도움을 받고 개입시켜서 개발할 것을 요구하고 있다.

구현 및 홍보

농인·난청 아동 권리장전 DCBR은 부모의 참여와 주정부의 홍보에 주목한다. 이러한 조항들은 주정부와 부모들에게 정보를 제공하고 그 정보에 근거하여 어떤 교육적 옵션들이 아이에게 가장 적합한 것인지 결정할 수 있도록 요구하고 있다. 그렇게 하기 위해서 부모들은 아이에게 가능한 그 지역 학교들의 모든 교육적 선택에 대한 정보뿐 만 아니라 그 지역 학교들이 제공하지 않는 것들에 대한 정보까지 검토할 필요가 있다. 이러한 농인·난청 아동 권리장전 DCBR은 농아동 부모들에게 수어 훈련과 지원 및 기타 지원 서비스 제공에 대한 홍보 계획을 세운다. 최종적으로 농인·난청 아동 권리장전 DCBR은 주정부에게 자료를 만들고 정보를 배포하고 워크숍, 심포지엄, 또는 결정권자들이 법을 이해하고 실행할 수 있도록 하는 모임들을 주선함으로써 권리장전을 실행할 단계를 취하도록 강력하게 요구하고 있다. 농인·난청 아동 권리장전 DCBR을 채택하지 않은 주에서도 규정에 의해 농인·난청 학생들의 교육적 욕구를 명확히 하기 위한 유용한 지침을 제공하고 있다.

절차상 보호 *Procedural Safeguards*

장애인교육법 IDEA은 부모들이 의사결정과정에 스스로 참여하고 아이를 위한 적합한 교육을 결정하는 데 참여하는데 안심할 수 있도록 절차적 보호를 제공하고 있다.[36] 학교 시스템은 장애의 확인, 평가, 배치를 시작하기 전에 학부모들에게 서면 통지서를 보내야 한다. 통지서는 절차적 보호 및 학교 시스템이 제안하거나 거부하는 사안과 그 이유를 반드시 기술해야 한다. 통지서는 학교 시스템이 고려했던 옵션을 작성해야 하고 그러한 옵션들이 왜 거부 되었는지 설명해야 하고 각 평가 절차, 테스트, 기록, 보고서, 그 외 학교 시스템이 제안하는 변경사항에 대한 기준으로 사용된 관련 사실들을 기술해야 한다.

통지서는 보통 사람들이 이해할 수 있는 언어로 작성되어야 하고 부모의 모국어 또는 부모들이 사용하는 의사소통의 형태로 제공되어야 한다.[37] 모국어로 서면 통지서가 작성되지 않았다면 학교 시스템은 통지서를 번역하는 등 부모들이 이해할 수 있도록 해야 한다. 예를 들면 공인 수어통역사가 수어로 농인 부모에게 통지서 내용을 통역해 주고 설명해야 한다.

부모들이 학교 시스템의 평가와 제안하는 배치를 받아들이지 못하거나 학교 시스템이 적절한 교육을 제공할 수 있는 자원에 대해 확신이 서지 않으면 학부모들은 적법한 절차로 청문회를 요청할 수 있다.[38] 학부모들은 학교 책임자에게 불만족 사항과 그 이유는 무엇인가를 밝혀 청문회를 요청한다고 고지해야 한다. 학교는 조기 해결를 위해 또는 중재절차를 취하기 위해 15일 이내로 부모와 만나야 한다. 조기 해결 방식이 부모의 우려사항을 만족시키지 못했다면 적법한 절차의 청문회가 조기 해결 세션 종료 후 30일 이내에 개시되어야 한다. 이러한 청문회는 학부모와 학교 둘 다 그들의 불만사항을 중립적인 청문회 책임자에게 제기하는 비공식적인 해결을 목적으로 한다. 부모들은 이러한 절차가 공식적인 절차적 요소들과 마감일을 활용할 수 있다는 것을 깨달아야 한다. 실제로 청문회에 들어가면 부모와 학교 시스템은 종종 변호사들이 대리인으로 나서고 있다. 중립적 청문회 책임자는 주정부의 정해진 절차에 따라 임명된다. 공공기관들은 청문회 책임자와 그들 자격에 대한 리스트를 항상 관리해야 한다.

청문회 준비 *Preparation for the Hearing*

합법적인 절차 청문회 준비는 개별화 교육프로그램 IEP로부터 시작할 수 있다. 개별화 교육프로그램 IEP를 기록하고, 독립적인 평가를 요청하고 서면으로 부모의 관심과 우려를 제출하기를 강력히 권고하고 있다.

또 다른 핵심적 순서는 현재 배치나 서비스들이 적절하지 않고 원하는 배치나 서비스가 적절하다는 부모의 입장을 지원해서 증언할 수 있는 교육 전문가를 찾는 일이다. 전문가는 청문회 전에 제안하는 배치가 아동의 특별한 요구를 충족시킬 있다는 증언을 하기 위하여 현재 배치 현장과 원하는 배치 장소들을 방문해야 한다. 학부모 자신들도 제안한 배치 장소를 방문하여 개별화 교육프로그램 IEP이 그 학교 자원을 가지고 실행될 수 있는지 살펴보아야 한다.

부모들도 또한 그들 자녀의 배치와 관련된 모든 학교 기록들을 세심히 조사하여야 한다. 장애인교육법 IDEA에서 학교 시스템은 청문회가 있기 전, 학부모들이 자녀의 기록물을 살펴보고 기록물을 달라고 요청하는 합리적인 요청에 부응해야 한다. 부모들이 파일에 있는 정보가 정확하지 않다면 기록의 수정을 요청할 수 있다. 학부모들이 학교 평가에 동의하지 않으면 학부모들은 다시 독립적인 평가를 요구할 수 있고 학교 시스템은 이 평가를 학생의 배치를 결정하는 데 고려 사항으로 받아들여야 한다. 청문회 전에 학부모들은 학교 측의 증인들 리스트를 요청해야 한다.

청문회의 핵심은 제안된 배치나 서비스가 아이의 개별적 욕구를 충족시키는데 적절한지의 여부이다. 청문회 때 학부모들은 변호사를 고용할 수 있고 장애 아동 교육 전문가를 증인으로 세울 수 있다. 그들은 증거 제출 권리를 가지며 어떤 증인과도 맞닥뜨려 반대심문할 수 있다.

학부모들은 청문회의 서면 기록이나 전자 축어 기록을 얻을 수 있는데 이것들은 항소할 때 중요하다. 청문회 책임자는 자신의 결정을 설명하는 팩트를 서면으로 제출해야 한다. 결정이 이루어질 때까지 학교와 학부모가 동의하지 않았다면 아이는 현재 교육 배치 장소에 머물러야 한다. 그러나 불만사항이 공립학교 최초 입학에 관련된 것이라면 아동은 모든 절차가 완료될 때까지 공립학교 프로그램에 배치되어 있어야 한다.

결정과 항소 *Decisions and Appeals*

청문회 책임자는 아동을 위한 적절한 배치를 결정할 권한을 가지며 학교 프로그램을 단순히 받아들이거나 거절하는데 영향받지 않는다. 청문회 책임자는 아동을 위한 적절한 무상교육을 제공하는데 필요한 서비스를 명령할 수 있다. 청문회 책임자의 결정은 최종적인 것이며 학교가 주정부 교육부나 법정에 항소하지 않는 한, 학교 시스템은 이를 받아들여야 한다. 만약 상소를 주 교육기관에 한다면 해당기관은 결정에 대한 검토를 균형적으로 해야 한다. 검토하는 공직자는 반드시,

- 전체 청문회 기록을 살펴보아야 한다.
- 청문회 절차가 적법한 절차를 따랐는지 확실히 살펴야 한다.
- 필요하다면 추가 증거를 찾아보아야 한다.
- 당사자들에게 구두 또는 서면으로 또는 두 가지 방법 모두로 주장할 수 있는 기회를 제공해야 한다.
- 검토가 끝나면 독립적인 결정을 내려야 한다.
- 당사자들에게 청문 내용과 결정을 서류 사본으로 주어야 한다.

그래도 만족하지 않는다면 주정부 기관 결정에 이의를 제기하기 위해 부모들은 주정부나 연방정부 법정에 시민 소송으로 접수할 수 있다.

일반적인 접근권 이슈 : 504조와 미국장애인법

GENERAL ACCESSIBILITY ISSUES : SECTION 504 AND THE ADA

공립학교와 사립학교 모두 미국장애인법 ADA 시민권 명령권의 대상이며, 그들이 연방정부 재정 지원을 받는다면 또한 재활법 Rehabilitation Act 504조 대상이다. 따라서 학교들은 장애인들에게 접근 가능하도록 해야 할 의무가 있다. 미국장애인법 ADA와 재활법 Rehabilitation Act 504조는 학교위원회 미팅, 학과 외 프로그램, 교시회의, 레크리에이션 활동, 사회·문화적 활동, 성인교육, 여름학교, 취미교실, 아동 교육 프로그램을 포함하여 사립학교 또는 공립학교 시스템에서 제공하는 모든 프로그램과 활동에 적용된다. 미국장애인법 ADA 2장은 공립학교 시스템에 적용되는 것이다. 미국장애인법 ADA 3장은 아동과 성인을 위한 모든 종류의 사립학교와 교육 프로그램에 적용된다. 재활법 Rehabilitation Act 504조는 연방정부 보조금을 받는 점심 식사 프로그램을 포함하여 연방정부 재정 지원을 받는 모든 공립과 사립 교육기관과 교육시스템에 적용된다.

교육부의 504조 규정에는 초등 공립학교와 중학교는 어떠한 장애를 가졌든지에 상관없이 장애 아동들에게 '적절한 무상 공교육'을 제공해야 한다.[39] 이것은 장애 아동 누구나 비용을 내지 않고 그들의 필요에 따라 개발된 교과과정에 참여할 수 있음을 의미한다. 학교 시스템이 적절한 교육 제공을 거절하면 교육부는 연방정부 재정 지원을 중단할 수 있다.

제9차 순회법원은 최근에 미국장애인법 ADA과 504조는 장애인교육법 IDEA에 추가하여 권리를 제공하라고 결정했다. 'K.M. 대 투스틴 통합교육구 K.M. v. Tustin Unified School District' 케이스에서, 법정은 장애인교육법 IDEA에 의해서 요구되는 교육적 이익을 달성하기 위해 실시간 컴퓨터 문자통역 CART 서비스를 요구하지 않은 두 학생이었지만, 미국장애인법 ADA에서 요구하는 효과적인 의사소통을 달성하기 위해 실시간 컴퓨터 문자통역 CART 서비스를 요청할 수 있다고 판결하였다. 따라서 학생에게 실시간 컴퓨터 문자통역 CART 서비스를 제공하지 않은 교육구가 장애인교육법 IDEA 의무사항을 만족시켰다고 판단한 청문회 책임자의 결정은 교육구가 미국장애인법 ADA 의무사항을 지키지 못했다는 것을 확인한 것이다.[40] 이러한 판결 때문에 학교의 농인과 난청 학생들에 대한 의무는 더 이상 교육적 진보에 대한 개별적인 교육문제가 아니라는 것이다. 이것은 학교가 청인 동급생과 동일한 수준으로 학급에 접근할 수 있는 보조 기구와 서비스를 제공할 것인지 말 것인지의 문제로까지 확대될 수 있다. 그러나 이러한 기준이 다른 경우에도 채택되거나 대법원에서도 지지할 것인지에 대해서는 좀 더 지켜볼 일이다.

504조와 미국장애인법 ADA은 또한 사립학교, 건축물 접근권, 학과 외 활동, 여름방학 프로그램, 성인 교육, 부모를 위한 교육, 학교 인력과 다른 성인들의 전후 맥락들에 대해 추가적인 보호를 제공한다. 미국장애인법 ADA 규정들은 특별히 '적절한 보조 기구와 서비스'를 제공하여 농인들이 학교 프로그램에 참여할 수 있도록 의사소통 장벽을 제거해야 하는 학교의 의무에 대해 특별히 언급하고 있다.[41] 적절한 보조 기구는 의사소통의 내용과 개인의 욕구에 달렸다고 볼 수 있다. 예를 들면, 학교 강당이나 학교 이사회 미팅에서 몇몇 농인들은 진행 상황에 참여하기 위해서 수어통역사가 필요할 수도 있다. 또 어떤 사람들은 같은 활동에 참여하는데 실시간 컴퓨터 문자통역 CART 서비스 또는 보조 청력 기구가 필요할 수도 있다. 학교가 비디오 테이프이나 필름 또는 케이블 TV로 방송을 한다면 자막처리는 농인에게 접근권을 줄 수 있는 가장 적합한 방법이 될 것이다. 가장 기본적인 중점은 보조 기구나 서비스가 효과적인지 여부와 사람들에게 효과적으로 참여할 수 있는 기회를 제대로 제공하는지에 두어야 한다.

공립학교 당국은 학부모들에게 또는 일반인들에게 개방되어 있는 것들을 포함하여 그들의 모든 서비스, 프로그램과 활동에서 미국장애인법 ADA을 준수하여야 한다. 예를 들면 장애를 가진 부모들과 보호자들을 위하여, 공립학교 시스템은 그들의 프로그램과 활동 및 서비스에 접근할 수 있도록 하는 프로그램을 제공해야 하며 효과적인 의사소통을 담보하기 위해 필요할 때마다 보조 기구나 서비스가 과도한 부담이나 프로그램의 근본적인 구조적 변경을 가져오지 않는 한 적절한 보조 기구와 서비스를 제공해야 한다.[42] 연방 법원은 학교 시스템들에게 농인 학부모들이 교사와 미팅을 가질 때 또는 오리엔테이션 프로그램과 같은 학교 행사에 참석할 때 통역사를 제공해야 한다고 판결하였다.[43] 시민권리를 위한 교육 부서 **Department of Education's Office for Civil Rights**는 사친회 **Parent Teacher Association, PTA** 프로그램과 활동은 미국장애인법 ADA에 적용된다고 유권해석했으며 이에 따라 교육구는 사친회 PTA에 간접적으로 중요한 지원을 하고 있다.[44]

농인들에게 화재나 기타 비상상황에 위험신호를 알리기 위해, 학교 시스템은 농인 학생들이 사용하는 지역에 시각적 (반짝이는) 화재경보기를 설치해야 한다. 추가적인 편의 시설의 사례는 증폭기 시스템을 들 수 있다. 보청기와 호환될 수 있고, 인터폰을 사용하거나 버저 또는 다른 소리 나는 기구 등에 응답해야 하는 학생 능력에 의존하지 않아도 되는 입력 시스템이 포함된다. 비디오전화기 **Video Phone, VP** 또는 청각장애인용 문자전화기 **Teletypewriter, TTY** 통신과 같은 (특정 농인 또는 난청인에게 효과가 있는 한) 통신에 접근하는 것이 필요하며 학교와 학부모는 질병, 일정, 학생의 규율 및 다른 문제들에 대해 직접적으로 소통할 수 있다.

학교 건물이 개조되고 새로 지어질 때마다 건물은 미국장애인법 가이드라인 ADA Accessibility Guidelines, ADAAG에 따라 또는 연방정부 접근에 대한 공통기준 Uniform Federal Accessibility Standards에 따라 최소한의 기준을 충족시켜야 한다. 이러한 건축물 접근 기준들은 모두에게 동등한 접근권을 제공하기 위하여 학교에 구조적인 변경을 하라고 요구할 수 있다.

NOTES

1. 20 U.S.C.* §1400.
2. 20 U.S.C. §1401 et seq.
3. P.L. 105-17, Title I, §101, 111 Stat. 37.
4. P.L. 108-446, Title I, §101, 118 Stat. 2647.
5. 34 C.F.R.** §300.1.
6. *Mich. Admin. R. Special Educ. R.* 340.1701c.
7. See, for example, Cal. Educ. Code §56000.5; O.C.G.A. §20-2-152.1; Va. Code §22.1-217.02.
8. See 20 U.S.C. §1431 et seq.
9. 20 U.S.C. §1434.
10. 20 U.S.C. §1432(5).
11. 20 U.S.C. §1436.
12. 20 U.S.C. §1436(b).
13. 20 U.S.C. §1436(d).
14. 20 U.S.C. §1411-19.
15. 20 U.S.C. §1401(3).
16. 20 U.S.C. §1401(9).
17. *Board of Education of Hendrick Hudson Central School District v. Rowley*, 458 U.S. 176, 203 (1982).
18. Ibid, 209-10.
19. Cf. *Daniel R.R. v. State Bd. of Educ.*, 874 F.3d 1036 (5th Cir. 1989) (장애인교육법 IDEA에 따라 고려해야 할 요소에서 서비스 비용을 생략); *Sacramento City Sch. Dist. v. Rachel H.*, 14 F.3d 1398 (9th Cir. 1994) (IDEA에 따라 고려해야 할 요소 중 서비스 제공 비용 포함).
20. See *Cedar Rapids Community Sch. Dist. v. Garret F.*, 526 U.S. 66 (1999); *Irving Indep. Sch. Dist. v. Tatro*, 468 U.S. 883 (1984).
21. 34 C.F.R. §300.115.
22. 20 U.S.C. §1412(a)(5)(A).
23. See generally 20 U.S.C. §1415.
24. See generally 20 U.S.C. §1414(d).
25. See 20 U.S.C. §1414(d).

26. 34 C.F.R. §300.346.
27. 20 U.S.C. §1414(d)(3)(B)(iv).
28. 20 U.S.C. §1411-19.
29. Texas Hum. Res. §81.007 (1997).
30. Commission on Education of the Deaf, *Toward Equality: Eucation of the Deaf : A report to the President and the Congress of the United States* (Washington, DC, 1998), 30-34.
31. *S.F. v. McKinney Indep. Sch. Dist.*, No. 4:10-CV-323-RAS-DDB, 2012 U.S. Dist. LEXIS 29584 (E.D. Tex. 2012) (농인 동료가 있는 농인교육 교실은 자폐 스펙트럼 장애가 있는 농인 학생에게 가장 덜 제한된 환경이다); *J.S. v. Department of Education*, No. 10-00022 DAE-LEK, 2010 U.S. Dist. LEXIS 85656 (D. Haw. 2010) (통합 프로그램은 다운 증후군을 앓고 있는 농인 학생에게 가장 덜 제한된 환경이다).
32. See Caroline Jackson, "The Individuals with Disabilities Education Act and Its Impact on The Deaf Community," *Stanford Journal of Civil Rights and Civil Liberties* 6, no. 2 (2010): 355.
33. 34 C.F.R. §300.24.
34. 34 C.F.R. §300.308.
35. International Association of Parents of the Deaf, October 1976, position satement.
36. 34 C.F.R. Part 303.
37. 20 U.S.C. §1415(d).
38. 20 U.S.C. §1415(b)(6).
39. 34 C.F.R. §104.33
40. *K.M. v. Tustin Unified Sch. Dist.* F.3d, 2013 U.S. App. LEXIS 16228, at *31-32 (9th Cir. 2013).
41. 28 C.F.R. §35.104; 28 C.F.R. §36.303.
42. 56 *Fed. Reg.* 35,696 (July 26, 1991) (analyzing the ADA's Title II regulations).
43. *Rothschild v. Grottenthaler*, 907 F 2d. 886 (2d. Cir. 1990).
44. Irvine Unified School District, 19 IDELR 883 (OCR 1993).

* 미국법전 United States Code, U.S.C.

** 미국연방규정집 Code of Federal Regulations, C.F.R.

Chapter 5

고등교육 및 평생교육

Postsecondary and Continuing Education

1973년 의회는 장애인에게도 고등교육과 전문가 능력을 키우는 기회에 접근 가능해야 한다고 인식했다.[1] 이에 따라 1973년 제정된 재활법 Rehabilitation Act 중 504조는 연방정부 재정 지원을 받는 직업학교와 상업학교를 포함한 모든 교육기관의 문을 개방했다. 504조는 학생 모집, 입학허가, 프로그램과 서비스에서 장애학생의 차별을 금지시켰다. 1990년 미국장애인법 Americans with Disabilities Act, ADA는 이러한 요구를 연방 재정 지원 여부에 관계없이 교육과 관련된 시험과 일반과정 및 전문과정뿐만 아니라 모든 고등교육기관으로 확대시켰다.[2] 장애인을 입학시키기 위하여 2년제 칼리지와 대학교는 학문적 프로그램의 필수사항을 실질적으로 바꿀 의무는 없으나 그 프로그램으로부터 혜택을 받게 될 사람과 다른 학생들을 분리시키거나 참여를 제한하지 않는, 동등한 기회를 제공해야 한다. 미국장애인법 ADA과 504조 모두 보조도구와 서비스 제공을 지시하고 있으며, 이의 평가는 학생의 실질적인 학업성취도를 측정하는데 필요한 것이다. 여러 테스트의 접근권을 평가하는 것은 아니다.

모집, 입학허가 및 입학

RECRUITMENT, ADMISSIONS, AND MATRICULATION

교육기관 등에서 장애를 이유로 응시나 입학을 거절할 수 없으며, 입학 승인 또는 모집 절차에서도 어떠한 차별의 대상도 될 수 없다.[3] 칼리지나 대학이 응시자의 입학 전 인터뷰가 필요하다면 농인과도 인터뷰를 실시해야 하며 효과적인 의사소통에 필요하다면 통역사 또는 보조도구와 서비스를 제공해야 한다. 시설 투어나 오리엔테이션 미팅이 있다면 농인 응시자도 효과적인 의사소통 방법을 제공받아 참석할 수 있어야 한다. 학교는 장애학생의 입학허가에 대해 비율 조정, 인원수 제한 등 쿼터를 둘 수 없다.

일반적으로 칼리지나 4년제 대학들은 그 목적이 장애학생을 모집할 때를 제외하고는 입학 전, 장애에 대한 질문을 할 수 없다. 그러한 장애에 대한 입학 전 질문은 두 가지 조건에서만 승인된다. (1) 학교가 과거 차별적 요소들을 극복하기 위한 노력을 할 때 (2) 장애학생 참여를 제한하는 과거 조건의 영향을 극복하려는 자발적 행동이 취해지고 있을 때.[4] 이러한 상황 중 하나인 경우에라도 학교는 장애학생에게서 필요한 정보가 교정 노력과 자발적 행동에 관련된 데만 사용한다는 것을 명확히 밝혀야 한다.

교육기관들은 입학시험이 농인나 난청이 갖는 장애의 영향이 아니라 응시자의 실제 적성 또는 성취도를 측정하는 방식으로 선택되고 관리되어야 한다.[5] 예를 들면 시험 중 구두 지문은 지문을 수어로 번역하거나 지문으로 바꿔서 농인과 난청인들이 접근할 수 있도록 만들어야 한다. 구두시험은 공인 통역사나 다른 적절한 도움을 제공하여 치러야 한다. 시험이 영어의 언어적 스킬이 아닌 다른 것을 평가하는 것이면 표준 영어 스킬이 없는 농인 응시자를 위하여 이를 수정해야 한다. 게다가 대학은 학생에게 같은 시험을 여러 차례 허용하거나 영어능력에 덜 의존적인 시험을 치를 수 있도록 해야 한다.

장애학생들은 칼리지나 4년제 대학에 입학하게 되면, 비장애 학생과 똑같이 대접받아야 한다.[6] 칼리지나 4년제 대학의 모든 프로그램과 서비스들은 통합된 환경에서 실시되어야 한다. 특히 드문 예외라 할지라도 장애학생들만의 별도 시설과 프로그램은 허락될 수 없다.[7] 고등교육기관들은 장애학생이 참여하는 모든 프로그램에서 절대 차별받지 않도록 해야 한다.[8] 사례들은 인턴십, 임상 배치 프로그램, 교생 임무, 다른 학교와 연합하여 이루어지는 교과과정을 들 수 있다. 고등교육기관은 장애학생을 어떤 면으로나 차별하는 프로그램을 계속 가져서는 안 된다.

칼리지와 4년제 대학들은 장애학생을 차별하는 학업의 필수사항들을 수정해야 한다.[9] 예를 들면 취득하려는 학위가 음악이 아닌 칼리지와 4년제 대학이 농인 학생에게 필수과목으로 음악사 또는 다른 예술과목으로 음악 감상 과목을 대체하도록 하는 것이다. 어떤 학교들은 농인 학생들에게 외국어 필수과목을 유예해 주고 수어 과정으로 대체하는 것을 승인하고 있다. 각 학생마다 개인 능력과 욕구를 고려하여 학업과정이 적절하다면 조정될 수 있다. 비슷하게 칼리지나 4년제 대학이 학생에게 노트북, 태블릿, 전자책과 같은 특정한 기술적 도구를 갖추라고 요구하는 곳에서는 장애인들에게 그러한 도구에 접근 가능하도록 편의를 제공해야 할 상당한 의무가 있다.

그러나 칼리지 또는 4년제 대학에게 장애학생을 수용하기 위해서 프로그램에 실질적인 내용의 상당한 수정을 해야 한다고 요구하지는 않는다. 게다가 그들은 프로그램 진행이나 특정 학위에 필수적인 것을 그들이 증명할 수 있는 학업 필수사항으로 변경하라고 강요받지도 않는다.[10]

사례들 Example Cases

칼리지와 4년제 대학의 장애학생을 수용하는 의무의 큰 그림은 미국 대법원과 제5순회 항소법원 United States Court of Appeals for the Fifth Circuit에서 두 건의 괄목할 만한 결정에서 그려졌다.

사우스이스턴 커뮤니티 칼리지 대 데이비스

Southeastern Community College v. Davis

'사우스이스턴 커뮤니티 칼리지 대 데이비스' 사건에서 재활법 Rehabilitation Act 504조에 따라 학생의 장애와 긍정적인 구제의 범위에 대해 입학 전 질문에 대한 한계가 어디까지인지의 정의를 내렸다. 504조에 따라 제기된 사건 본안에 대한 첫 판결에서 대법원은 간호학교는 임상실험 프로그램 입학허가를 위해서는 합리적인 신체적 자격요건을 요청할 수 있다고 판시하고, 데이비스의 장애가 프로그램의 근본적인 수정을 요한다는 이유로 입학 거부한 것은 이유 있다고 판결했다.[11]

난청인이면서 면허가 있는 실습 간호사 프란세스 데이비스 Frances Davis는 등록 간호사가 되기 위하여 간호학교 프로그램에 등록하려고 했다. 이 프로그램을 잘 수행할 수 있다는 충분한 증거가 있음에도 불구하고 사우스이스턴 커뮤니티 칼리지는 청력장애를 이유로 데이비스의 접수를 거절했다. 노스캐롤라이나 North Carolina 연방 법원은 수술실, 중환자실, 산후조리실, 외과 마스크를 쓰는 상황에서 데이비스의 독화술 Speechreading로는 그곳에서 일어나는 일 등을 이해할 수 없다며 대학의 결정을 지지했다. 법원은 데이비스의 핸디캡은 실제로 교육 프로그램이나 전문분야에서 안전하지 않을 것이라고 결론 내렸다.[12] 제5순회 항소법원이 이 결정을 번복했음에도 불구하고, 대법원은 만장일치로 대학이 504조를 위반하지 않았다고 지역 법원의 판결을 확정 지었다.

> 504조는 언어를 포함한 역사상 어떤 것도, 임상실험 프로그램에 합리적인 신체적 자격요건을 요구하는 교육기관의 자

유를 제한할 의도는 반영되지 않았다. 또한 이 경우 사우스이스턴 프로그램에 실질적인 변경을 하지 않았기 때문에 자격요건이 불합리하게 만들어졌다는 어떤 증거도 없다.[13]

504조가 학교에게 응시자의 장애를 무시하라고 하거나 '또는 장애인이 응시할 수 있도록 그들 프로그램에 근본적 수정을 강제하지 않는다'는 것을 확인했다.[14] 대신 법원은 504조가 단순히 장애가 있다고 해서 특정 상황에서 기능할 수 없다고 가정하는 것을 허용하는 근거는 아니라고 확대 해석을 경계했다.[15]

대법원은 504조의 의미를 '그렇지 않으면 장애인은 장애에도 불구하고 프로그램의 모든 필수요건을 충족시킬 수 있는 사람이다'라고 해석했다.[16] 그러나 프로그램의 임상 단계에서는 환자의 안전을 위해서 독화술에 의존하지 않고 말을 이해할 수 있는 능력이 반드시 필요하기 때문에 데이비스는 그러한 필수 요건을 충족시키지 못한다고 판단했다.[17] 대법원은 재판 기록에 들어있는 빈약한 증거로 볼 때 데이비스에게 규정상 요구되는 편의를 제공했다 하더라도 임상실험 프로그램에 성공적으로 참가할 수 있을 것으로 보이지는 않는다고 판단했다. 대법원은 개인적으로 밀착 지도가 있거나 그녀의 참여를 제한하는 커리큘럼을 바꾸는 것은 법에서 요구하고 있는 수정의 범위를 넘어서는 것이라고 결론 내렸다.

그러나 대법원은 일부 필수요건이 계속 요구되는 경우, 프로그램에 참여할 조건을 갖춘 장애인이 잘못 제외될 수도 있을 거라고 언급했다. 그러한 상황은 기존 프로그램 수정을 거부하는 것이 불합리하고 차별적일 때 발생할 수 있다고 했다. 장애인의 욕구 수용을 거절하는 것이 장애인에 대한 차별에 해당하는 사례로 확인된다면 이것은 미국 보건교육후생부 **US Department of Health, Education and Welfare, HEW**의 중요한 책임이 된다.[18]

그랜섬 대 모페트 *Grantham v. Moffett*

미국장애인법 ADA 초기 배심재판을 한 '그랜섬 대 모페트' 케이스에서, 연방 항소법원은 장애가 학생이 선택한 학습과정과 밀접한 관계가 있는 경우 농인·난청 학생에 대하여 대학의 의무를 추가로 설명하고 있다.[19] 나달 그랜섬 Nadelle Grantham은 독화술, 수어, 말하기로 의사소통을 하는 농인 학생이고 학과 수업에서는 수어통역사를 사용하고 있다. 그녀의 목표는 공립학교 농인학교 교사였다. 그녀의 계획은 루이지애나주 Louisiana 해몬드 Hammond에 있는 사우스이스턴 루이지애나 대학교 Southeastern Louisiana University에서 초등교육 학사학위를 취득한 다음, 청각장애 아동 교육 위한 자격증을 따는 것이었다.

1990년 그랜섬은 사우스이스턴 루이지애나 대학교에서 예비교육과정 수업을 듣기 시작했다. 루이지애나주 재활서비스국 Lousiana Division of Rehabilitation Services는 그랜섬의 커리어 목표를 농인학교 교사(특별히 농아동들에게 영어를 가르치는)와 초등교육 전공이라고 정리했고 재활서비스국은 그랜섬이 사우스이스턴 루이지애나 대학교에 등록되어 있는 동안 수어 통역 서비스와 필기자를 제공했다.

사우스이스턴 루이지애나 대학교 교사 양성 프로그램에 입학한 후 그랜섬은 학과장에게 음악수업을 다른 수업으로 대체해달라는 편지를 썼지만 사우스이스턴 루이지애나 대학교는 이 요청을 거절했다. 그런 후 교육대학 학장은 그랜섬에게 교사 양성 프로그램에 여러 우려가 있다며 '심각한 청력장애, 여러 교과목을 가르치는 정규 수업의 저학년 교사로서 핵심적인 기능을 수행하는 능력에 대한 우려, 학생의 건강과 안전에 대한 우려'가 있다고 통지했다.

그랜섬은 미국장애인법 ADA 2장에 따라 소송을 제기했다. 그녀는 뉴올리언스 New Orleans의 노령자와 장애인을 위한 미국 농인협회 법률센터 NAD

Law Center와 변호센터 Advocacy Center를 대변했다. 재판이 이루어지는 동안 9명의 증인이 그랜섬을 위하여 증언했다. 갈로뎃 대학 Gallaudet University과 라마 대학 Lamar University의 전문가 증인들은 그랜섬은 그녀의 학과 성취도를 보나 다음과 같은 사실로 볼 때 초등학교 교육 프로그램에 자격을 갖추었다고 증언했다.

- 그녀가 필요한 몇 개의 편의 시설 설치는 어렵거나 부담되는 것이 아니다.
- 사우스이스턴 루이지애나 대학교는 학과 기준을 낮출 필요나 초등교육 프로그램을 근본적으로 바꿀 필요가 없다.
- 그랜섬이 초등학교 교실에서 안전하고 경쟁력 있게 학생을 가르치는 일을 완수한 것을 발견했다.

사우스이스턴 루이지애나 대학교는 데이비스 판례를 제시했으나, 배심원들은 청각장애를 이유로 초등교육 프로그램에서 그랜섬을 쫓아낸 사우스이스턴 루이지애나 대학교 결정이 미국장애인법 ADA을 위반한 것을 확인하고 사우스이스턴 루이지애나 대학교는 그랜섬에게 181,000달러의 손해배상을 지급하라고 명령했다.[20] 이에 제5순회 항소법원도 이 판결을 확정했다.[21] 이 판결은 전문가 교육자들에게 대학 프로그램에 참여하려는 농인의 능력은 그릇된 편견과 짐작에 달려있지 않다는 것을 알려주고 있다.

보조도구와 서비스

AUXILIARY AIDS AND SERVICES

장애학생이 접근 가능하도록 해야 한다는 고등교육기관의 의무는 연방정부법의 3개 부문 구체적으로 나타나 있다: 연방정부 재정 지원을 받는 교육기관을 위한 재활법 Rehabilitation Act 504조, 공립 칼리지와 4년제 대학을 위한 미국장애인법 ADA 2장, 사립 칼리지와 4년제 대학을 위한 미국장애인법 ADA 2장. 미국장애인법 ADA 2장과 3장에 따라 주립, 커뮤니티, 사립 칼리지들과 대학들은 농인·난청 학생들과 효과적인 의사소통을 확실히 하기 위해 보조도구도 서비스를 제공해야 한다.[22] 미국장애인법 ADA은 또한 현재 시설안에 있는 구조적인 의사소통 장벽을 제거하라고 요구하고 있다.[23] 교육부는 504조와 같이 칼리지와 대학들에게 농인 학생들을 위하여 통역사 서비스를 포함하여 필요한 보조도구와 서비스를 제공하라고 요구한다.[24] 504조 규정에 대한 교육부 분석 결과는 다음과 같다.

> 장애학생이 꼭 필요한 보조적 교육도구가 없어서 프로그램에서 차별 대상이 되어서는 안 된다. 칼리지와 대학들은 이 규정에 따르는 비용에 대한 우려를 나타냈다. 그러나 교육부는 학생들의 보조도구를 위하여 주립 직업재활기관이나 민간 기부단체와 같은 기존의 자원을 활용하여 학생을 지원함으로써 이러한 의무를 이행할 수 있다고 강조하고 있다. 실제로 교육부는 보조도구의 상당량이 칼리지와 대학 재정 아닌 민간 기관에 의해 지원되고 있다고 파악하고 있다.[25]

보조도구와 서비스를 제공하라는 요구 중, 어느 요소는 수업 중에 발생하지 않는다고 해도 모든 교육과정의 필수적인 것과 선택적인 것까지 포함한 넓은 범위에 해당된다. 예를 들면 학과 프로그램에서 모든 학생들에게 태블릿 컴퓨터를 취득하라고 요청했다면, 학교는 농인 학생 및 난청 학생들이 자막처리가 되는 태블릿 컴퓨터에 접근할 수 있는지, 학생에게 비용을 부과하지 않고 학생이 필요로 하는 다른 편의 시설이 있는지를 확인해야 한다. 어떤 교수가 프로젝트를 완수하기 위해서 학생들에게 그룹으로 작업하라고 지시했다면 학교는 농인 학생이 그룹 작업에 참여할 수 있도록 통역사나 자막처리 인력을 제공해야 한다. 이와 유사한 경우로 교수가 특정 비디오를 시청하는 과제를 주었다면 대학은 자막처리된 비디오를 찾아내든지 학생이 과제를 완수할 수 있도록 시간에 맞춰 자막을 제공해야 한다. 2010년 제정된 '21세기 통신 및 영상 접근법 Twenty-First Century Communication and Video Accessibility Act, CVAA'에 따라 2012년부터 또는 비디오의 성격에 따라 2013년부터 TV로 방송되고 나중에 인터넷에서 그대로 볼 수 있는 모든 비디오는 자막처리되어야 한다.[26](챕터10 참조) 게다가 많은 주요 온라인 비디오 공급자들은 몇 년 안에 그들의 전체 보유 비디오에 자막처리를 약속했다.

보조도구 또는 서비스 선택 Selecting the Auxiliary Aid or Service

챕터1에서 설명하였듯이 농인과 난청인이 사용하는 의사소통 방법은 매우 다양하기 때문에 미국장애인법 ADA과 재활법 Rehabilitation Act에서 요구하는 의사소통 접근권을 제공하기 위해서는 어느 한 가지 보조도구 세트나 서비스가 해결책이 될 수는 없다. 어떤 농인 학생이나 난청 학생은 수어통역사를 통해서 교실수업의 의사소통에 접근할 수 있는 반면 다른 학생들은 보조 청력 도구 또는 자막처리 서비스를 통해 접근할 수 있기 때문이다.

'알렉산더 대 쵸트 케이스 Alexander v. Choate' 대법원은 재활법 Rehabilitation Act 입법 취지에 따라 장애인과 비장애인 모두에게 동일한 결과나 동일한 성취 수준을 생성하기 위하여 편의 시설을 제공할 필요가 있는 것이 아니라, 장애인이 동일한 결과를 얻기 위하여, 동일한 혜택을 얻기 위하여, 또는 동일 수준의 성취를 달성하기 위하여 평등한 기회를 제공하는 것임을 명백히 했다.[27] 그러므로 연구 분석은 통역사, 자막처리자, 보조 청력 장치의 조항에 따라 학생을 위해 창출되는 기회에 집중하고 있다. 미국장애인법 ADA 실행 규정에 따라 법무부는 보조도구 또는 서비스가 개인들에게 효과적인 의사소통을 위해 제공되어야 한다는 것을 확실히 했다.[28]

효과적인 의사소통을 달성하기 위한 보조도구와 서비스 필요 기준에 대해 미국장애인법 ADA 2장과 3장 사이에는 약간의 차이가 있다. 2장의 시행 규정은 교육기관에게 '장애인 요구에 최우선의 고려를 하라'[29]고 하는 반면, 3장은 선택된 보조도구와 서비스가 효과적인 의사소통의 결과를 낳기 위해서 교육기관에게 좀 더 선택의 자유를 주고 있다.[30] '필요한 보조 교육도구'를 어떻게 구성해야 하는지를 결정할 때, 미국 법무부는 장애인이 본인의 장애를 가장 잘 알며 어떤 보조도구 또는 서비스가 가장 효과적인가를 판단하는 최적의 사람은 장애 당사자라고 설명했다.[31]

보조도구와 서비스의 포괄적인 리스트는 미국장애인법 ADA에 제시되어 있고, 챕터2에서 설명한 바 있다.[32] 많은 수어사용자들에게 효과적인 의사소통을 할 수 있는 유일한 방법은 보통 공인 통역사를 통해서이다.[33] 학생은 공인 통역사와 통역을 번갈아 보는 동시에 노트를 하는 것이 불가능하기 때문에 유능한 필기자가 필요할 수 있다.

수어를 사용하지 않는 농인과 난청인들에게 칼리지 또는 대학은 실시간 컴퓨터 문자통역 시스템을 제공할 수 있다. 훈련받은 속기사가 수업 시간에 말해지는 모든 것을 컴퓨터로 입력하면 동시에 그 내용이 컴퓨터 스크린에 영어로 전환된다. 어떤 상황에서는 수어통역사를 더 선호하는데 이는 학생에게 수업의 정확한 내용을 알려줄 수 있기 때문이다. 수어를 사용하지 않는 사람들에게, 실시간 컴퓨터 문자통역 CART이 효과적인 의사소통의 가장 최고의 방법이 될 수 있다.

알제니 대 크레이트튼 대학 *Argenyi v. Creighton University*

'알제니 대 크레이트튼 대학' 케이스에서 제8순회 항소법원 **United States Court of Appeals for the Eighth Circuit**은 학생 자신의 증언이 때로는 보조도구 또는 서비스가 학생의 요구에 맞추는데 가장 유리한 증거가 된다고 했다.[34] 마이클 알제니 **Michael Argenyi**는 학과 수업을 위해서 자막처리 서비스를 요청하고 실험실 수업과 그룹토의를 위하여 요청한 수어 지원 구두 통역사를 크레이튼 의과대학이 거절한 것에 대해 소송을 제기했다. 알제니가 의과대학 1학년 때 크레이튼 대학은 어떤 시각적 표시도 제공되지 않고 소리만 증폭시키는 FM 시스템을 제공했다. 대학은 알제니가 2학년 때 학과 시간에만 수어 지원 구두 통역사를 제공했다. 이러한 조치는 알제니가 학과 수업을 위해서는 자막처리 서비스를 요청하고, 실험실과 그룹토의를 위해서도 수어 지원 구두 통역사를 요청한 것에 대한 것이 전혀 아니었다. 필요한 보조도구 요청을 크레이튼 대학이 거절함으로써 알제니는 자기 돈으로 이러한 도움에 대하여 자기 돈을 지불하였다. 그래서 그는 학과목의 내용과 실험실, 그룹토의 내용들을 이해할 수 있었고 학교에 남아있을 수 있었다.

처음 지방법원은 알제니의 진술서와 함께 제출된 의과대학 수업에서 사용하는 복잡한 전문용어를 이해하기 위해 자막처리가 필요하다는 청력 학자들의 편지에서, 알제니가 자기 이익만 챙기는 것이며 그의 주장을 입증하기에 충분한 증거가 되지 않는다고 알제니의 패소를 판결했다.[35] 그러나 제8순회 항소법원은 이 결정을 번복하고 편지는 재판을 진행시키는데 충분한 증거가 된다고 했다. 법정은 법무부의 기준을 따랐으며 이와 같은 케이스에서 특별히 중요시되는 것은 원고의 진술을 각별히 유의해야 한다고 한 점이다. 그 이유는 장애 당사자가 본인의 장애에 가장 익숙하고 어떤 타입의 보조도구 또는 서비스가 효과적인지 결정할 수 있는 최적의 위치에 있기 때문이다.[36] 항소법원 검토에서 알제니를 대신해서 쓴 편지들은 알제니가 요청한 편의가 제공되지 않았다면, 크레이튼 대학이 제공한 편의는 적절하지 않았다는 강력한 증거를 제공하고 있는 것이라고 언급했다.[37]

항소법원의 환송으로 지역 법원은 다시 재판을 열었다. 배심원은 수어 지원 구두 통역사만으로는 효과적인 의사소통을 이룰 수 없고, 대학은 실시간 컴퓨터 문자통역 CART에 의존하는 농인 학생에게 의과대학 교육에 평등 접근권을 제공하지 않았다고 판결하면서 크레이튼 대학이 알제니에게 필요한 보조도구와 서비스를 제공하지 않았음을 확인했다. 배심원들은 알제니는 복잡한 의학용어 등 의학 교육을 독화술을 통해서는 따라갈 수 없고, 이러한 환경에서 실시간 컴퓨터 문자통역 CART이 알제니에게 가장 효과적인 의사소통 수단임을 확인했다.

칼리지와 대학들의 보조도구와 서비스 비용에 대한 의무

Obligation of Colleges and Universities to Pay for Auxiliary Aids and Services

보조도구와 서비스가 제공되는 다른 모든 상황과 마찬가지로, 고등교육기관들도 학생들이 요청한 어떤 종류의 것에 대해서도 비용을 부과할 수 없다.[38] 법무부가 앨라배마 대학 **University of Alabama**에 제기한 경우에 대해서 제11순회 항소법원 **United States Court of Appeals for the Eleventh Circuit**은 대학은 학생이 재정적 요구를 하지 않는다거나 그들이 시간제 또는 기타 특별 학점으로 인정되지 않는 범주에 속한다 해도 농인 학생에게 공인 통역사를 제공해야 한다고 판결했다.[39] 법원은 의회가 의도한 것은 칼리지와 대학들은 무상으로 농인 학생에게 보조도구를 제공하라는 것이며 그 이유는 그러한 도움 없이는 농인 학생들의 교육 기회에의 접근을 거절하는 것이기 때문이라고 했다.

'카메니쉬 대 텍사스 대학 **Camenisch v. University Texas**' 케이스에서, 지방법원은 1977년 텍사스 대학에게 농인 졸업생을 위한 통역을 제공하라고 요구하면서 예비 가처분을 내렸다. 예비 가처분을 내린 법적 근거로 법원은 궁극적으로 원고가 본안에 승소할 가능성이 높다는 점을 들었다.[40] 제5순회 항소법원 **United States Court of Appeals for the Fifth Circuit**은 원고 승소를 판결했다.[41] 이 케이스의 추가 이슈로, 지방법원과 제5순회 항소법원은 장애인들이

504조에 따라 그들의 권리를 강화하기 위하여 연방 법원에 소송을 제기할 권리가 있으며 그들이 먼저 행정적 구제책을 말할 필요는 없다고 했다.

미국장애인법 ADA과 504조에 따라 보조도구와 서비스를 제공하는 책임이 있는 대상기관들은 2가지 방어책을 가지고 있다; '근본적인 변경 및 과도한 부담' 근본적 변경에 대한 방어는 해당기관이 보조도구 또는 서비스를 제공한다는 것이 무리해서 프로그램이나 서비스를 크게 변경해야 한다는 것을 입증해야 하기 때문에 거의 일어나지 않는다. 그러나 이것은 애매한 기준이기 때문에 해당기관들이 보조도구와 서비스에 대한 규정이 기관 전체 자원에 비추어 볼 때 서비스를 제공하는 것이 과도한 비용 부담이 된다고 논생할 수 있기 때문이다.

법원은 과도한 부담을 구성하는 한계치를 명시하지는 않았지만, '알제니 대 크레이튼 대학' 케이스는 이 점에 대해 유익하다. 사립 의과대학에 다니는 농인 학생인 알제니는 의과대학이 자신에게 제공해야 하는 비용이 연간 5만에서 7만 5천 달러에 달하는 보조도구와 서비스를 요청했다. 학교는 학생들에게 연간 4만 6천 달러~4만 9천 달러의 등록금을 받으며 주정부 재정 지원은 받지 않는다. 그럼에도 배심원은 학생이 요구한 보조도구와 서비스를 제공하는 것이 크레이튼 대학의 과도한 부담이 되지 않는다고 판결했다. 이 케이스는 보조도구와 서비스는 서비스 제공 업체에게 지불한 금액이 대학에게는 과도한 부담은 되지 않으나, 학생이 지불한 등록금보다는 큰 금액이 될 수 있다는 것을 말해주고 있다.

서비스를 제공하는 직업재활기관의 책임

Responsibility of Vocational Rehabilitation Agencies to Provide Services

'숀스테인 대 뉴저지 직업재활서비스국 Schornstein v. N.J. Division of Vocational Rehabilitation Services'[42]과 '존스 대 일리노이주 재활서비스국 Jones v. Illinois Department of Rehabilitation Services,'[43] 두 연방 법원은 주립 직업재활기관 Vocational Rehabilitation, VR들은 학생들의 취업을 위한 개별 계획의 일환으로 직업재활기관의 고객이 된 농인 학생들에게 보조도구와 서비스를 제공하라고 판결했다. 1977년 이래 미국 교육부는 칼리지 학생들을 위한 대량의 보조도구들은 주립 직업재활기관 VR들과 민간 자선단체들에 의해 지불될 것이라고 여겨 왔다.[44] 학생이 직업재활기관 VR 서비스에 자격이 없거나 직업재활기관 VR 기관이 학생에게 필요한 서비스 기금을 제공하는데 실패했다면, 해당 학생이 프로그램에 접근 가능하도록 하는 책임은 칼리지 또는 대학에게 있다.

1998년 의회는 주립 직업재활기관 VR들에게 공립 칼리지와 대학들을 포함하여 다른 공공기관과 기관 간 계약을 체결하라고 지시하는 내용의 재활법 Rehabilitation Act을 개정했다. 이 계약은 주립 재활기관이나 공립 고등교육기관이 어떤 의사소통 서비스에 재정 지원을 할 것인지 구체적으로 설명해야 한다. 계약에는 공동비용 분담, 서비스 제공 공식, 학교별 결정 등을 요구할 수 있다. 계약들은 책임을 명확히 나누고 해당 학생의 요구도 명확히 하여 학생을 위한 서비스가 (누가 무엇에 대해 지불할 것인가) 하는 불필요한 분쟁으로 거부되거나 지연되지 않도록 해야 한다. (주립, 카운티, 지방정부의) 공립 칼리지, 대학, 직업학교, 기술학교, 상업학교에 대해 몇몇 또는 모든 의사소통 서비스는 주립 재활기관에 의하여 재정 지원될 것이다.

사립 고등교육기관에 다니는 학생들은 학비와 통역 서비스와 그 외 의사소통 서비스를 포함하여 기타 교육비에 대하여 직업재활기관 VR 지원을 받을 수 있다. 특별히 사립기관들이 필요로 하는 적합한 교육을 실시하는 곳이라면 직업재활기관 VR은 필요한 서비스를 제공하거나 민간 프로그램이 적절한 서비스를 제공하고 있는지 모니터링해야 한다. 그러나 학생이 직업재활기관 VR 고객이 아니거나 직업재활기관 VR 정책이나 상호 기관 간 계약에 따라 직업재활기관 VR 서비스를 받을 자격이 없으면 공립 및 사립 칼리지들은 연방법에 의해 통역사, 실시간 컴퓨터 문자통역 CART, 다른 필요 편의들의 비용을 부담하면서 프로그램에 접근 가능하도록 만들어야 한다.

대학생활

CAMPUS LIFE

장애학생들에게 편의를 제공해야 한다는 칼리지와 대학의 의무는 수업에만 국한되는 것이 아니다. 장애학생들은 모든 프로그램, 서비스 공립 및 사립 칼리지와 대학의 활동에서 완전하고 동등한 기회를 가질 수 있는 권리가 있다. 권리는 기숙사와 학과 외 활동에 필요한 편의까지 포함한다. 농인 학생 및 난청 학생들에게 캠퍼스와 기숙사에서 평등한 접근권이 제공되기 위한 공통적인 보조도구와 서비스는 일반적으로 아래와 같다. (아래에 나와 있는 것이 그 전부는 아니다.)

- 학생의 기숙사 방과 복도, 공동실, 로비, 함께 사용하는 목욕탕과 같은 모든 주거지역으로 가는 지역의 화재 경보를 위한 자동점멸장치 flashers
- 학생 기숙사 방, 공동실, 함께 사용하는 목욕탕의 문 두드리기를 대신할 자동점멸장치
- 교실과 복도, 라운지, 도서실, 학생회 사무실, 학생들의 빈번한 방문이 일어나는 대학 사무실과 같은 교육적이고 일반적으로 접근하는 모든 지역의 화재 경보를 대신할 자동점멸장치
- 공동실과 로비에 놓인 TV 같이 공용 TV에 자막처리
- 대학이 비상경보 시스템을 가지고 있다면, 문자메시지로 비상경보를 보낼 수 있는 시스템

- 캠퍼스 지역과 스타디움을 포함한 장소에서 LED 리본 보드를 통해 공공 안내방송 내용을 눈으로 볼 수 있게 하는 디스플레이
- 전화가 학생에게 제공된다면 학생의 필요에 따라 비디오전화기 **Video Phone, VP** 또는 자막처리 전화기 **Captioned Telephone**와 같은 접근 가능한 전화기들 청각장애인용 문자전화기 **Teletypewriter, TTY**는 더 이상 농인 또는 난청인들에게 공통으로 사용되지 않다는 것에 주목하라. 일반적으로 사용하는 도구를 제공해야 한다.

평생교육과정과 전문가 자격시험

CONTINUING EDUCATION COURSES AND PROFESSIONAL EXAMINATIONS

칼리지와 대학은 장애학생들도 접근 가능하도록 해야 한다는 미국장애인법 ADA 요구와 함께 3장은 입학지원, 허가증, 인증서, 중등 및 고등교육 자격 증명, 전문가 또는 상업적 목적과 관련한 시험이나 교육과정을 제공하는 기관은 장애인이 접근 가능한 장소와 형태로 시험과 과정을 제공해야 하고 그러한 개인들이 접근할 수 있는 대체안을 마련해야 한다고 했다.[45] 이 내용은 3장에 따라 편의를 제공해야 하는 요구는 사이버 칼리지와 대학뿐 아니라 평생교육기관 **Continuing Education Units, CEU**, 시험 준비과정과 시험 대비반, 수강하고 있는 교육이나 전문가 개발에 관련된 수업활동 제공자들에게까지도 확대된다. 이 법에 따르면 기관이 사적으로 운영되거나 오로지 온라인 자료만 제공한다고 해도 그들이 제공하는 모든 내용에 장애인이 접근 가능하도록 해야 한다는 의무에서 면제될 수 없다.

미국장애인법 ADA과 504조는 요청한 보조도구나 서비스의 비용이 농인 참가자에 의해 창출된 매출이나 전체 워크숍에서 창출된 매출보다 훨씬 크

지 않으면 과도한 부담으로 인정하지 않는다. 법무부의 과도한 부담에 대한 분석은 단 한 번의 워크숍으로 제한시키지 말 것을 명확히 언급하고 있다. 대신 분석은 제공자의 전체적인 재정 자원을 바탕으로 해야 하고, 아직 요청하지 않은 개인에게 편의를 제공해야 하는 가상의 부담이 아닌 현재의 특정 편의 요청[46]과 관련하여 측정되어야 한다고 했다. 결과적으로 제공자는 모든 워크숍에서 제공해야 하는 보조도구와 서비스가 과도한 부담이라는 논쟁을 벌일 수 없다는 것이다.

해당 과정 제공자는 워크숍을 위해 보조도구나 서비스를 가능하도록 하기 위해 자막처리된 비디오 대신 유사한 자료를 제공함으로써 3장에 따르는 그들의 의무를 충족시키지 못할 수도 있다. 이러한 대체적 접근은 다음과 같은 경우에 미국장애인법 ADA을 위반하는 것이 된다: (1) 인증이 평생교육의 일정량은 반드시 대면으로 해야 한다고 요구되는 경우 (2) 제공된 자막처리 비디오가 선택한 과정이나 워크숍 내용과 다른 내용일 때 (3) 교육기관이 현장과 온라인 워크숍은 다른 서비스라고 광고했으나 똑같은 내용이 두 과정에서 겹쳐졌을 때.

1996년 법무부는 법학대학원 입학시험 **Law School Admission Test, LSAT** 준비회사인 테스트마스티어스 **Testmasteers**에게 법학대학원 입학시험 LSAT 예비과정에 등록한 농인 학생에게 효과적인 의사소통을 확실히 보장하기 위하여 보조도구와 서비스를 제공하는데 실패했다는 이유로 동의 명령을 내렸다.[47] 법무부는 또한 국가의학시험위원회 **National Board of Medical Examiners**와 화해계약을 체결하여 미국의사고시를 치르는 동안 모든 학생에게 효과적인 의사소통을 담보하기 위하여 보조도구와 서비스를 제공하기로 했다.[48]

NOTES

1. 29 U.S.C.* §794.
2. 42 U.S.C. §§12131, 181, 189.
3. 28 C.F.R.** §36.301; 34 C.F.R. §§104.42.
4. 34 C.F.R. §104.42(c).
5. 28 C.F.R. §36.309; 34 C.F.R. §104.35.
6. 28 C.F.R. §§36.201, 36.202; 34 C.F.R. §104.43.
7. 28 C.F.R. §36.203; 34 C.F.R. §104.43(c), (d).
8. 34 C.F.R. §104.43(b).
9. 34 C.F.R. §104.44(a).
10. 42 *Fed. Reg.* 22,692 (May 4, 1977).
11 *Southeastern Community College v. Davis*, 442 U.S. 397 (1979).
12. 424 F.Supp. 1341, 1345 (E.D.N.C. 1976).
13. 442 U.S. 397 at 414.
14. 442 U.S. 397 at 405.
15. Ibid.
16. 442 U.S. 397 at 406.
17. 442 U.S. 397 at 407.
18. 442 U.S. 397 at 412-13.
19. *Grantham v. Moffett*, 1996 U.S. Dist. LEXIS 102, Civ. A. No. 93-4007 (N)3 (E.D. La. May 23, 1995).
20. Ibid., at ::_2.
21. *Grantham v. Moffett*, 101 F.3d 698 (5th Cir. 1998).
22. 28 C.F.R. §§35.160, 36.303.
23. 28 C.F.R. §§35.150, 36.304.
24. 34 C.F.R. §104,44(d).
25. 45 *Fed. Reg.* 30,954 (May 9, 1980).
26. 47 U.S.C. §613, 47 C.F.R. §79.4.
27. *Alexander v. Choate*, 469 US 287, 305 (1985) (citing 45 C.F.R. §84.4 (b)(2)).
28. 28 C.F.R. §36.303(c)(1) ("공공 편의시설은 장애인 개개인과 효과적인 의사소통을 보장하기 위해 필요한 적절한 보조기구와 서비스를 제공해야 한다.") See 28 C.F.R. §35.160 (a)(1) ("공공 단체는 지원자, 의사소통만큼 효과적이도록 적절한 조치를 취해야 한다.").

29. 28 C.F.R. §35.160(b)(2).
30. 28 C.F.R. §36.303(c)(l)(ii).
31. U.S. Department of Justice, "Americans with Disabilities Act, Title II Technical Assistance Manual," http://www.ada.gov/taman2.html.
32. 28 C.F.R. §36.104.
33. *Schornstein v. N.J. Div. of Voc Rehab. Serv.*, 519 F. Supp. 773 (D.N.J. 1982), *aff'd* 688 F.2d 824 (3d Cir. 1982).
34. *Argenyi v. Creighton University*, 703 F. 3d 441 (8th Cir. 2013).
35. *Argenyi v. Creighton University*, 2011 U.S. Dist LEXIS 108764, no. 8:09 CV341, at *31-32 (September 22, 2011).
36. 703 F.3d at 446 (quoting U.S. Department of Justice, "Americans with Disabilities Act Title II Technical Assistance Manual," at II-7.1100 [1993]).
37. Ibid., at 447.
38. See, for example, *Crawford v. Univ. of N.C.*, 440 F. Supp. 1047 (M.D. N.C. 1977); *Barnes v. Converse College*, 436 F. Supp. 635 (D.S.C. 1977).
39. *United States v. Bd. of Trustees for the Univ. of Ala.*, 908 F. 2d 740 (11th Cir. 1990).
40. 1978 U.S. Dist. LEXIS 17728, Civ. A. No. A-78-CA-061, at *5 (W.D. Tex. May 17, 1978).
41. *Camenisch v. Univ. of Tex.*, 616 F.2d 127 (5th Cir. 1980).
42. 519 F. Supp. 773 (D.N.J. 1982), *aff'd* 688 F. 2d 824 (3d Cir. 1982).
43. 504 F. Supp. 1244 (N.D. Ill. 1981), *aff'd* 689 F. 2d 724 (7th Cir. 1982).
44. 42 *Fed. Reg.* 22692-93 (May 4, 1977).
45. 42 U.S.C. §12189.
46. 28 C.F.R. §36.104.
47. *Consent Order Between the U.S. at Robin Singh Educ. Serv., Inc., d/b/a Testmasters*, Consent Order No. CV06-3466 ABC (2006).
48. *Settlement Agr. Between U.S. and Nat'l Bd. of Medical Examiners*, DJ# 202-16-181 (February 23, 2011).

* 미국법전 United States Code, U.S.C.

** 미국연방규정집 Code of Federal Regulations, C.F.R.

Chapter 6

의료와 사회 서비스

Health Care and Social Services

연방법에 따르면 대부분의 지역사회에서 이용 가능한 공공 및 민간 의료와 사회 서비스는 복잡한 웹에 접속할 수 있어야 한다. 많은 의료 서비스 제공자와 사회 서비스는 상당한 액수의 연방 재정 지원을 받고 있으며 1973년 제정된 재활법 Rehabilitation Act의 504조를 준수해야 한다. 504조를 지키는 것에 더하여 공공 및 민간 의료 서비스 제공자는 1990년 제정된 미국장애인법 Americans with Disabilities Act, ADA도 준수해야 한다. 이와 함께 연방법은 공공 및 민간 기관은 농인에게 보조도구와 서비스를 제공하도록 요구하고 있다. 서비스 제공자들은 장애인을 차별하는 것이 용납되지 않는다. 연방법은 서비스 제공자들에게 농인과 난청 고객, 환자들과 효과적인 의사소통을 할 수 있도록 하라고 요구하고 있다.

그런데 이것이 농인과 난청인들이 마땅히 받아야 할 서비스를 쉽게 찾을 수 있다는 것을 의미하는 아니다. 농인과 난청인들은 때때로 그들과 의사소통할 수 없고, 그들이 무엇을 필요로 하는지 모르겠다는 서비스 기관 직원들에 의해 프로그램과 활동을 거부당한다. 농인과 난청인은 청인 聽人 들이 서비스를 받는 상황에서도 서비스를 전혀 못 받을 수 있다. 예를 들면, 청인들은 식료품 할인 구매권, 또는 어떻게 지원서를 작성하는지에 대한 조언, 프로그램의 상세한 정보에 대한 해답을 얻을 수 있다. 그러나 농인과 난청인들은 피상적인 프로그램 절차에 대한 표준 서면 양식만을 전달받는다. 그 결과 농인들은 양식을 잘못 이해하여 혜택을 놓치는 경우가 있다.

다음 세션은 연방법에서 어떻게 의료 서비스 시설들은 농인·난청 환자를 대우해야 하는지를 알리는 연방법을 설명하고 있다. 기타 고려 사항에는 법원 판결, 주민권과 장애법이 포함된다.

연방 장애인 권리법

FEDERAL DISABILITY RIGHT LAWS

장애인 권리법은 재활법 Rehabilitation Act 504조, 미국장애인법 **Americans with Disabilities Act, ADA** 및 법무부 가이드라인 등 개별기관에 의해 정해진 법적 기준들이 포함되어 있다. 이러한 연방정부법은 개인병원 의사[1], 사립과 공립병원, 연방정부 재정 지원을 받는 기관[2]과 효과적인 의사소통을 요구하고 있다. 나아가 전화로 정보와 서비스를 제공하는 업체들 역시 통신 중계 서비스를 사용하여 농인과 난청인들이 똑같이 효과적인 서비스를 받을 수 있도록 해야 한다고 요구한다.[3]

재활법 504조 Section 504 of the Rehabilitation Act of 1973

1973년 제정된 재활법 Rehabilitation Act 504조(챕터3에서 논의)는 연방 재정 지원을 받는 프로그램과 15명 이상의 직원이 있는 사업장은 모든 장애인에게 접근 가능하도록 해야 한다고 못 박고 있다. 노인의료보험 지급을 받는 병원이나 진료소는 연방 재정 지원을 받는 것이며, 연방 보조금을 받는 사회 서비스 역시 연방정부 지원을 받는 것이다. 주정부와 지방정부 산하기관에서 운영되는 의료 서비스나 사회 서비스도 연방정부 재정 지원을 받는다.

504조에 해당하는 기관은 장애인에게 적절한 보조도구를 반드시 제공함으로써 이러한 도구가 필요한 모든 장애인에게 평등한 기회를 제공해야 한다.[4] 보조도구는 통역사, 점자, 녹음된 자료와 기타 다른 보조도구라고 분명하게 정해져 있다.[5] 규모가 작은 기관이라도 일상적인 혜택이나 서비스를 제공하는 것이 기관의 능력을 저하시키지 않는 한 보조도구를 제공해야 한다.[6] 통역사는 일이 있을 때마다 합리적인 시간제 비용으로 고용할 수 있다. 비디오전화기 **Video Phone, VP** 등 다른 접근을 가능하게 하는 도구들은 몇 백 달러 정도만 투자하면 갖출 수 있는 것이다. 이러한 비용들이 대부분의 기관들에게 과도한 부담이라고 말할 수 없다.

504조는 많은 공공 및 비영리 기관에 적용된다. 예를 들면, 식품 할인 구매권 **Food Stamp** 사무실은 수어통역사를 제공하여 수어에 의지하는 농인에게 신청 절차, 자격조건, 가능한 혜택 등과 같은 정보를 이해할 수 있도록 해야 한다. 사회보장 사무소 **Social Security Office**는 공인 통역사를 포함하여 보조도구와 서비스를 제공해야 한다. 이에 더하여 사무실들은 중계 전화를 수용하여 농인들이 정보, 약속 정하기 등을 위해 전화하거나 담당 복지사와 상담할 수 있도록 해야 한다.(챕터1 참조)

그러한 기관들이 정규직으로 통역사를 둘 수는 없을지라도, 농인이 통역사를 요청하면 약속한 날 시간에 맞춰 대기하도록 해야 한다. 이러한 약속 절차는 일반적으로 신청서가 접수되는 순서대로 처리하면 된다. 기관들은 요청이 있을 때는 반드시 통역사를 제공해야 하며 반드시 요청에 의해서만 신청할 수 있다는 내용을 고지해야 한다.

불행히도 몇몇 의료 서비스 제공자나 사회복지 기관은 이러한 의사소통 편의 제공을 거부하는 곳이 있으며 심지어 농인이나 난청인들에게 아예 아무런 서비스도 제공하지 않는 기관들도 있다. 한 사례가 있다. 임신한 농인 여성이 어머니와 함께 산부인과 의사를 찾았다. 의사는 진료 중 환자가 농인인 것을 알고, 진료를 거부하고 이 환자는 고위험 산모를 돌보는 전문기관으로 가야 한다고 말했다. 그 여성은 저소득층 의료보험제도 **Medicaid** 형태로 연방정부 재정 지원을 받는 의사를 상대로 소송을 제기했다. 법원은 의사가 그 여인을 차별하여 재활법 Rehabilitation Act을 위반한 사실을 확인하고 의사는 여성에게 1만 달러를 지불하라고 명령했다.[7]

미국장애인법 The Americans With Disabilities Act of 1990, ADA

미국장애인법 ADA에 따르면 농인들도 의료 서비스와 복지 서비스의 혜택을 받을 수 있는 평등한 권리를 가지고 있다. 그들은 또한 의료 서비스 제공자와 사회 서비스 기관과 효과적인 의사소통을 할 수 있는 권리도 가지고 있다.[8] 미국장애인법 ADA은 연방정부 재정 지원 여부와 관계없이, 기관의 규모에 상관없이, 공립과 사립기관에 관계없이 차별을 금하고 있다. 이러한 측면에서 미국장애인법 ADA이 504조보다 적용 폭이 훨씬 넓다. 미국장애인법 ADA은 병원, 의사, 사회복지사무실, 공립·사립 의료 서비스 제공자들에게 농인에게 보조도구와 서비스 제공을 의무화하고 있다.[9]

미국장애인법 ADA 2장은 주정부 및 지방정부에 의한 차별을 금지하고 있다. 이는 사회복지사무소와 주립 병원과 같은 공공기관들은 농인들에게 모든 서비스와 프로그램에 평등한 접근권을 갖도록 해야 한다는 것을 의미하는 것이다. 예를 들면 지역 복지사무소는 농인 고객에게 효과적인 의사소통이 필요한 때 통역사를 제공하여야 한다. 2장은 농인과 난청인 죄수들에게도 의료 서비스나 사회 서비스가 필요할 때 차별당하지 않도록 보호하고 있다.[10] 주립 교도소나 지방 교도소가 농인 죄수들에게 그룹치료 또는 상담 프로그램에 장애를 이유로 참여를 막거나 의욕을 꺾으려 한다면 법을 위반하는 것이다. 농인 죄수가 효과적인 의사소통을 위해서 통역사가 필요할 때, 미국장애인법 ADA 2장은 공인 통역사를 제공하라고 직접적으로 지시하고 있다.

개인병원, 의사, 정신건강 상담사와 같은 개인 의료 서비스 제공자들은 미국장애인법 ADA 3장의 적용을 받는다. 3장에 따라 개인의료 서비스 제공자들은 농인들이 서비스를 온전히 누릴 수 있도록 보조도구와 서비스를 제공해야 한다.[11] 이 역시 의사, 정신건강상담사, 훈련 프로그램, 가정 요양사들이 농인과 난청인들을 절대 차별할 수 없다는 것을 의미한다.

미국장애인법 ADA의 가장 핵심은 공공시설들은 보조도구와 서비스의 비용을 농인에게 부과할 수 없다는 것이다. '공공시설은 장애를 가진 특정 개인이나 장애인 그룹에게 ... 개인에게 제공될 필요가 있는 ... 보조도구의 비용을 충당하기 위한 추가요금을 부과할 수 없나녀 이는 미국징애인법 ADA 위반한 차별행위이다.'[12]

미국장애인법 ADA이 지시하는 명확성에도 불구하고 이 법이 위반된 채로 농인은 계속 보조도구 비용 청구서를 받고 있고 추가요금을 부과 받고 있다. 몇몇 제공자들은 농인을 위한 통역을 가족이나 친구에게 요청함으로써 법을 피해 가려 하고 있다. 그러나 이러한 편법적 관행은 허용되지 않는다. 그런 관행은 통역사가 정보를 '효과적으로', '정확하게', '균형 있게' 통역해야 하는 가장 일반적 법적 요구를 위반하는 것이다.[13]

일반적으로 농인 환자를 위해 그의 가족이 통역하는 경우, 의사는 효과적인 의사소통을 제공하지 않는 것이 된다. 법에 따르면 가족은 정보를 '효과적으로', '정확하게', '균형 있게' 정보를 통역할 수 있어야 하는 '공인 통역사'의 엄격한 기준을 충족시키지 못한다. 게다가 대부분의 가족은 자신의 가족이 관련된 의료현장에서 '균형 있게' 통역할 수 없게 된다. 가족은 농인 환자를 보호하기 위한 그릇된 노력으로 필요한 정보소통에 실패할 수 있다. 농인은 가족과 친구 앞에서 어떤 질문에 대해서는 대답을 못할 수도 있다.

또한 가족이나 친구는 너무 감정적으로 흥분되어 정확한 통역을 못할 수 있다. 그러므로 가족이나 친구는 농인이 특별히 요청하더라도 해당인이 통역에 능숙하지 않다면 통역을 해서는 안 된다.

효과적인 의사소통의 권리는 환자에게만 국한되는 것이 아니라 일반적으로 서비스나 정보를 구하는 가족 또는 연인까지도 포함된다.[14] 의료 서비스 공급자들은 다음 사람들에게도 효과적인 의사소통을 제공해야 한다: 서비스를 받고 있는 청인 자녀의 농인 부모, 서비스를 받고 있는 청인 배우자의 농인 배우자, 청인 환자를 돕고 있는 농인 형제자매, 사촌, 기타 파트너. 이러한 농인 가족들과 연인은 청인이 받을 수 있는 동일한 정보를 받아야 한다.

미국장애인법 ADA이 적용되는 몇몇 의료 서비스 제공자들은 보조도구와 서비스가 너무 비싸서 지불할 수가 없다고 논쟁을 벌인다. 예를 들면 의사는 통역사에게 비용을 지불하는 것이 과도한 부담이 된다고 주장할 수도 있다. 그러나 진료실 같은 공공 편의 시설이 도움을 제공하려면 근본적으로 서비스의 성격을 바꿔야 한다거나 과도한 부담과 비용이 되지 않는다면 보조도구를 거부할 수 없다.[15] 특정 보조도구가 '과도한 부담'인지 아닌지를 결정하는 것은 어려운 일이다. 이것은 보조도구와 서비스의 성격, 가격, 비즈니스 전체 재정적 요소들과 그 외 요소를 포함한 다양한 사실적 요인에 달려있다.[16] 과도한 부담의 기준은 사례별로 적용된다. 과도한 부담은 농인 고객 또는 환자로부터 벌어들이는 수입 금액으로 포함되지 않는다. 대신, 기관 전체에 미치는 재정적 영향으로는 계산된다.[17]

그러므로 보조도구 비용이 전체 기관운영에 과도한 부담이 되지 않는 한, 보조도구를 팔지 않고, 농인 환자나 고객으로부터 비용을 받지 않는다 해도 보조도구 제공 책임을 완수하는 것은 가능한 일이다. 공공 편의제공 기관들이 근본적인 변경이 필요하다는 것을 입증할 수 있고 과도한 부담이 발생한다는 것을 입증한다고 해도 보조도구가 존재하는 한, 대체할 수 있는 보조도구를 제공할 준비를 해야 한다.[18] 예를 들면 통역 서비스 제공을 거부한 의사는 효과적인 의사소통을 가능하게 하기 위하여 다른 방법을 제시할 의무가 있다는 것이다.

보조도구 비용은 대부분 의료 서비스 제공자들의 전체 예산에 비하면 아주 작은 부분이다. 효과적인 의사소통은 농인과 난청인에게 필수적인 것이며, 의료 서비스 제공자들에게도 중요하다. 왜냐하면 농인의 의료기록을 알지 못하고 또는 정보에 동의를 얻지 못한 채 약을 제조하거나 치료했을 때 의료과실 주장으로부터 보호받을 수 없기 때문이다. 의료 서비스 제공자들은 환자와 효과적으로 의사소통할 때 이익을 얻을 수 있는 것이다. 1990년 제정된 매출인식법 Revenue Reconciliation Act에 따라 몇몇 의료 서비스 제공업자는 장애인 환자를 수용하는 과정에 발생된 비용에 대해 세금 공제를 받을 수도 있다.[19]

기관의 의무사항

AGENCY RESPONSIBILITIES

몇몇 서비스 기관들은 의사소통을 위한 보조도구 제공의 법적 책임에서 벗어나려는 시도가 있을 수 있다. 소규모 기관들은 보조도구를 제공하는 것이 재정능력을 넘어서는 것이라고 주장한다. 때문에 그들은 최소한의 예산만으로 보조 수단을 제공하는 편법으로 의무의 면제 방법을 찾으려 할 수 있다. 그러나 몇몇 보조도구들은 매우 중요한 것이고 대부분은 비용이 과하지도 않다. 농인 소비자들은 법에 의해 무료로 보조도구를 제공받을 자격이 있다. 재활법 Rehabilitation Act 504조에 따라 연방정부 돈을 받고 이를 유용하는 기관은 법 위반이며 모든 비용은 기관의 책임이다. 미국장애인법 ADA 2장과 3장에서 보장받는 재정으로 의료 서비스나 그 외 서비스 제공자들에게 비용을 지불해야 하는 책임은 서비스 기관에 있다.

기관의 규칙과 주법 Agency Rule and State Laws

504조와 미국장애인법 ADA의 요구와 더불어 대부분의 연방기관들은 그들이 지원하는 서비스에서 장애인에게 차별을 금하는 특정 법률을 가지고 있다.[20] 몇몇 주에서는 정부와 민간 사회 서비스 기관이 장애인을 차별하지 않도록 하는 법을 채택하고 있다. 또 다른 주에서는 농인을 위한 일정한 서비스를 특별히 요구하는 법을 가지고 있기도 하다. 예를 들면 뉴욕주 뉴욕병원의 규약 New York Hospital Codes, 규칙 Rules, 규정 Regulations은 병원들로 하여금 응급실 농인 환자를 위하여 환자가 요구하면 10분 내로 수어통역사를 데려올 수 있도록 수어통역사를 양성하도록 하고 있다.[21]

대부분의 주는 대중에게 개방되는 시설에서 차별을 금지하는 시민권리가 보장되고 있다. 전통적으로 이러한 법은 인종이나 종교적 차별만 다루고 있었다. 그러나 최근에 들어서면서 각 주의 많은 법들이 장애를 이유로 차별하는 것을 금지하는 방향으로 법이 개정되고 있다. 레스토랑, 호텔, 상점과 같은 상업적 시설은 물론 이러한 주 차별법은 대중에게 개방되는 모든 서비스 기관에도 적용되고 있다.[22]

병원과 의사소통의 장애물

HOSPITAL COMMUNICATION BARRIERS

의사소통이 잘 이루어지지 않으면 서비스에 평등한 접근이란 불가능하다. 의사소통은 아마도 의료 서비스에서 가장 중요한 요소가 된다. 의사소통 없이 환자들은 본인의 증상을 의료진에게 설명할 수 없다. 의사소통 없이 환자들은 치료의 절차 또는 금해야 할 약에 대한 설명을 들을 수 없다. 만약 모든 환자들이 이런 취급을 당한다면 일반 국민들은 크게 분노할 것이다. 그러나 농인들은 매일 이러한 상황에 부딪치고 있다.

504조와 미국장애인법 ADA이 통과되기 전에 농인과 난청인들은 병원에서 효과적인 의사소통에 대한 권리가 사실상 없었다. 농인이 병원에 갔을 때 그들은 어쩌면 효과도 없고 생명을 위협하는 의료 서비스가 계속될지라도 그들에게 제공되는 것을 모두 받아들여야 한다. 왜냐하면 그들과 의료진 모두, 또는 그들과 의료진 중 한쪽은 말한 내용을 전혀 이해하지 못하기 때문이다. 농인 환자들의 이해와 상관없이 서면 메모나 독화술로 복잡한 의료용어들이 말해진다. 약들은 무엇을 위한 것인지 또는 어떻게 복용해야 되는지 설명도 없이 제조된다. 때때로 농인은 이러한 약을 나른 약과 함께 먹을 수도 있고, 일어날 수 있는 부작용을 모른 채 먹을 수도 있다.

병원 입원 절차는 거의 설명을 들을 수가 없다. 그들이 간호사로부터 도움을 원할 때도 그들은 인터폰을 사용할 수가 없다. 임신한 여성이 분만실에 들어가서 의사소통을 지원할 통역사가 없으면 그녀는 의사가 그녀에게 원하는 것을 이해할 수 없을 것이다. 그 이유는 의사가 외과수술용 마스크를 쓰고 있어서 독화술을 불가능하기 때문이다. 현재 연방정부법으로는 이러한 차별행위가 아직도 불법적인 행위가 아니다. 때문에 농인과 난청인은 병원들이 그들에게 효과적인 의사소통을 가능하게 접근할 수 있도록 계속 투쟁하고 있다.

복합적인 스트레스 Compounding the Stress

치료받고 있는 사람은 불안하고, 신경이 예민하고, 혼란스럽고 고통스럽다. 이러한 감정들에 더하여 의료진들이 말하는 것을 이해하려고 노력하는 스트레스로 더욱 복잡하게 얽힐 때 정신적 외상을 느낄 정도가 된다. 많은 병원들이 서면 메모를 주고받거나, 독화술 또는 그 외 다른 커뮤니케이션 방법으로 농인·난청 환자들과 의사소통해 왔으나 대부분의 경우는 사실상 이러한 노력들이 없었다. 영어 능력이 없는 사람이 서면으로 영어를 하는 것은 생산적이지도 못하고, 좌절감을 주고 위험하기까지 하다. 서면 의사소통은 의료현장에서 하나하나 모든 중요한 뉘앙스와 맥락을 이해하는 효과적인 의사소통이 되기보다는 모든 내용을 매우 간략하게 정리해버리는 경향이 있다. 서면은 일반적으로 말하기보다 더 많은 시간이 걸린다. 늘 시간에 쫓기는 의료진은 청인들에게 말해주는 만큼의 정보를 전달하기 위해 글로 써줄 시간이 없다. 이와 마찬가지로 농인·난청 환자들도 그들의 정보, 염려, 질문을 전부 글로 쓸 수 있는 시간이 주어지지 않는다. 익숙지 않은 의학용어와 응급의료 상황에서 빠르고 효율적인 의사소통이 되어야 하는 필요성으로 인해 이해하는 일은 더욱 어렵게 된다.

어떤 병원들은 외부에서 능숙한 통역사를 데려오기보다 수어를 잘 하는 직원으로 적당히 하려고 할 수도 있다. 이런 시도는 직원이 능숙한 수어통역사라면 받아들일 수도 있겠으나 이러한 경우는 사실상 매우 드물다. 게다가 직원이 수어를 능숙하게 할 수 없다면 효과 없는 치료와 오진으로 심각한 상태를 만들 수도 있다.

농인·난청 환자를 위한 계획 Planning for Deaf and Hard of Hearing Patients

연방법은 의료 서비스 제공자들에게 전방위적 의사소통의 보조도구 옵션을 제공하라고 요구하고 있기 때문에 농인과 난청인들이 효과적인 의료서비스를 받게 되었다. 20년 이상 정부는 서비스 제공자들에게 농인·난청 환자들이 이러한 서비스를 권리로써 사용할, 곧 닥칠 상황에 대비할 것을 요구해 왔다. 법으로 보장되는 접근권에 대해 제공업자들은 다양한 의사소통 옵션을 제공할 수 있도록 채비를 갖추어야 하며 농인과 농인 권리 지지 단체의 조언을 들으면서 준비하라고 요구했다.

농인에게 비용을 물리지 않고 제공되어야 할 보조도구와 서비스 옵션은 다음과 같은 것들이 포함되어야 하는데 단, 이것으로만 국한되는 것은 아니다.

- 수어로 능숙하게 표현하고 수용하면서 정확하고, 효과적이고, 어느 한쪽에 치우치지 않도록 통역할 수 있는 통역사의 공식적인 주선
- 증폭된 전화기 Amlified Telephone, 비디오전화기 VP와 같은 통신장비, 자막처리기가 장착된 TV, 루프 시스템과 같은 보조적인 청력 도구들
- 서면 의사소통(이 옵션은 어떤 상황에서는 많은 사람들에게 효과적이지 못할 수 있다.)
- 의사소통 접근권 확보를 위해 쉽지 않으며, 문화적 차이가 있는, 수어를 이해시키는 직원 교육[23]

이러한 가이드라인들은 의료 서비스 중개인들마다 지역 통역사나 통역사 중개사무소의 이름, 주소, 전화번호와 가용시간 등을 알고 있도록 해야 한다. 이와 함께 의료 서비스 제공자들은 통화 중계를 받아들여서 농인 환자들이 약속을 정할 수 있고 제공자들에게 보조도구가 필요하다는 것을 미리 고지할 수 있어야 한다. 그들은 또한 병원을 찾는 농인에게 병원에 있는 모든 표시와는 메디칼 케어센터를 통해 다양한 의사소통 옵션의 사전 고지를 정확히 해 줄 책임이 있다. 사전 고지는 농인 환자가 의료 제공자들과 의사소통이 가능하게 할 수 있도록 보조도구에 빨리 접근할 수 있도록 해 준다.

'효과적인' 의사소통과 '적절한' 보조도구–연방규정에서 사용되는 이 두 가지 용어는 농인 환자 자신이 결정하는 것이 가장 중요하다. 미국장애인법 ADA 2장은 가장 우선시 되어야 할 고려 사항은 농인 환자 자신이 자기 필요에 따른 요구에 맞춰주는 것이다.[24] 병원 직원은 가끔 농인 환자들과 어

떻게 의사소통할 것인가에 대한 방법을 결정하는 데 있어서 그들이 농인 환자보다 더 잘할 수 있다고 생각한다. 예를 들면 병원 직원들은 자신이 농인을 이해할 수 있다고 생각하기 때문에 환자도 그들을 이해하고 있다고 주장할 수 있다. 병원들은 펜이나 종이로 의사소통하는 것이 적당하다고 여기고 통역사 사용 결정은 의사가 할 일이라고 생각할 수도 있다.

어떤 병원은 직원 중에서 통역사를 두겠다고 주장할 수도 있으나 일반 직원은 수어를 몇 개월 배워도 대부분의 사인을 이해하지 못할 수 있다. 대부분의 경우 농인 자신이 무엇을 필요로 하는지 판단할 수 있는 최고의 선택을 할 수 있기 때문에 그들은 의료 서비스에 평등한 접근권을 가질 수 있다. 정부는 효과적인 의사소통 방법을 선택할 때 환자의 판단이 무엇보다 먼저 가장 중요하게 고려되어야 한다고 거듭 강조하고 있다.[25]

농인 환자들은 부적절한 보조도구를 요청하면서 얻는 것이 아무것도 없다. 그럴 때 환자와 제공업자 모두에게 그 위험은 매우 심각하다. 즉각적으로 특정 형태의 의사소통 방법을 제공할 수 없는 응급상황에서도 제공업자들은 시간적 제약에도 불구하고 가장 효과적인 의사소통 제공에 대해 책임을 져야 한다.

응급치료를 위한 사전 준비 Advance Preparation for Emergency Care

응급 의료 서비스 규정은 특별히 중요한 것이다. 병원들은 응급실에서 농인과 효과적인 의사소통을 위해서 특별 응급의료 서비스 절차를 마련해야 한다. 병원들은 매우 짧은 시간에도 공인 수어통역사를 찾을 수 있어야 한다. 그들은 또한 다른 전화를 받는 것처럼 중계 전화를 받아들여서 농인들이 병원에 농인 환자가 곧 도착하며 통역사 또는 다른 특별 서비스가 필요하다고 미리 알려야 한다. 병원은 농인들이 병원 외부에서 전화를 걸어 미리 전문 의료진의 집중치료를 받을 수 있도록 비디오전화기 VP나 다른 장치를 통해 평등한 접근권을 제공해야 한다. 응급실 스태프들은 응급치료에 필요한 기본적인 수어를 배워서 사용할 수 있도록 훈련되어야 한다. 그들은 재빨리 환자가 농인 것을 파악하고 적절한 보조도구가 무엇인지 알아내야만 한다.

병원의 준수 사항 Hospital Compliance

서비스는 청인 환자나 농인 환자 모두에게 똑같아야 한다. 병원이나 의료센터가 농인 환자와 일행을 수용하는 데는 많은 방법이 있다. 예를 들면 자연분만하는 여성이 분만실에 함께 들어가도록 허용된 인원은 보통 한 명인데, 분만실 규칙을 바꿔서 분만하는 동안 동반할 수 있는 사람을 남편과 통역사까지 허락하도록 해야 한다. 독화술을 할 수 없는 농인은 정신과 치료를 받을 수 없다고 거절하는 병원은 504조와 미국장애인법 ADA을 준수하기 위해 그들의 규칙을 변경해야만 한다.

입원환자는 병원생활을 잘 할 수 있도록 하기 위한 많은 도구를 가지게 된다. 그러나 그 많은 도구들은 변형이나 수정하지 않으면 농인에게는 사용할 수 없는 것이 된다. 예를 들면 농인 환자가 인터폰 버튼을 누르면 서비스 구역에 있는 간호사는 인터폰을 통해 말로 대답할 것이다. 그러나 이것을 농인 환자는 들을 수 없다. 농인 환자들은 자연스럽게 간호사가 자신이 농인이라는 것을 알고 있다고 추측하고 있을 것이다. 그러나 간호사는 이 사실을 인지하지 못했을 수 있다. 이렇게 어긋난 반복적인 상황이 있은 후, 간호사와 농인은 서로에게 화가 나게 되어 농인 간호 품질에 영향을 끼칠 수 있는 적대적 관계가 될 수 있다. 이러한 오래된 문제는 농인 환자 차트와 인터폰 버튼에 '적절한 표시'를 하는 것으로 피할 수 있고 모든 병원 직원들도 인터폰 상황에서 응답하는 방법을 알게 될 것이다. 농인 환자들은 비디오전화기 VP나 자막처리가 되는 TV와 같은 통신장비를 가져야만 한다.

병원은 지속적으로 직원들이 농인과 난청인들의 특별하고 다양한 필요에 민감하게 반응할 수 있도록 교육시켜야 한다: 눈부심 없는 적절한 조명, 보청기를 착용한 사람들 뒤에서 소리를 조절하기, 소리로 알리는 화재경보기로 변경, 말로 평가하는 절차의 변경. 특히 손이나 팔을 자유롭게 움직이도록 해서 농인 환자가 사인이나 제스처를 사용하도록 하는 것 등은 매우 중요한 일이다.

의료 서비스 시설들은 농인이 병원에서 일반적으로 제공하는 서비스들과 그들의 장애 때문에 받을 수 있는 특별 서비스에 대해서 잘 알 수 있도록 분명하고도 특별한 조치를 취해야 한다. 예를 들면 병원은 새 환자에게 병원, 직원, 서비스에 대해 오리엔테이션을 제공해야 한다. 그러한 모든 정보는 대부분의 사람들이 이해할 수준의 영어로 작성되어야 한다. 수어통역사의 이용 가능성, 비디오전화기 VP와 같은 통신장비, 기타 다른 특별 서비스에 대하여 쉽게 읽을 수 있도록 한 통지문도 포함되어야 한다. 시설에서 전화로 정보를 주고 있다면 다른 일반 전화와 똑같이 취급할 수 있는 중계 서비스 통화를 보장해야 한다.

어떤 농인은 병원의 법적 의무에 대해 알지 못한다. 또 그들은 통역사를 어떻게 요청하는지 모를 수도 있다. 그러나 이러한 정보 제공은 모두 병원의 책임이다. 병원들은 농인들이 어떻게 통역 서비스나 다른 도움을 받을 수 있는지 알려주는 통지문을 읽기 쉽게 만들어서 응급실, 외래진료실, 모든 허용되는 벽에 붙여야 한다.

병원들은 자주 환자들에게 치료받기 전, 치료에 대한 동의나 법적 권리의 포기에 대해 서명하라고 요구한다. 연방정부 법에 따르면 병원은 농인들이 동의서에 서명하기 전에 이들의 권리를 이해하고 있는지 확인할 수 있는 필요한 절차를 반드시 거쳐야 한다. 의사가 농인과 동의서에 대해 논의할 때는 공인 수어통역사가 그 자리에 함께 하는 것이 필요하다.

어떤 서비스 기관, 병원 및 의료센터들의 서비스가 농인들에게 유용하며 이용 가능하도록 한 몇 가지 판례가 있다. 2010년 미국 농인협회 법률센터 National Association of the Deaf Law Center와 개인 법률사무소는 미국장애인법 ADA과 504조를 어긴 버지니아 Virginia 소재 병원을 상대로 농인 부모를 대신해 소송을 제기했다.[26] 병원은 새로 태어난 아들의 심장을 치료하면서 부모에게 통역 서비스를 거절했다. 법무부는 병원을 상대로 소송을 제기했다. 이 사건의 본질적 중요성은 농인과 난청인들에게 병원 서비스를 받고 혜택을 받을 수 있는 평등한 기회를 제공하고, 병원 직원들과 농인들 사이의 의사소통이 정확하고 효과적이고 시의적절하고 존엄하게 이루어질 수 있도록 촉진시키는 정책의 확인이었다.

정책으로 제시된 보조도구는 농인 환자의 공인 수어통역사, 비디오전화기 VP와 같은 통신장비, 자막처리 TV, 보조 청각 도구, 훈련된 필기가, 실시간 컴퓨터 문자통역 서비스, 걸려온 전화를 나타내는 전화 플래시, 다른 보조도구와 서비스를 받을 수 있는 모델 시스템을 제시했다. 또한 중요한 추가 요소들은 농인 환자의 권리를 설명하는 표지판, 병원 직원의 교육, 병원 직원들에게 환자가 농인 혹은 난청인이라고 알려주는 초기 환자 설문조사서를 포함하는 것이다.

다른 병원들도 연방 시민권리법을 준수하지 않는 것은 결과적으로 굉장히 많은 돈이 드는 일이라는 것을 알게 되었다. 최근 뉴저지 병원 New Jersey Hospital은 지난 10연간 통역사, 폐쇄 자막처리, 통신장비들을 제공하지 않아서 4명의 농인에게 70만 달러 지불할 것에 합의했다.[27] 코네티컷에서는 농인과 난청인들이 코네티컷 농인협회 Connecticut Association of the Deaf와 함께 10개 급성치료병원들을 상대로 효과적인 의사소통을 제공하지 못했다는 이유로 소송을 제기했다. 법원은 효과적인 의사소통을 방해하는 장벽을 제거하겠다는 약속과 함께 35만 달러를 지불하는 것으로 차별을 인정했다.[28] 결과적으로 코네티컷은 나라 전체에서 최초로 협력적이고 병원이 지원하는 시스템으로 통역사를 구할 수 있는 포괄적인 온콜시스템을 갖추게 되었다. 뉴욕에서는 배심원이 병원에서 통역 서비스를 거절당한 농인 여성에게 25만 달러를 보상하라고 명령했다.[29]

병원들을 위한 가이드라인 Guidelines for Hospitals

미국 농인협회 **National Association of the Deaf, NAD** 가이드라인은 병원 행정가들이 농인과 난청인의 요구에 맞추는 절차를 만드는 데 도움을 주고 다음 연방정부 규정을 준수하는 데도 도움을 주고 있다.

1. 농인과 난청인들에게 제공하는 서비스를 관장할 담당 부서가 지정되어야 한다. 이 사무실은 긴박한 상황에도 24시간 안에 공인 수어통역사와 구두 통역사를 부를 수 있는 시스템을 갖추어야 한다.
2. 농인·난청 환자의 치료가 승인되었으면 담당 부서에 즉시 통지하여야 한다.
3. 의사소통 필요성을 파악하는데 책임이 있는 직원은 즉시 환자에게 의사소통을 위한 적합한 방법이 무엇인지에 대해 상담하여야 하는데 그 방법은 아래와 같은 것이 포함된다.
   a. 공인 수어통역사 및 구두 동시통역사, 또는 그중 하나의 통역사
   b. 독화술
   c. 손으로 쓰는 메모
   d. 보조 청력 장치
   e. a, b, c, d의 혼합

   책임 맡은 직원은 환자에게 공인 수어통역사와 구두 동시통역사나 이중 하

나의 통역사가 환자에게 모든 비용은 병원에서 제공된다는 환자의 권리를 알려줘야 한다. 통역사가 병원 안에 없을 때는 환자에게 서면으로 그들의 권리에 대한 통지를 해야 한다.

4. 통역사는 농인·난청 환자들이 병원에서 접근하고, 받을 수 있는 혜택의 평등한 기회와 평등한 서비스를 확실하게 보장할 수 있도록 환자와 직원 사이의 의사소통을 활성화하여야 한다. 이러한 상황은 다음 내용을 포함하나 이것이 전부는 아니다.
   a. 환자의 모든 의무 기록을 받는 것
   b. 설명한 치료에 대한 동의 또는 승인을 받는 것
   c. 질병과 부상의 증세
   d. 취해질 치료 절차에 대한 설명
   e. 환자가 의식이 있다면 혹은 의식 여부와 관계없이 결정해야 할 치료 또는 수술에 대한 설명
   f. 처방된 약에 대해 언제 어떻게 먹어야 하는지와 부작용까지 설명
   g. 의사나 다른 병원 직원의 요청에 대한 지원
   h. 환자의 퇴원
5. 농인·난청 환자들의 친구나 친지들은 환자가 특별히 그들에게 통역을 요청했을지라도 통역을 하는데 자격을 갖추지 않았다면 통역사 역할을 해서는 안 된다. 농인·난청 환자, 친구, 가족은 별도의 비용 부담 없이 효과적인 의사소통을 위해 필요하다면 공인 통역사가 제공될 수 있다고 알려줘야 한다.
6. 농인 환자가 특정 통역사와 의사소통이 안 된다고 하면 다른 통역사로 바꾸겠다고 알려줘야 한다.
7. 권리와 서비스의 서면통지와 서면동의서는 5학년 학력 수준 정도에 맞춰 작성되어 모든 사람들이 이해할 수 있도록 해야 한다. 농인·난청 환자들이 그러한 서면 통지서를 이해할 수 없다면 통역사가 제공되어야 한다.

8. 중계 서비스는 농인·난청인과 약속 일정을 잡기 위해, 정보를 알려주기 위해, 응급상황에서 지원을 하기 위해 전화로 의사소통이 이루어질 때 사용된다. 비디오전화기 VP와 같은 휴대용 통신장비는 농인·난청 환자들의 요구가 있으면 이용 가능해야 한다. 전화 증폭기는 난청환자에게 반드시 제공되어야 한다. 모든 전화기는 청력 보조기들과 호환되어야 한다.
9. 소리로 작동하는 인터폰 시스템, 호출시스템, 경보 시스템들에서 나오는 정보들은 농인·난청 환자들에게 시각적으로 접근할 수 있도록 만들어야 한다.
10. 지속적인 노력을 통하여 농인·난청 환자들의 다양한 특수 요청에 직원들이 빠르게 반응하도록 해야 한다.
11. 지역 농인·난청 환자들, 관련 단체, 그들에게 도움을 주는 커뮤니티 기관들과 유기적인 관계 속에서 공인 통역사를 확보하고, 장애인 그룹의 욕구에 부응하는 병원 서비스 프로그램을 만들어 가는 데 도움을 받을 수 있도록 해야 한다.
12. 영상원격통역 VRI 시스템은 수어통역사의 대면 통역을 대신하여 사용될 수 있으나 영상원격통역 **Video Remote Interpreting, VRI**이 농인·난청 환자들이나 가족들의 욕구를 충족시키는지는 특별히 확인하는 작업을 거쳐야 한다.

의료 서비스 환경에서의 영상원격통역 시스템

Video Remote Interpreting Systems in the Health Care Setting

영상원격통역 VRI 시스템은 미국장애인법 ADA 규정에 열거된 보조도구 서비스의 하나이며 '전용선으로 또는 초고속 무선 기술, 비디오 이미지를 전달하는 광역 비디오 연결로 비디오 콘퍼런스 기술을 사용하는 통역 서비스'라고 정의하고 있다.[30] 규정들은 아래와 같이 영상원격통역 VRI 기준을 자세하게 말하고 있다.

1. 의사소통하는데 지연되거나, 고르지 못하고, 흐릿하거나, 거친 이미지를 만

들어 내지 않는 고품질 비디오 이미지 전송이 가능한 초고속 전용선, 광역 비디오 연결 및 무선 연결로 이루어지는 실시간, 풀모션 비디오와 오디오

2. 사람의 몸이 어디에 있든 참가하고 있는 사람의 얼굴, 팔, 손, 손가락뿐만 아니라 통역사의 얼굴, 팔, 손, 손가락을 충분한 크기로 선명하게 보여지는 이미지
3. 목소리가 선명하게 들리게 전달
4. 기술 사용자들과 기타 관련자들에게 적절한 교육을 시켜 그들이 빠르고 효율적으로 영상원격통역 VRI을 설치하고 작동할 수 있도록 한다.[31]

그러나 병원 직원은 영상원격통역 VRI이 농인·난청 환자들과 일행이 관계되는 모든 상황에서 언제나 적합하지는 않다는 것에 유의하는 것이 매우 필요하다. 때문에 영상원격통역 VRI을 확보한 한 병원, 의료 서비스 제공자 및 기타 미국장애인법 ADA에 해당되는 기관들은 오직 이 시비스에만 독점적으로 의존해서는 안 되며 특히 환자가 고통받고 있거나 영상원격통역 VRI 스크린에 집중할 수 없을 때는 대면 통역사를 사용해야 한다.

이와 더불어 영상원격통역 VRI 시스템이 제대로 작동할 수 있는 상태인지에 주의를 기울여야 하며 하루 24시간, 일주일 내내 언제나 시스템에 대해 잘 알고 있는 병원 직원이 해야 한다. 병원이 의사소통을 위해 영상원격통역 VRI 시스템을 제공할 때마다 제대로 작동되지 않으면 병원이 법적 책임을 질 수 있다. '길레스피 대 디멘션스 건강 회사 Gillespie v. Dimensions Health Corporation' 케이스에서 보듯 병원이 영상원격통역 VRI 시스템을 사용하려 했으나 하지 못하게 되면서 농인 환자에게 효과적인 통역 서비스를 제공하지 못하게 되었고, 결과적으로 환자들과 의사소통이 이루어지지 못했다.[32]

직접 환자를 돌보는 직원 Direct Care Staff

병원 직원은 농인·난청 환자들과 의사소통을 가능하게 하고, 병원을 좀

더 편안하게 느끼도록 하여 더 나은 서비스를 제공하려고 많은 노력을 기울인다. 청력이 없다는 것에 대한 일반상식과 기본 정보를 알면 병원 직원들은 더 나은 보건 의료 서비스를 제공할 수 있다. 앞에서 언급했듯이 농인 환자들은 본인에게 가장 좋은 의사소통 방식을 알고 있다. 병원 직원은 이 점에 대해서, 그리고 일어날 수 있는 여러 문제에 대하여 상담해야 한다. 농인을 소외시키지 않도록 하려면 환자가 갖게 되는 궁금증에 대해 답변해 주고 앞으로 있을 일들에 대해 최대한 많이 설명해 주는 것이 필요하다.

효과적인 의사소통을 하기 위해 공인 통역사의 중요성은 아무리 강조해도 부족하다. 그러나 대부분의 일상적 상황에서 (식사를 가져다주거나 체온을 재는 등) 통역사는 필요하지 않을 수도 있다. 농인 환자에게 아래와 같은 가이드라인은 이러한 상황에서 필요하다. 이러한 추천이 실행된다면 돌봄 서비스는 향상될 것이다.

1. 어떤 일이 일어나고 있는지 환자가 이해할 수 있는 방법으로 의사소통하기 위하여 추가적인 노력을 하라.
    a. 모든 의사소통 시 말을 하는데 서두르지 말라. 환자가 이해했는지 확인하기 위해서 어떤 생각들은 다른 어휘를 사용하여 반복되어야 한다.
    b. 입술을 너무 지나치게 과장되게 움직이지 말아야 한다. 정상적인 말의 속도와는 다르게 별개의 단어로 말하라. 독순술이 편한 농인에게 해당되는 권고 사항이다.
    c. 환자의 팔은 움직이지 못하도록 해서는 안 된다. 그들은 쓰고 사인을 하는데 자유로워야 한다.
    d. 자주 하는 질문과 답변은 빨리 가리킬 수 있는 카드와 포스터로 만들어라.
    e. 종이와 펜을 바로 집어 들어 쓸 수 있도록 하고 환자의 영어 수준과 쓰기 능력에 대해 세심한 주의가 필요하다.
2. 청각 신호 보다 시각적으로 많이 보이게 하고 조명을 조정하여 농인 환자의

비주얼 환경에 좀 더 주의를 기울여야 한다.

a. 농인에게 정보와 절차를 설명할 때 차트, 그림, 입체모델을 사용하라.

b. 농인의 안경을 치우거나 깜깜한 어둠 속에 놔둬서는 안 된다.

c. 농인 앞에 너무 환한 빛은 피해야 하고, 또 빛이 번쩍거리면 신호와 입술을 읽는 것을 어렵게 만든다.

d. 말할 때 환자와 얼굴을 마주하고 얼굴이나 입술을 가리지 말라.

3. 환자에게 마치 위험을 알리는 듯한 표정이나 동작을 하지 말고, 얼굴 표정은 항상 밝고 걱정 없는 듯 유지하라.

C. 모든 직원에게 농인 환자의 필요에 대해 기민하게 대응하고 그들의 필요한 것에 대해 세심하게 반응하도록 주의를 당부하라.

a. 인터폰 버튼에 표시를 해서 직원들이 환자가 농인이라는 것을 알게 하고 인터폰으로 응답하기 보다 직접 찾아가서 대응하라고 요청해야 한다.

b. 환자의 차트, 방, 침대에 표시를 해서 직원들에게 의사소통의 적절한 방법을 사용하라고 알려야 한다.

4. 보청기나 달팽이관을 사용하는 사람들은 자신의 특별한 욕구에 대해 병원 직원들에게 알려줘야 한다.

a. 이런 환자들에게는 보청기나 달팽이관을 사용하도록 허용하라.

b. 환자 옆에서 소리 지르지 마라.

c. 환자에게 말로 한 내용을 완전히 이해했는지 반드시 확인해야 한다.

정신건강 문제들

MENTAL HEALTH ISSUES

재활법 Rehabilitation Act 504조와 미국장애인법 ADA은 효과적인 의사소통이라는 관점에서 농인과 난청인들이 정신건강 서비스에 접근하도록 법으로 규정하고 있다. 농인과 난청인을 위한 정신건강 서비스를 향상하기 위하여 특화된 케어가 필요하다. 극소수의 농인과 난청인들만이 농인에 관해 잘 알 뿐이며, 농인과 효과적으로 의사소통할 수 있는 치료 전문가들에 의해서 제공되는 적절한 정신건강 서비스에 접근할 수 있다.[34] 진보적인 프로그램들이 나라 곳곳에서 진행되고 있으나 특별히 농인과 난청인을 위한 정신건강 시설들은 거의 없다. 또한 비교적 쉽고 무리하지 않은 비용에도 불구하고 이런 그룹의 환자를 돕기 위해 적절한 인력과 시설을 갖춘 정규 시설들은 거의 없다.

가장 기본이 되는 중요한 문제는 농인과 난청인과 같이 일해 본 경험이 있는 정신건강 전문가가 절대 부족하다는 것이다. 통역사가 함께 한다 해도 효과적인 치료가 되려면 정신건강 전문가들이 공감할 수 있어야 하고 그들의 문화를 충분히 알고 있어야 한다. 때문에 의사소통은 커다란 문제가 된다. 수어로 상담하고 정신과 치료를 서비스를 제공할 수 있는 정신과 의사, 치료사, 임상 사회복지사, 그 외 기타 정신건강 전문가들이 총체적으로 부족하다.[35]

의사소통 부족으로 오는 가장 극심한 결과는 환자의 난청과 언어를 정신 질환 또는 정신지체로 오진한다는 것이다. 이러한 오진은 부적절한 환자 배치, 잘못된 치료, 잘못 접근된 케이스 관리, 부적절한 사후 케어뿐만 아니라 병원 프로그램과 활동에서 환자가 불공정하게 배제되는 결과를 낳게 된다. 끝내 환자의 고립, 당황, 심지어 분노를 일으키게 되고 이러한 것들은 정신건강 치료의 목적에 크게 벗어나게 한다.

정신지체가 있는 사람을 위한 정신과 병원과 관련 기관 조사에서 환자 대비 의료인원 부족이 나타나는 분야는 농인에게서 가장 빈번하게 나타나고 있다. 농인과 함께 작업하며 연구한 것으로 유명한 정신과 의사 멕케이 버논 McCay Vernon 박사는 아이큐는 기본적으로 농인들도 정규분포를 따르고 있음을 관찰했다. 다시 말해 근본적이고 상대적으로 쉬운 정신지체 진단에서 확실히 중대한 오류가 발생하고 있다는 것을 지적하는 것이다.[36]

오진 때문에 농인 환자가 잘못된 판단이 밝혀지기 전까지 몇 년 동안이나 부적절하게 보호시설에 갇히기도 한다. 이같이 부적절하게 정신 시설로 보내지는 많은 사례들이 있다. 예를 들면 버논 박사는 환자의 1차 장애가 청각장애일 때 정신지체를 겸한 중복 장애인을 위한 아이다호 주립학교 Idaho's State School와 병원에서 35년을 보낸 환자의 케이스를 보고한 바 있으며 유사한 케이스들이 콜롬비아 Columbia 지역과 노스캐롤라이나 North Carolina에서도 보고되고 있다.[37]

농인·난청 환자의 욕구에 대해 커진 관심으로 효과적인 정신건강 서비스에 대한 인식과 지식이 크게 향상되어 연구, 교육 및 임상 서비스에 유효한 모델이 속속 개발되었다. 미국 농인협회 NAD는 '농인·난청인의 정신건강 서비스 제공을 위한 치료 표준화 Standard of Care for the Delivery of Mental Health Services to Deaf and Hard of Hearing People'[38]라고 알려진 모델 계획을 개발했다. 이러한 기준들은 자원, 기준, 정신건강 서비스를 제공하는 데 있어 주 전체에 적용되는 시스템을 위한 행정과 재정 방법에 대한 가이드라인을 제시했다. 그들은 또한 적절한 정신건강 서비스의 진단, 치료 양식, 치료 인원, 치료 환경, 케어 서비스, 서비스 조직과 재정에 대한 특화된 수요가 있음을 확인했다. 다음 세션에서 설명되고 있는 법적인 도구들과 잘 알고 있는 임상의료에 의해 개발된 전문가 기준을 사용하여 농인들은 공립과 사립 정신건강 서비스에 접근권을 가질 수 있다. 또한 미국 농인협회 NAD는 2003년 정신건강 서비스에 대한 입장 성명서 Position Statement on Mental Health Services[39], 2008년 문화적으로 긍정적이고 언어적으로 접근 가능한 서비스에 대한 보충자료 Supplement on Culturally Affirmative and Linguistically Accessible Services[40], 2012년 농인을 위한 정신건강 통역 서비스에 대한 입장 성명 Position Statement on Mental Health Interpreting Services with People Who Are Deaf[41]을 제안했다.

농인을 위한 특화된 정신건강 프로그램

Specialize Mental Health Programs for Deaf People

농인 환자를 위한 정신건강 치료 방법과 치료 양식은 특별한 개입과 의사소통 방법 및 장치가 필요하다. 정신건강 전문가들 중에 농인을 치료한 경험이 있는 사람은 거의 없다. 그래서 환자들은 자주 정신건강시설에서 적절한 케어를 받지 못한다.[42] 도움을 요청하거나 공격자를 식별할 수 없어서 농인과 그들의 음식과 재산은 공격적인 환자들의 쉬운 표적이 되고 있다. 이러한 학대자가 없이 잘 운영되는 시설에서도 농인들은 다른 사람들과 의사소통 부족으로 모든 상황에 대처하기 어렵다고 생각할 수 있다. 농인 환자들은 특히 더 고립되어 좌절하고 무슨 일이 벌어졌는지 이해할 수 없기 때문이다.

이러한 문제에 대응하려고 몇몇 병원들과 정신건강 관리국은 농인을 위한 특별한 프로그램을 개발하기 시작했다. 프로그램의 특징은 농인을 한 병동으로 통합하는 흡입 시스템이라고 할 수 있다. 이 병동은 수어를 알고 농인의 문화와 심리 사회적 의미에 대한 지식을 갖추고, 농인 가족 내 일반적인 역학관계에 대해 잘 아는 정신건강 전문가들로 구성된다. 수어를 모르는 사람들에게는 수어통역사가 제공되어야 한다. 병동은 비디오전화기 VP, 자막처리 TV와 필요한 보조 청각 장치들과 같은 통신장비를 갖추어야 한다. 농인 병동 환자들은 수어를 가르쳐 줄 수 있다. 종종 이러한 병동은 청각장애와 의사소통이 인격 발달과 정신건강에 미치는 상관관계에 유의하여 치료 철학을 융합한다. 다른 정신건강시설과 환자 클리닉에 봉사 또는 상담

서비스를 제공할 수 있다.[43]

일부 주에서는 정신건강 부서를 통해 농인인에게 재정 지원을 하고 다른 주에서는 직업재활 부서에서 재정 지원을 하기도 한다. 일부 농인 병동은 그들의 일을 계속하기 위해 연방과 주정부의 혼합된 보조금을 가지고 있다. 그러나 그러한 보조금은 일시적인 것이기 때문에 끊임없이 새로운 재원을 찾아야만 한다.

주 정신건강 시스템 State Mental Health System이나 직업재활 부서에 주도자가 없거나 또는 입법기관 Legislature이 무관심하면 정신 질환에 걸린 농인의 치료를 향상시키기 위해 또 다른 대안을 찾아야 한다. 법원은 정신 질환을 앓고 있는 환자들도 법적 권리를 갖고 있다는 인식이 점점 더 높아지고 있기 때문에 법적 조치가 농인 환자들을 위한 정신건강 서비스를 개선하는 데 큰 도움이 될 수 있다며 주의를 환기시킨다.

정신건강 서비스를 위한 법적 조치 Legal Action for Mental Health Services

개별 소송은 소송 제기 자체의 어려움과 소송을 제기한 환자에게만 법적 구제가 국한되기 때문에 집단소송이야말로 제도적 변화를 이룰 수 있는 보다 효과적인 방법이 된다. 집단소송은 비슷한 상황에 처한 모든 사람들을 대표한 한 명의 환자에 의해 제기된다. 법적 소송의 결과로 나온 구제책은 모든 사람에게 적용되기 때문에 집단소송은 정신 질환을 앓고 있는 환자의 권리와 케어와 치료를 위한 최소 기준, 치료를 하는 스태프들의 책임과 의무에 대한 정의와 역할을 명료화하는 결과를 낳았다.

획기적인 집단소송인, '와이아트 대 스티크니 Wyatt v. Stickney' 케이스, 나중에는 '와이아트 대 아델볼트 Wyatt v. Aderbolt' 사건이라고 부르게 되었는데, 이 소송은 정신 질환자가 단순히 보호를 받는 것이 아니라 치료받을 수 있는 헌법상의 권리를 인정하고 확립하는 결과를 낳게 되었다.[44] 법원은 비자발적이나 비범죄적 절차를 통해 주립 정신 병원 입원한 환자는 정신 상태를 개선하거나 개별 치료받을 수 있는 기회를 제공받을 헌법적 권리가 있다고 구체적으로 판결하면서, 광범위하고 효과적인 결정을 내렸다. 법원은 약속한 목적을 달성하는데 필요한 제한사항들을 최소화한 개인별 치료 계획을 포함한 적절한 치료를 위하여 최소한의 헌법적 기준을 결정했다. 이러한 결정은 인간적인 정신적 육체적 환경, 사생활 보호, 인간 존엄, 고립으로부터의 자유에 대해 정신 질환자의 권리를 확인했다. 법원은 환자의 권리를 침해하는 것에 대해 조사하고 계획이 실행되는 과정을 감독하기 위하여 인간 권리 위원회를 설립했다. 법원은 환자 250명마다 정신 치료 인력의 최소 인원을 두어야 하고 보다 인간적 생활조건을 확보하기 위한 변화를 꾀하라고 명령했다.

와이아트 결정에 따라 농인을 위한 개별적인 치료 계획은 묵시적으로 농인과 수어를 잘 아는 공인 임상전문가들로 이루어진 특수 농인 조직과 같은 프로그램을 포함하고 있다. 수어를 이용한 훈련과 치료를 병행함으로써 모든 프로그램 환자에게 치료에 성실히 참가하게 하고, 수어를 알고 있거나 배우고 있는 스태프들과 다른 농인 환자와 상호작용할 것을 유도하고 있다. 의사소통 기능을 강조하는 것은 수어가 치료와 재활의 중요 수단이 되어 환자에게 사회 적응과 궁극적인 사회통합의 기회를 제공하기 때문이다.

정신건강 서비스 제공자들은 농인 환자에게 특화된 인력과 통역사를 제공해야 하는 책임을 진다. 제공을 거부하는 시설은 개인 소송을 당할 위험이 있고, 보건후생부 Health and Human Service, HHS의 재정 지원이 끊어질 수 있다. 보건후생부의 시민권리 사무소 Office for Civil Rights, OCR는 적절한 서비스를 제공하는데 실패한 여러 정신건강시설들에 대해 불만사항을 조사해 왔다. 노스캐롤라이나 농인협회 North Carolina Association of the Deaf에 의해 제기된 불만 처리의 결과로써 포괄적이고 장기적인 계획이 개발되어 노스캐롤라이나 인권 서비스 부서 North Carolina Department of Human Service에 실행되고 있다.[45]

미국 농인협회 National Association of the Deaf, NAD가 오하이오 정신건강부 Ohio Department of Mental Health를 상대로 제기한 불만사항에 대해 보건후생부 HHS, 시민권리 사무소 OCR는 16개 정신 병원들이 농인 환자에게 서비스를 제공하기 위한 적절한 정책을 가지고 있지 않았으며,[46] 시민권리 사무소 OCR는 현재 농인 병동에 배정되지 않은 농인들이 사회적으로 고립되고 인식 부조화의 상태에 놓여있다는 것을 알게 되었다. 치료 팀원들은 일상적으로 농인 환자와 노트를 주고받으면서 소통하려고 노력했다. 공인 통역사를 확보한 조치가 취해졌을 때에도 치료 스태프는 일반적으로 정신 질환을 앓고 있는 농인에 대한 사회심리적 이슈에 대해 교육을 받지 못했다. 조사하는 가운데 제공 기관들은 공인 통역사들을 확보하는 절차를 세우고, 청각장애인용 문자전화기 Teletypewriter, TTY 서비스를 설립하고 농인과 보조 기구 사용에 대해 교육했다. 오하이오 정신건강국은 전국적인 기준에 따라 수어가 능숙하고 농인의 사회심리에 대해 교육받은 정신건강 전문가로 이루어진 농인 특수병동을 적절한 수준에서 이용할 수 있도록 포괄적인 서비스 계획을 수립하라고 명령했다.[47]

504조는 일반적으로 병원이나 다른 기관들에게 장애인을 별도로 또는 분리시키는 시설은 설립하지 못하도록 금하고 있다. 그러나 농인들의 정신건강 서비스의 맥락에서 시민권리 사무소 OCR는 농인 치료에 적합한 의사소통과 숙련된 전문 인력으로 운영되는 별도 병동이 정당화될 수 있음을 인식하게 됐다.

> 그 분야 전문가들이 실시한 연구로 입증되었듯이, 농인 환자 별도 병동이야말로 모든 서비스에 평등하게 참여해서 평등

> 한 기회를 만드는 유일한 길이라는 것이 농인 병동 스태프들의 공통된 의견이었다. 농인만의 고유한 의사소통과 사회심리적 문제, 그들의 제스처나 그들의 서면 영어가 표준 영어가 아니라서 잘못 해석되는 것을 정신건강 분야 사람들이 이해하지 못하기 때문이다.[48]

또 다른 집단소송 '터그 대 토우이 Tugg v. Towey'는 농인·난청 환자들의 치료 수준을 향상시킬 수 있는 정신건강 서비스를 위한 승리였다.[49] 소송에 앞서 플로리다주 Florida 서비스는 농인과 난청인들에게 수어통역사와 함께 정신건강상담을 제공했다. 그러나 농인들과 그들의 가족은 이 서비스를 받아들일 수 없다며 주에 수어를 할 수 있고 농인을 이해하는 정신건강상담사를 제공하라고 요구하는 소송을 제기했다.[50]

'터그 대 토우이' 케이스 이외에도 농인들은 의미 있는 여러 소송에서 승리했다. 메릴랜드 정신 병원 Maryland Mental Hospital에 입원한 여성은 20년 이상 치료를 받지 못했다. '도우 대 윌잭 Doe v. Wilzack' 소송은 미국 농인협회 법적 방어기금 NAD Legal Defense Fund가 대신하여 여성이 개인 구호를 획득할 수 있었고, 메릴랜드주는 주립 시설들에 농인 입원환자들을 위하여 별도의 입원환자 병동을 설립하기로 동의했다.[51] 미네소타주 Minnesota의 유사한 소송은 농인을 위한 법률 변호 프로젝트 Legal Advocacy Project for Hearing Impaired People에서 제기되었는데, 미네소타주는 4명의 원고에 대한 서비스와 농인 환자들을 위한 주립 시설들에 직원 및 자금 확보 의무를 포함한 포괄적인 치료 프로그램을 수립한다는데 동의했다.[52] 또 뉴욕에서는 정상적이고 밝은 농아동이 정신지체아로 잘못 진단한 의료과실을 증명해 보임으로써 150만 달러의 승소를 했다.[53] 앨라배마 Alabama에서 농인과 그의 어머니는 적절한 정신건강 서비스를 받지 못해 주를 상대로 소송을 제기했고 주는 분쟁 해결 과정에서 농인과 난청인들을 위하여 주립 정신건강 시스템 설치

에 동의했다.[54]

매우 최근 일로 농인들이 정신건강 서비스에 접근하는 것을 거부한 조지아주 Georgia는 농인 정신장애 환자들에게 행한 차별에 책임이 있는 것이 드러났다.[55] 법원은 수어로 의사소통할 수 있는 상담사를 제공하지 않은 것을 포함하여 편의 시설 부족하다는 이유로 주립 정신건강 서비스에 농인 환자의 접근을 거부한 사실을 발견했다. 더군다나 조지아주는 발달장애 농인 환자들을 위한 그룹홈도 부족했다. 이 소송의 결과 조지아주는 농인 서비스 사무소 Office of Deaf Services 설치를 시작으로 농인 정신건강 서비스에 대한 주의 규정들을 전면적으로 검토하라는 구체적인 지시가 들어있는 상세한 명령이 주어졌다. 이에 따라 다음의 사무소가 설치되었다.

- 커뮤니티 서비스 코디네이터: 농인에게 제공되는 모든 서비스의 주 전체 조정에 책임을 지게 됨
- 의사소통 접근/수어통역사 코디네이터: 모든 정신건강 서비스에서 주 전체의 통역사 서비스를 조정함
- 지역 사무소: 6개 지역의 농인 사무실을 관장

추가적으로 이 명령은 주정부가 모든 농인 고객들의 의사소통 평가를 작성하고, 농인 환자들의 의사소통 선호 사항을 기록한 의사소통 데이터베이스를 구축하고, 접근 가능한 그룹 홈을 만들 것을 요구하고 있다. 또한 농인을 위한 비상시 외래 환자 정신 건강 상담의 80%를 미국수어 American Sign Language, ASL에 능통한 상담사가 제공하는 것을 목표로 한다.[56]

가장 포괄적인 법정 판결의 하나는 응급 정신과 서비스가 필요한 농인의 '대비니 대 메인 의료센터 DeVinney v. Maine Medical Center' 사건이었다.[57] 병원은 통역사를 제공하지 못해서 실패해서 환자를 치료할 수 없었다. 환자는 치료를 받지 못하고 고립되어 홀로 남겨졌다. 메인주 Maine는 그 이전에 벌써 해당 커뮤니티에 정신장애인을 케어하고 치료하는데 상세기준을 세

우라고 한 합의 판결을 승인한 바 있다.[58] 메인주는 나이, 장애등급 또는 다른 장애에 관계없이 기관에서 재활치료를 받을 권리가 있다고 인식했다. 재활치료는 특별히 물리치료, 정신치료, 언어치료, 의료 및 치과 처치의 개별화된 치료 계획에 대한 권리를 포함하고 있다.

메인 의료센터 합의 판결은 농인들이 해당 주의 서비스에 대한 혜택을 누릴 수 있도록 주에 특별히 요구한 내용을 의무화한 첫 번째 합의 판결이었다. (1) 말을 할 수 없는 농인 외래환자들은 수어를 가르쳐야 한다. (2) 주는 농인 시민들과 직원과 기타 사람들에게 수어 훈련을 제공해야 한다. (3) 청력 선별검사가 개별 환자들에게 실시되어야 한다. (4) 치료와 추가 평가는 말하고 듣는데 유자격 전문가들에 의해 제공되어야 한다. (5) 필요하다면 보청기가 제공되어야 하고 그것은 언제나 제대로 작동할 수 있는 상태로 유지되어야 한다. 법정은 마스터를 선정하여 합의문의 이행을 모니터 해야 한다고 했다.[59]

NOTES

1. 28 C.F.R.* §36.303(c).
2. 45 C.F.R. §84.52(a).
3. 45 C.F.R. §84.21(f).
4. 45 C.F.R. §84.52(d)(l).
5. 45 C.F.R. §84.52(d)(3).
6. 45 C.F.R. §84.52(d)(2).
7. *Sumes v. Andres*, 938 F. Supp. 9 (D.D.C. 1996).
8. 28 C.F.R. §35.160; 28 C.F.R. §36.303(b)(l).
9. 42 U.S.C.** §12142 et seq.; 42 U.S.C. §12181 et seq.
10. See *Pennsylvania Department of Corrections v. Yeskey*, 118 U.S. 1952 (1998), *National Disability Law Reporter* 12: 195.
11. 42 U.S.C. §§12182, 12183.
12. 28 C.F.R. §36.301(c).
13. 28 C.F.R. §35.160(c); 28 C.F.R. §36.303(c)(2)-(4).
14. 28 C.F.R. §35.160(a); 28 C.F.R. §36.303(c)(l).
15. 28 C.F.R. §35.164; 28 C.F.R. §36.303(a).
16. 28 C.F.R. §35.164; C.F.R. §36.104.
17. C.F.R. §36.104.
18. 28 C.F.R. §35.164; C.F.R. §36.303(g).
19. See IRS publications 535 and 334 and IRS from 8826.
20. In the HHS Section 504 regulations, these rules are in Subpart F; 45 C.F.R. §84.51 et seq.
21. 10 New York Hospital Codes, Rules, and Regulations §405.7(a) (7)(ix)(a).
22. See, for example, State Government Article, Section 20-304, Annotated Code of Maryland; Maine Rev. Stat. Title 5 §4591; California Civil Code section 51.
23. "Position on the Provision of Auxiliary Aids for Hearing-Impaired Pati-ents in Inpaitent, Outpatient, and Emergency Treatment Settings," memo-randum from Roma J. Stewart (director, Office for Civil Rights, Depart-ment of Heal th, Education, and Welfare) to OCR regional directors, April 21, 1980.
24. 28 C.F.R. §35.160(b)(2).
25. Ibid.

26. *Heisley v. Inova Health System*, Case No. 1:10-cv-714-LMB/IDD (2011), settled through consent decree, http://www.ada.gov/inova. htm.

27. *Williams v. Jersey City Medical Center*, Sup. Ct. of New Jersey, Hudson County Law Division, No. HUD-L-5059-95 (1998).

28. *Connecticut Association of the Deaf v. Middlesex Memorial Hospital*, No. 395-CV02408 (AHN) D. Conn. (1998).

29. "Deaf Woman Wins Suit Against Two Hospitals," *New York Times*, August 22, 1997.

30. 28 C.F.R. §35.104; 28 C.F.R. §36.104.

31. 28 C.F.R. §36.303(f).

32. *Gillespie v. Dimensions Health Corporation*, No. DKC-05-CV-73 (D. MD) (2005), settled in consent decree, http://www.ada.gov/laurelco.htm.

33. 매년 미국의 정신건강 치료가 필요한 농인 중 2%만이 실제로 적절한 치료를 받는 것으로 추정된다. 고등교육 정신건강 프로그램을 위한 미국 서부 주간 위원회 Western Interstate Commission for Higher Education Mental Health Program, 농인·난청 인구에 대한 정보 격차 *Information Gaps on the Deaf and Hard of Hearing Population: A Background Paper* (2006년 5월) 약 13만 농인들이 미국수어ASL에서 정신건강 서비스가 필요할 것으로 추정하고 있다. See Michael J. Gournaris, Steve Hameringer, and Roger C. Williams, "Creating a Culturally Affirmative Continuum of Mental Health Services: The Ecperiences of Three States," in Neil S. Glickman, *Deaf Mental Health Care* (New York: Routledger, 2013), 138-80.

34. National Information Center on Deafness, "Residential Facilities for Deaf Adults" (Washington, DC: Gallaudet University, 1993); National Information Center on Deafness, "Residential Programs for Deaf/Emotionally Disturbed Children and Adolescents" (Washington, DC: Gallaudet University, 1993).

35. Lawrence J. Raifman and McCay Vernon, "Important Implications for Psychologists of the Americans with Disabilities Act: Case in Point, the Patient Who Is Deaf," *Professional Psychology: Research and Practice* 27 (372): 376; Michael J. Gournaris, Steve Hamerdinger, and Roger C. Williams, "Creating a Culturally Affirmative Continuum of Mental Health Services: The Ecperiences of Three States," in Neil S. Glickman, *Deaf Mental Health Care* (New York: Routledger, 2013).

36. McCay Vernon, "Techniques of Screening for Mental Illness among Deaf Clients," *Journal of Rehabilitation of the Deaf* 2 (1969): 24.
37. Saundra Saperstein, "Deaf Woman Confined Wrongly, Suit Claims： Held 55 Years at D.C. Home for Retarded," *Washington Post*, September 14, 1985, Bl.
38. Randall R. Myers, ed., *Standards of Care for the Delivery of Mental Health Services to Deaf and Hard of Hearing persons* (Silver Spring, MD: National Association of the Deaf, 1995), 11.
39. NAD, "Position Statement on Mental Health Services for People who are Deaf and Hard of Hearing," 2003, http://nad.org/issues/health-care/mental-health-services/position-statement.
40. NAD, "Position Statement Supplement: Culturally Affirmative and Linguistically Accessible Mental Health Services," 2008, http://nad.org/issues/health-care/mental-health-services/access.
41. NAD, "Position Statement on Mental Health Interpreting Services with People who are Deaf," n.d., http://nad.org/issues/health-care/mental-health-services/position-statement-mental-health-interpreting-services-peo.
42. Irene W. Leigh, ed., *Psychotherapy with Deaf Clients from Diverse Groups* (Washington, DC: Gallaudet University Press, 1999); Michael J. Gournaris, Steve Hamerdinger, and Roger C. Williams, "Creating a Culturally Affirmative Continuum of Mental Health Services: The Ecperiences of Three States," in Neil S. Glickman, *Deaf Mental Health Care* (New York: Routledger, 2013).
43. Irene W. Leigh, ed., *Psychotherapy with Deaf Clients from Diverse Groups* (Washington, DC: Gallaudet University Press, 1999); Michael J. Gournaris, Steve Hamerdinger, and Roger C. Williams, "Creating a Culturally Affirmative Continuum of Mental Health Services: The Ecperiences of Three States," in Neil S. Glickman, *Deaf Mental Health Care* (New York: Routledger, 2013).
44. *Wyatt v. Stickney*, 325 F. Supp. 781 (M.D. Ala. 1970), 344 F. Supp. 373 (1972); *aff'd. sub. nom. Wyatt v. Aderholt*, 503 F. 2d 1305 (5th Cir. 1974).
45. *North Carolina Association of the Deaf v. N. C. Department of Human Resources, U.S. Department of Health and Human Services, Office of Civil Ri-ghts* (OCR), Complaint No. 04-92-3150 (1992), Settlement Agreement and Rele ase (December 31, 1992).

46. *National Association of the Deaf Legal Defense Fund v. Ohio Department of Mental Health*, OCR Docket No. 05883054 (1990).
47. Ibid., 2-3.
48. Ibid.
49. *Tugg v. Towey*, 864 F. Supp. 1201, 5 NDLR 311 (S.D. Fla. 1994).
50. Ibid.
51. *Doe v. Wilzack*, Civ. No. HAR 83-2409 (D. Md. 1986), stipulated judgement order.
52. *Handel v. Levine*, Ramsey County District Court File 468475 (1984, Minn.).
53. *Snow v. State*, 469 N.Y.S., 2d 959 (A.D.2 Dept. 1983), *aff'd* 485 N.Y.S. 2d 987(1984).
54. *Bailey v. Sawyer*, No. 99-cv-1321 (M.D. Ala. 1999).
55. *Belton v. Georgia*, 2012 WL 1080304, No. 10-cv-0583 (N.D. Ga. 2010).
56. Ibid., order entered June 18, 2013.
57. *DeVinney v. Maine*, No. 97-276-P-C (D. Maine, 1997), consent decree, http://www.ada.gov/devin.htm.
58. *Wouri v. Zitnay*, No. 75-80-SD (D. Maine, 1978).
59. *DeVinney v. Maine*.

* 미국연방규정집 Code of Federal Regulations, C.F.R.

** 미국법전 United States Code, U.S.C.

Chapter 7

고용

Employment

농인과 난청인들의 취업에 가장 큰 장애물은 고용주 태도이다. 고용주들은 때때로 장애인들의 능력을 무시 있는 고정관념과 편견을 가지고 있다. 일찍이 한 연구논문에서 일반적으로 장애인이 비장애인 보다 그러한 부정적인 태도와 편견을 극복하는데 충분한 자격을 갖추고 있고 경쟁력이 있음이 조사된 바 있다.[1] 고용주들은 종종 장애인들이 맡은 일을 잘 해내지 못할 것이라는 근거 없는 편견 때문에 장애인 고용을 꺼린다. 그러나 많은 연구에서 정신적으로나 신체적으로 장애인들의 생산성과 안전성에 대한 고용시장의 두려움은 아무런 근거가 없음을 밝히고 있다.[2]

고용주들은 농인 응시자와 직원들의 취업 기회를 제한하는 이유로 의사소통에 장벽이 있기 때문이라고 말하고 있다. 그러나 이러한 어려움들은 때때로 과장되기도 하고 의사소통에 효과적인 대체 방법이 있으나 무시되고 있다.[3] 고용주들은 농인을 전혀 고려하지 않는 이유를 전화 사용이 필수적이지 않은 직무에서조차도 전화 사용을 못 하기 때문이라고 답하고 있다. 농인과 난청인들이 중계 시스템을 사용하든가 팩스, 이메일, 전자 커뮤니케이션의 여러 형태를 통해서 전화를 걸 수도 있고 받을 수도 있을 뿐만 아니라, 그 직무를 처리하기 위해서 다른 대체 방법들도 있을 수 있다. 오로지 가끔 필요한 전화 커뮤니케이션이 필수적 직무라면 해당 직무를 약간 바꿔줌으로써 농인 노동자를 고용할 수 있을 것이다. 예를 들면 농인 노동자가 청인 동료 노동자의 책임 업무를 맡아서 하고 청인은 대신 전화를 받는 것이다. 그 직무가 다른 사무실과 전화 연락이 필요한다면 전자 커뮤니케이션 및 중계 시스템을 사용하여 농인이 모든 업무를 처리하도록 할 수 있다.

고용주들은 농인 채용을 고려하지 않는 다른 이유로 다양한 회의나 콘퍼런스 참석이 필요하기 때문이라고 말한다. 그러나 통역사 또는 실시간 컴퓨터 문자통역 서비스와 같은 합리적인 장치들이 농인 노동자들도 완전하게 그룹 미팅이나 교육 세션에 참가할 수 있도록 해준다.

오늘날 다양한 연방 법적 구제와 판결과 판례가 고용 차별과 싸우는데 매우 유용하다. 이러한 해결책들은 미국장애인법 **Americans with Disabilities Act, ADA** 1장, 재활법 **Rehabilitation Act** 501조, 503조 및 504조에서 찾을 수 있다. 미국장애인법 ADA 1장은 직원 15명 이상인 민간기업 고용주들에게 비장애인에게 유효한 동일한 취업 기회를 유자격 농인이 똑같이 누리는데 방해가 되는 장벽을 제거하라고 명령한 것이다. 아울러 취업기관, 노조, 노사협의회에게도 함께 명령했다.

미국장애인법 ADA은 채용, 선발, 업무 배치, 해고, 승진, 급료, 일시해고, 수당, 휴가, 교육 및 기타 다른 고용과 고용관행들에 적용된다. 미국장애인법 ADA에 따르면, 고용주들이 법에 따른 권리를 주장하는 사람들에게 보복하는 것은 불법이다. 법은 장애인의 가족이나 비즈니스, 사회적 기타 다른 관계로 인해 차별의 희생자가 된 사람들을 보호한다. 미국장애인법 ADA 1장에 따라 고용주와 고용과 여러 고용관행 등에서 차별을 경험했던 사람들은 연방 법정에 소송을 제기하기 전에 고용평등기회위원회 **Equal Employment Opportunity Commission, EEOC**와 같은 행정기관에 먼저 진정 접수하라고 권고하고 있다.

재활법 Rehabilitation Act 501, 503, 504조에 나와있는 장애인 직원에게 가능한 구제책은 여러 가지 면에서 유사하다. 그러나 3개 세션들은 적용 대상,

범위, 질적 문제에서 다소 다르며 각각 다른 종류의 고용주들에게 적용되고 있다.

- 501조는 연방정부 기관들에 적용된다.
- 503조는 연방정부와 연방정부와 계약한 기업들에 적용된다.
- 504조는 연방정부 재정 지원을 받는 수령자들에게 적용된다.

각 세션은 각 고용주들에게 다양한 수준의 책임을 부과한다. 504조가 비차별의 의무를 부과하는 한편 501과 503조는 차별 철폐를 요구하고 있다. 504조는 법적 권리를 강화하기 위해 차별로 고통받는 사람들이 직접 연방법정에 가는 것을 승인하고 있다. 501조는 법정에서 구제책을 찾기 전에 먼저 행정적인 불만을 접수를 하라고 권고한다. 반대로 503조는 행정구제만 승인하고 있다. 2가지 세션은 행정 불만사항을 제기할 때 따라야 할 절차가 다르다. 재활법 Rehabilitation Act에 따라 장애인 고용차별에 직면했을 때 3가지 세션 중 어느 세션에 적용할 것인지 잘 판단해야 한다.

유자격 장애인

QUALIFIED INDIVIDUALS WITH A DISABILITY

미국장애인법 ADA과 재활법 Rehabilitation Act 자체가 장애인에게 일자리를 보장해 주는 것은 아니다. 대신 이러한 연방정부법은 유자격 장애인 고용에 있어 차별을 금하고 있다. 미국장애인법 ADA은 유자격 장애인이란 '일상생활 활동에 상당한 제한이 있는 신체적 또는 정신적 장애를 가진 사람이지만, 합리적인 편의가 있거나 없어도 해당 직무의 핵심 기능을 수행할 수 있는 사람'이라고 정의하고 있다.[4] 주요 일상생활 활동이란 여기에 나오는 것으로 모든 것이 국한되는 것은 아니지만, 자신을 돌보는 것, 손으로 하는 작업을 수행하는 것, 보는 것, 듣는 것, 먹기, 자기, 걷기, 서기, 올라가기,

구부리기, 말하기, 숨쉬기, 배우기, 읽기, 집중하기, 생각하기, 의사소통하기, 일하기 등이 포함된다고 할 수 있다.[5] 2008년 제정된 개정 미국장애인법 Americans with Disabilities Amendments Act, ADAAA은 장애인 권리를 보장하기 위하여 미국장애인법 ADA의 적용 범위를 의미심장하게 넓혔다. 개정 미국장애인법 ADAAA은 장애의 정의를 변경하여 미국장애인법 ADA에 따른 장애의 정의를 충족하지만 주요 일상생활 활동에서 장애를 완화시킬 수 있는 보조 기구, 약물, 합리적인 편의 시설, 편의 도구 및 서비스를 사용하는 개인들도 미국장애인법 ADA의 적용을 받을 수 있도록 했다.[6] 개정 미국장애인법 ADAAA 변경된 정의로 보청기, 달팽이관 삽입, 기타 다른 청각 보조 기구를 사용하는 농인들도 미국장애인법 ADA에 의해 계속 보호되고 있다.[7]

미국장애인법 ADA은 장애인을 '일상생활에 상당한 영향을 미칠 수 있는 장애를 가진 사람'이라고 정의하고 있다. 이러한 일시적인 장애를 겪는 사람들도 지속적으로 장애가 존재하든 말든 상관없이 법의 적용을 받는다.[8] 어떤 사람이 실제로 또는 편견 등을 근거로 그 직무에 자격이 없다고 할 때, 고용주가 그 거부에 대해 직무와 관련하여 합법적인 이유를 설명할 수 없다면, 장애인의 고용에 대한 부정적 인식이 암시될 수 있다. 따라서 원고는 미국장애인법 ADA에 의해 보장받을 자격이 있다.[9] 이 외에도 장애를 가졌던 기록이 있는 사람들도 미국장애인법 ADA에 의해 보호받는다.[10]

재활법 Rehabilitation Act은 원래 장애인에 대해 다른 정의를 가지고 있었음에도 불구하고 재활법 Rehabilitation Act의 규정들은 미국장애인법 ADA를 참조하여 변경되었다.[11] 503조과 504조 규정에서 유자격 장애인은 '개인의 장애에 도움을 주는 합리적인 보조 기구를 사용하여 특정의 일을 수행할 수 있는 사람'이라고 정의하고 있다.[12]

이러한 모든 정의들 속에서 장애인이 특정 업무에 자격을 갖추었다고 판단할 수 있는 3개의 중심 질문이 있다. (1) 그 직무에 핵심 기능이 무엇인가? (2) 장애인이 그 직무의 핵심 기능을 수행하기 위해 합리적인 편의를 필요로 하는가? (3) 그러한 합리적인 편의는 무엇인가?

주요 기능들

ESSENTIAL FUNCTIONS

미국장애인법 ADA 규정들은(재활법 Rehabilitation Act 참조) 직무의 '필수적인 핵심 기능' 여부를 판단하는 가이드라인을 제공하고 있다:

(2) 해당 직무가 필수 핵심 사항인가를 판단할 때 아래와 같은 사항을 포함하여 여러 가지 이유를 들 수 있다:

(i) 해당 일자리가 존재하는 이유가 그 직무를 수행하기 때문이라면 그 직무는 필수적이라고 할 수 있다.

(ii) 일할 수 있는 직원의 인원수가 제한되어 있어서 그 직무를 수행하기 위해 직원들과 분담해야 할 때 그 직무는 필수적이라고 할 수 있다.

(iii) 그 직무가 매우 고도의 특별한 것이라서 현재 재직자가 특정한 직무를 수행할 능력과 전문성 때문에 채용되었다면 필수 직무이다.

(3) 특정 직무가 필수적이라는 근거들은 아래와 같다:

(i) 직무들이 필수적인가에 대한 계약자의 판단

(ii) 해당 일자리의 광고나 응시자 면접을 위해 준비된 직무기술서

(iii) 해당 일자리에서 직무를 수행하는 데 드는 총 시간

(iv) 현재 재직자가 그 일을 수행하지 않도록 했을 때 결과

(v) 단체교섭 조건

(vi) 해당 일자리에서 과거 직원들의 경력

(vii) 유사한 일자리에 재직하는 직원들의 현재 경력[13]

고용주는 해당 일자리 직원이 각 직무를 계속 수행해야 할지, 아니라면

업무를 없애거나 수정하는 것이 해당 직무를 근본적으로 변경하는 것인지의 여부를 면밀히 검토해야 한다. 다음 조건들을 충족한다면 해당 업무는 필수적이라고 생각할 수 있다; 해당 일자리가 필요한 부분인가; 제한된 인원의 다른 직원이 그 업무는 수행할 수 있다; 매우 특수한 업무이고 그 자리에는 해당 업무를 수행할 수 있는 특별한 전문성이 있어야 채용될 수 있다.

고용주들이 해당 업무에 아주 작은 부분일지라도 장애인은 업무 수행에 어려움이 있기 때문에 그 업무에 자격이 없다는 주장을 확고하게 하려 할 때 해당 일자리의 필수적 업무기능 평가는 매우 중요하다. 예를 들면 워드프로세싱 처리자로 구직 중인 농인은 전통적 전화 업무를 하는데 어려움이 있기 때문에 부자격자라고 속단해서는 안 된다는 것이다. 다시 말해 각 일자리의 필수 업무기능들은 케이스별로 판단되어야만 한다. 고용주는 필요하다면 장애인 직원에게 장벽이 될 수 있는 비핵심 업무를 제거하는 직무기술서를 작성하여 업무를 재구성할 의무가 있다. 장애인 직원의 필요에 맞춰 합리적인 편의를 사용하게 할 수 있도록 하는 것도 고용주의 의무이다. 배심원들에게 또는 행정절차에서 해당 일자리의 필수 업무기능을 보여주는 책임은 고용주에게 있다. 앞서 말했듯이, 어느 개인이 필수적 업무기능을 수행할 수 있는지 없는지에 대한 판단은 그 사람에게 허용되고 필요한 합리적인 편의가 있는지를 확인하는 것이 포함되어야 한다.

합리적인 편의

REASONABLE ACCOMMODATION

지원자나 직원이 유자격 장애인임에도 그들의 알려진 신체적 또는 정신적 장애상태에 대해 '합리적인 편의 **Reasonable Accommodation**'를 제공하지 못하는 경우, 미국장애인법 ADA과 재활법 Rehabilitation Act에서는 차별로 여긴다.[14] 이러한 법에 따라 고용주는 과도한 부담이 되지 않는 한 직원에게 해당 일자리의 필수적인 업무기능을 수행하는 데 필요한 합리적인 편의를 제공해야 한다.[15]

합리적인 편의에는 업무의 변경 또는 조정, 업무환경 또는 유자격 장애인이 필수 업무기능을 수행할 수 있도록 업무가 일반적으로 처리되는 방식 등이 포함된다.[16]

미국장애인법 ADA와 재활법 Rehabilitation Act에 따르면 합리적인 편의에는 다음 사항이 포함된다.

- 현재 시설들에 장애인이 쉽게 접근 가능하도록 하여 사용할 수 있도록 함
- 직무를 재조정함 (파트타임 또는 변경된 작업 일정)
- 비어 있는 자리에 우선 배치함
- 장비 또는 도구를 획득하거나 개조함
- 시험, 교육자료 또는 정책을 적절하게 조절하거나 수정함
- 공인 통역사나 낭독자를 제공함[17]

농인·난청인이 요청하는 합리적인 편의의 구체적인 사례들은 아래의 여러 사항들이 혼합되어 이루어질 수 있다.

- 비디오전화기 **Video Phone, VP**, 자막처리 전화기 Captioned Telephone, 증폭된 전화기 Amlified Telephone, 청각장애인용 문자전화기 **Teletypewriter, TTY**
- 실시간 메신저와 이메일 시스템
- 보조 수신 시스템과 장치
- 소리로 작동하는 경보와 메시지가 보이는 경보장치로 만듦
- 주변 소음 정도를 낮추기 위한 방음장치 등 고려 사항
- 자막처리되는 시청각 정보
- 안전지역 또는 빌딩에서 인터폰 출입시스템 개조
- 필요할 때 공인 통역사 서비스와 실시간 문자통역 **Communication Access**

Real-time Translation, CART 서비스를 획득할 수 있는 절차와 방침[18]

고용평등기회위원회 Equal Employment Opportunity Commission, EEOC의 통역 가이드라인[19]은 합리적인 편의를 일반적으로 3개 분야로 나누고 있다.

1. 지원 절차상 평등 기회를 보장하는데 필요로 하는 사항
2. 장애인 직원이 필수 업무기능을 수행할 수 있도록 해주는 사항
3. 장애인 직원도 비장애 직원이 누리는 고용과 같은 혜택과 특혜를 누리도록 하는 것

편의라는 것은 직원들의 편의를 위하여 제공된 혜택을 장애인에게도 접근 가능하게 만드는 것, 또는 장애인 직원들도 비장애 직원들과 똑같은 보험 적용을 받도록 하는 것도 포함된다.[20]

법규정들에서 고용주는 편의가 필요한 지원자나 고용 직원과 비공식적으로 상호작용 가능한 토론을 제공해야 한다고 요구하고 있다.[21] 이 과정은 장애의 결과로 발생하는 제한사항을 직시하고, 이러한 제한사항을 극복할 수 있는 발전 가능성 있는 합당한 편의가 제공되어야 함을 의미한다.[22]

합리적인 편의란 흔히 상식적인 것이다. 예를 들면 농인 용접공이 과일 쓰레기를 나르는 트럭이 다니는 야외마당에서 일한다고 할 때, 그의 감독관은 농인 용접공이 트럭이 오가는 마당에서 일하는 것이 위험하다고 믿기 때문에 그를 해고했다. 그런데 감독관은 나중에 농인 직원을 트럭의 위험을 피할 수 있는 곳에서 일하게 하면 된다는 것을 깨달았다. 이러한 편의가 다른 직원들에게 그가 농인이라는 것을 알려줌으로써 그 직원은 만족한 상태에서 그의 일을 안전하게 해낼 수 있었다.

또 다른 상황은 난청인 사서와 관련된 일이다. 그녀는 사무실 한 켠에서 일하는데 어려움이 있었다. 왜냐하면 뒤에서 나는 소음이 보청기에 크게 방해가 되었다. 그래서 그녀를 좀 더 조용한 곳으로 옮겨주었더니 그녀의 어려움은 사라졌고 생산성이 증가했다.

합리적인 편의에는 농인 직원의 필요에 맞추기 위한 정책을 수정하는 것도 포함된다. 2009년 '하워드 대 앨라배마 약사회 Howard v. Alabama Board of Pharmacy' 사례에서 농인 하워드는 약사가 통신중계서비스 Telecommunications Relay Service, TRS 사용을 거절했기 때문에 전화상으로는 처방전을 받을 수 없었다. 그녀는 약사회의 거절을 바로잡기 위해 소송을 제기했다.[23] 소송 결과 앨라배마 약사회는 앨라배마주에 농인과 난청인들에게 통신중계서비스 이용 승인을 요청하는 새로운 정책을 입안함으로써 농인과 난청인이 의료기관과 환자들과 효과적으로 의사소통할 수 있게 했다.[24]

고용주들은 농인 직원들이 화재경보기나 기계에 부착된 경고 장치 소리를 들을 수 없기 때문에 업무를 수행할 수 없다고 주장할 수 없다. 이러한 소리 나는 장치들은 보이는 경고 시스템으로 간단하게 바꿀 수 있기 때문이다.

'브라이언트 대 그레이터 메릴랜드 서비스국 Bryant v. Better Business Bureau of Greater Maryland' 멤버십 부서에서 일하는 농인 직원이 그녀의 고용주가 합리적인 보조도구를 제공을 거절했다고 주장하면서 미국장애인법 ADA에 따라 소송을 냈다. 고용주는 그녀가 통신업무를 완수할 수 있도록 성능이 더 좋은 증폭기나 청각장애인용 문자전화기 TTY를 제공하는 대신 다른 직무로 이동시켰다. 법정은 합리적인 보조도구에 대해 (1) 보조도구가 효과적이었나? 다시 말하자면 장애 때문에 생기는 업무 관련 어려움이 해소될 수 있는가? (2) 장애인 직원에게 그 자리에서 일하는 비장애 직원이 가질 수 있는 성취도, 기회, 참여를 동일하게 얻을 수 있도록 허용하고 있는가?[25]

또 다른 케이스, '고용평등기회위원회 대 피나클 홀딩스사 EEOC v. Pinnacle Holdings, Inc.' 소송인데, 고용주는 인터폰 소리를 들을 수 없는 농인 직원에게 가능한 보조도구를 제공하거나 제공하려는 계획이 없기 때문에 직원을 해고시켰다. 배심원은 고용주의 행위는 미국장애인법 ADA 위반이라 판정하고, 손해배상을 선고했다.[26]

연방정부 고용 지침은 장애직원에게 제공해야 하는 편의에 대해서 중요한 지침이 된다. 판사는 편의에 대한 합리적인 수정안에서 인사부 Office of Personnel Management의 가이드라인을 연방정부가 고려하지 않았다고 신고함으로써 소송을 제기한 연방정부 직원이 승소했다.[27]

고용주의 방어와 면제사항

EMPLOYER DEFENSES AND EXEMPTIONS

고용주가 장애인 직원이 본인의 건강과 안전 또는 직장 내 다른 직원들에게 직접적인 위협이 된다거나 합리적인 보조도구가 과도한 부담이 된다는 것을 충분히 입증할 수 있다면 고용주는 미국장애인법 ADA에 반하여 방어할 수 있다.

직접적인 위협 Direct Threat

고용주는 차별에 대한 법률적 처벌에 대해 해당 직원이 건강과 안전, 직장 내 다른 직원들에게 직접적인 위협이 될 수 있다는 것을 입증하면서 스스로를 방어할 수 있다.

그러나 미국장애인법 ADA은 그러한 결정은 업무의 핵심 기능을 안전하게 수행할 수 있는 직원의 현재 능력을 개별 평가를 통해 판단해야 한다고 하면서 '직접적인 위협'의 정의를 엄격하게 적용하고 있다. 어느 개인이 직접적인 위협이 된다면 고용주는 합리적인 보조도구를 수용할 수 있는 정도까지 위험을 제거하거나 낮출 수 있는지 여부를 먼저 살펴봐야 한다. 직접적인 위협이라는 판단은 객관적이고 사실적 증거에 개별 사건마다 판단해야지, 두려움이나 고정관념에 의해서는 안 된다고 했다.

미국장애인법 ADA법 역사로 보거나 고용평등기회위원회 EEOC로 볼 때 난청인과 관련된 연방정부 소송, '스트라티 대 교통부 Strathie v. Department of Transportation' 소송에서 안전에 대한 결정은 실제 존재하는 위험의 사실적 내용으로 결정해야 한다는 판례로 들 수 있다. 펜실베이니아주 Pennsylvania는 보청기를 착용한 사람들에게는 스쿨버스 운전면허증 취득을 금지하는 법을 제정했다. 펜실베이니아 연방 법원은 일반적 안전에 대한 우려를 바탕으로 보청기 착용자에게 면허증 발급을 금하는 법에 찬성했다. 그러나 연방정부는 적절한 보청기를 착용한 난청 운전자가 스쿨버스를 안전하게 운전할 수 있다는 것을 증명하고, 주의 및 안전에 대한 우려를 반박하는 객관적 증거를 찾음으로써 하위법원의 결정을 뒤집었다. 이러한 증거는 보청기를 착용한 운전자가 실제로 스쿨버스 탑승자들의 안전에 위협하는지 여부를 판단하는데 반드시 고려되어야만 한다.[28]

또 다른 소송, '리조 대 아동 학습센터 Rizzo v. Children's World Learning Center' 에서 난청인이며 보청기를 사용하는 여성이 아동 학습센터 승합차 운전기사 자리에서 배제되었다.[29] 고용주는 '승합차의 뒷좌석 아이들의 질식하는 소리를 들을 수 없는 것'이 우려된다는 것이었다. 고용주는 그것은 아이들에게 직접적인 위험이 된다고 주장했다. 그러나 배심원은 고용주에게 미국장애인법 ADA 차별 위반을 했다며 승합차 운전기사에게 10만 달러를 지불하라고 판결했다. 항소법원도 그 여성은 마땅한 자격을 갖추었고, 그 일자리의 필수 업무가 질식하는 아동 소리를 듣는 능력이라는 것을 증명하지 못했다고 언급하면서 원고 승소 판결을 내렸다. 법원은 그녀가 승합차를 안전하게 운전할 수 있는가 여부와 아이들의 안전에는 직접적인 관계가 없다고 언급했다.

과도한 부담 Undue Hardship

과도한 부담은 비즈니스에 주는 상당한 어려움이나 비용을 뜻한다. 편의가 비즈니스에 과도한 부담인지를 판단하려면 다음 조건들이 고려되어야 한다.

1. 세금공제 및 절감과 외부 재정 지원을 고려하여 필요한 편의의 성격과 순수 비용
2. 합리적인 편의 규정과 관련된 시설의 전반적인 재정, 시설 고용 직원의 숫자, 비용과 자원의 효과
3. 기관의 전반적인 재정 자원들, 직원 수에서 본 기관의 전반적인 비즈니스 규모, 시설의 수, 유형, 위치 등
4. 시설을 대표하는 법적 기관의 운영 형태와 인력의 구성, 구조, 시설 기능과 지리적, 시설 관리 또는 회계관계, 문제가 되는 시설과 법적 기관과의 관계를 포함한 기관의 운영상황들
5. 비즈니스를 위한 시설 능력에 미치는 편의의 영향, 맡은 업무를 수행하기 위한 다른 직원들 능력에 미치는 편의의 영향을 포함한 시설운영에 미치는 편의의 영향[30]

고용평등기회위원회 EEOC 규정에 대한 분석을 통해 다음과 같이 농인 구직자와 관련된 사례를 살펴볼 수 있다. 개인소유의 독립적으로 운영하는 구직자와 패스트푸드 프랜차이즈점은 본사에서 어떤 재정 지원도 받지 않는다. 프랜차이즈점주는 농인을 위하여 월간 직원 회의에 통역사를 제공하는 것은 과도한 부담이라고 주장하며 농인 채용을 거부했다. 프랜차인즈 본사와 가맹점 사이의 재정적 관계로 볼 때 그것이 가맹점 부담이 되는 구조이기 때문에 편의를 제공하는 것이 과도한 부담인지를 결정하는 데 있어 프랜차이즈 가맹점의 재정만으로 부담한다는 것이 중요한 판단 근거가 될 수

있다. 그러나 다른 패스트푸드 체인은 이와 다른 경우일 수 있다. 따라서 사실적 판단은 본사와 가맹점 사이의 재정관계를 파악함으로써 본사도 과도한 부담인지 여부를 결정하는 데 참고하여야 한다.[31]

자격기준, 테스트 및 기타 기준

QUALIFICATION STANDARDS, TESTS, AND OTHER CRITERIA

미국장애인법 ADA에 따르면 고용주가 장애인 직원을 구분하거나 구분하려는 경향을 나타내는 자격기준, 취업시험 등에 다른 기준을 사용하는 것은 위법한 일이다.[32] 시험은 업무와 관련되고 사업적 필요성에 의해서라면 이루어질 수 있다. 그러나 예를 들면 고용주가 입무의 핵심 기능에 인어기능이 스킬을 필요로 하지 않는 경우에도 모든 응시자들에게 언어능력을 측정하기 위한 필기시험을 보라고 한다면 차별행위가 될 수 있다. 특정한 경우에는 업무의 필수 기능을 수행하는 능력을 알아보는데 적합한 시험이 아니라면 농인에게 적절한 편의가 필기시험의 일부를 면제해 주는 것이기 때문이다. 미국장애인법 ADA에 따르면 고용주는 감각이나, 손을 사용하는데 또는 언어 장애를 가진 사람에게 그들의 장애보다 적성과 능력을 정확하게 반영할 수 있는 시험을 선택하고 관리해야 한다고 했다.[33] 예를 들면, 말을 할 수 있는 능력이 없는 사람들에게 구두시험을 요구하는 것은 위법한 것이 된다.

텍사스 Texas에서 한 고용주가 듣고 보는데 장애가 있는 사람을 장애를 이유로 채용을 거부했다. 고용주는 면접 중 응시자에게 장애 관련 질문을 했다. 배심원은 응시자의 장애 특성과 정도에 관해 사전 제안 질문을 한 것이 불법이란 이유로 보상적 손해배상과 징벌적 손해배상을 함께 선고했다.[34]

의학적 검진 Medical Examination

농인들은 때때로 특정한 일자리에서 청력테스트를 통과하지 못한 부자격자로 의학검진 기준에 따라 취업을 거부당하곤 한다. 농인들은 청력을 잃었다는 이유로 버스 정비공이나 지질학자가 되는데 의학적으로 부자격자가 된다. 직업과 관련이 없다면, 이러한 포괄적인 의료적 배제에 이의를 제기할 수 있다. 미국장애인법 ADA과 재활법 Rehabilitation Act에 따르면 고용주는 의료검진 결과에 따라 그 결과를 모든 직원들에게 비차별적 형식과 비밀로 관리된다면 채용을 제안할 수 있다.[35]

취업을 제안하기 앞서 고용주는 의료검사를 받으라거나 응시자의 장애에 관해 물어볼 수 없다. 그러나 고용주는 합리적인 편의가 있어야 또는 없이도 특정한 필수 업무기능을 수행할 수 있는지에 관한 응시자의 능력에 관해서는 물어볼 수 있다. 고용주는 취업 제안을 하고 난 후 업무를 시작하기 전에 의료검진을 요구할 수 있다. 고용주는 모든 입사 직원들이 검사를 받고 검사에서 나온 개인 정보가 비밀로 다루어진다면 검진 결과에 따라 취업 제안을 할 수 있다.

그러나 감독자와 매니저들에게 직원이 일하는데 필요한 제한사항이나 편의에 대해 알려 주어야 하며, 응급처치와 안전 담당 직원들도 장애로 인해 응급치료가 필요할 수도 있다고 알려 주어야 한다. 미국장애인법 ADA 준수 여부를 조사하는 정부 공무원에게는 검진 결과를 알려주어야 한다. 고용주는 채용 거절 이유가 일에 관련된 것이 아니고 고용주가 비즈니스를 하는데 필요한 것도 아니라면 검진 결과를 근거로 장애를 가진 사람을 차별할 수 없다. 어떤 사람이 편의를 가지고 또는 없이도 업무 필수 기능을 수행할 수 있다면 고용주는 장애를 이유로 채용을 거절할 수 없다. 그 간 농인과 난청인 응시자들은 일자리를 제안받기도 전에 의료검진에 따라 채용 대상에서부터 제외되어 왔다. 미국장애인법 ADA은 이러한 관행을 금지하고 있다. 게다가 직원이 채용되어 일단 일을 시작하면 고용주는 직원에게 신체검사를 받으라고 요구할 수 없고 업무와 관련되지 않고, 고용주의 비즈니스를 하는데 필요하지 않은 질문이라면 장애에 관한 질문을 해서는 안 된다.

고용평등기회위원회 EEOC는 채용 전 할 수 있는 질문에 대한 미국장애인법 ADA에 따르는 지침을 발표했다.[36] 이러한 지침은 허용 가능한 질문과 시험 및 허용되지 않은 질문과 시험, 사례들을 제시하고 있다. 예를 들면 고용주는 특정 무게가 나가는 물건을 들어 올리거나 사다리를 올라갈 수 있는 등의 육체적 업무를 수행할 수 있는지 응시자의 능력에 관해 물어볼 수 있다. 또 고용주는 응시자에게 그들이 어떻게 업무 과업을 해낼 수 있는지 보여주거나 설명해 달라고 요청할 수 있다. 고용평등기회위원회 EEOC 가이드라인에서 의료검사와 검사 절차의 허용 가능한 타입을 설명하고 있다. 고용주는 응시자에게 실제상황이나 모의상황에서 업무 과업을 해낼 수 있는 신체 민첩성, 또는 적합도 테스트를 시행하라고 요청할 수 있다.

의료검진에서 발생되는 이슈는 상업 트럭 운전사의 자격조건으로 청력테스트가 사용되는 것과 관련이 있다. 첫 이슈는 '모턴 대 유피에스 Morton v. UPS', 그리고 다음은 집단소송이 된 '베이츠 대 유피에스 Bates v. UPS' 소송으로, 회사가 농인 직원들에게 패키지 배달 트럭을 운전하지 못하도록 하여 농인 직원들이 유피에스를 상대로 소송을 제기한 것이다. 두 소송에서 회사는 차량들이 1만 파운드 미만임에도 농인 직원들을 운전기사직에서 배제시켰다. 그 당시 교통부 DOT는 1만 파운드 이상 무게가 나가는 트럭의 운전기사는 청력테스트에서 인증을 받도록 했다. 법원은 모든 소송에서 유피에스가 광범위한 교통부 규칙을 적용받지 않아도 되는 1만 파운드 이하의 차량을 포함시켰다는 것을 알게 되었다.[37] 몇 년 후, 베이츠 집단소송에서 법원은 직무와 관련되고 사업상 필요할 때나 합리적인 편의로도 성과를 이룰 수 없을 때

에만 자격시험을 실시할 수 있다고 상기시키면서 모든 소송을 기각했다.[38]

베이츠 판결 후 유피에스는 원고들에게 지급하지 않았던 통역사 비용과 합리적인 편의의 비용으로 580만 달러를 원고들에게 지급하고 장애인 기사들의 개별 청력테스트를 실시하라고 판결했다. 오늘날 유피에스는 보청기 착용 여부와 관계없이 1Khz~2Khz에서 양쪽 귀의 청력 하한치가 45dB인 것을 입증할 수 있으면 1만 파운드 이하 차량을 운전할 수 있도록 허용했다.[39] 교통부는 현재 상업용 차량 기사들은 보청기 착용과 관계없이 5ft 이내의 소리를 들을 수 있어야 하고 500Hz, 1,000Hz에서 더 잘 들을 수 있는 귀로 평균 40dB 이상의 청력 손실이 있어서는 안 된다고 규정했다.[40] 그러나 미국농인협회 National Association of the Deaf, NAD의 광범위한 청원활동으로 2013년 교통부는 이러한 자격요건에 40개의 예외 조항을 추가했다. 이에 따라 농인 모범 기사들을 예외 조항에 대한 면제 신청을 할 수 있게 되었다.[41]

차별 철폐 조치

AFFIRMATIVE ACTION

미국장애인법 ADA와 재활법 Rehabilitation Act 3개 조항의 근본적인 차이점은 채용정책과 유자격 장애인에 대한 '차별 철폐' 권한에 있다. 차별 철폐 조치는 그 성격의 특성상 유자격 장애인을 적극적으로 모집하고 채용하고 교육시키고 배치하고 승진시키려는 특별 프로그램을 의미한다. 다른 한편 '비차별'은 일반적으로 장애인 직원을 다른 직원과 똑같은 방식으로 대해야 하며 합리적인 편의를 제공해야 하는 의무를 의미한다. 차별 철폐 조치는 장애인 채용을 증가시킬 수 있는 잠재적 가능성을 가지고 있지만, 비차별은 차별 철폐 조치를 요구하지 않는다.

미국장애인법 ADA는 채용 조항에 차별 철폐 조치를 담고 있지 않다. 그러나 재활법 Rehabilitation Act의 501조와 503조는 연방정부와 연방정부 계약자들에게 유자격 장애인을 채용하고 승진시키고 고용을 유지하는데 차별 철폐 조치를 취하도록 요구하고 있다.[42] 그러나 504조는 차별 철폐 조치를 요구하지 않고 단순히 비차별만을 요구하고 있다.[43]

그러나 장애와 관련하여, 편의가 없는 동일한 대우는 차별적일 수 있다. 전 직원이 참석하는 직원 회의를 주관하는 고용주가 농인 직원에게 통역사를 제공하지 않았다면 회의 참석을 배제한 것이 된다. 램프가 없는 빌딩에서 일하는 휠체어 사용자를 채용한 고용주도 마찬가지이다. 장애인 직원을 비장애 직원과 아주 똑같이 대우했다면 고용주는 공정하게 행동한 것이 아니다. 그 경우 동일한 대우가 장애인 직원에게는 차별이 된다. 모든 상황에서 미국장애인법 ADA와 재활법 Rehabilitation Act노 모두 동일한 기회를 제공하고 그러한 기회가 똑같이 효과적인 방법이 될 수 있도록 특별한 조치를 요구하고 있다.

연방정부 의무 Federal Obligations

연방정부는 501조에 따라 차별 철폐 조치 의무를 충실하게 이행할 수 있도록 몇 가지 정책과 프로그램을 만들었다 예를 들면, 공무원 Civil Service 응시자가 장애로 인하여 동등한 경쟁을 하지 못한다면 공무원 시험을 보는 응시자에게 특별 조치를 취하도록 했다. 이러한 조치에는 농인에게는 구두시험과 시각장애인에게는 읽기 시험을 유예해 주며, 농인에게 통역사를 제공하고, 손놀림과 운동이 원활치 않은 응시자는 답변 범위를 넓히고, 녹음 또는 점자 테스트, 시험시간을 늘려주는 등이 있다.

정부는 장애인 직원의 고용을 촉진시키려는 특별채용 프로그램들을 구상해 왔다. 장애인을 채용하는 프로그램은 '예외' 또는 '스케줄 A' 고용[44] 등으로 알려진 장애인에게만 유효한 것들이다. 예외적 고용 프로그램에서 장애인들은 공무원 시험을 치르지 않고도 연방정부 기관들에 의해 영구 정규직으로 채용될 수 있다. 이 프로그램의 목적은 시험의 차별적 결과를 피하기 위해서이다.

501조와 1978년 공무원 개혁입법의 의무사항에 따르면 연방정부는 다양한 업무 현장에서 농인을 위한 통역사를 채용하는 방법 등에 대한 정보를 제공하고 있다. 각 연방기관은 (1) 정규직 통역사들을 채용하거나 (2) 능숙하게 통역할 수 있는 직원을 활용하거나 (3) 개인 통역사나 통역 소개기관과 계약을 맺고 필요할 때마다 사용하는 등 어느 하나를 선택할 수 있다.[45] 최상의 방법은 업무 현장 상황에 달려있다. 특정 농인 업무가 통역사를 빈번하게 사용해야 하거나 한 기관에 여러 명의 농인 직원들이 모여 있어서 자주 많은 통역사가 필요할 때는 정규직 통역사를 직원으로 채용하는 것이 최선의 해결책이다. 통역사가 가끔 필요하거나 정규 회의에서만 필요하다면 개인 통역사와 계약을 맺고 서비스를 받는 게 최고의 방법이 된다.

게다가 연방기관들은 편의 제공 비용의 전부 또는 일부를 지원하는 중앙기관기금 **Centralized Agency Fund** 등과 같은 지원 방법을 찾아 편의 제공 비용을 개별 사무실에서 부담하지 않도록 하는 것을 적극 추천한다.[46] 중앙기관기금을 통해서 농인과 난청 직원들은 그들이 속한 본부나 부서의 운영비를 사용하지 않을 수 있다. 그들이 속한 조직의 운영비로 편의 비용을 사용하게 되면 농인과 난청 직원의 취업 기회에 부정적 영향을 미칠 수 있다.

추가 지원 조치

FURTHER ASSISTANCE

연방정부의 특별 프로그램과 서비스를 활용하는 절차에 관한 보다 상세정보는 어느 연방정부 일자리 정보 센터에서나 얻을 수 있다. 각 연방정부 기관의 인사부에서도 프로그램 실행을 담당하는 선별 취업알선 코디네이터가 있다. 이러한 코디네이터들은 모집, 채용, 농인에게 편의 제공 등과 같은 모든 관련 이슈와 문제에 대해 직업재활 상담가의 도움을 필요로 하고 있다. 재활 상담가들은 연방 인사부와 관계를 맺고 연방정부 채용 관행과 일자리 지원 절차에 대해 속속들이 알고 있어야 한다. 상담가, 선별 취업지원 코디네이터, 책임자, 관리자들의 지속적 교류는 필수적이다.

재활상담가를 위한 지침 Guidance for Rehabilitation Counselors

연방정부는 재활상담가들에게 차별 철폐 조치들이 제대로 실행되는지를 확인하기 위하여 취할 수 있는 방법을 제안하고 있다.

- 어떤 유형의 일자리가 나올 것 같은지, 그리고 장애인에게 수요가 있을 가능성이 높은 일자리에 대해 조사하라.
- 의뢰 제도를 확립하기 위하여 다른 상담가와 기관과 협력하라.
- 장애인이 채용된 후 해당기관 직속 관리자에게 후속 지원을 하라.
- 선별적 취업지원 코디네이터, 책임자, 직속 관리자들이 재활 및 자립생활센터를 돌아볼 수 있도록 기회를 마련하고 워크숍과 의식화 프로그램에 참석하라.
- 장애인 취업 프로그램에 적극 참여한 기관들을 표창하고 홍보하라.
- 재활상담가는 연방정부 일자리 공석에 대한 정보와 인사상 필요사항을 공유하라.
- 재활기관의 활동에 선별 취업지원 코디네이터를 참여하게 하라.[47]

구제방안

REMEDIES

1964년에 제정된 시민권리법 7장 **Title VII of Civil Rights Act**이 1991년에 개정되면서 장애인들도 다른 모든 보호받는 그룹들과 똑같이 유효한 구제방안에 적용받는다.[48] 미국장애인법 ADA 1장과 재활법 Rehabilitation Act 501조 모두 동일한 구제방안을 제공하고 있다. 시민권리법은 개인이 법정에 차별 소송을 제기하기 전에 행정부에서 먼저 구제방안을 찾아야 한다. 개인들은 법정으로 가기 전 먼저 고용평등기회위원회 EEOC에 항의서를 접수하거나 적절한 주, 지역 고용평등 처리 기관에 접수해야 한다.

미국장애인법 ADA 고용 규정을 위반한 고용주는 차별적 관행을 중지해야 하고, 정책과 관행을 바로잡고, 유자격 장애인을 고용하며, 체불임금을 청산하고 다시 고용하거나 합리적인 편의를 제공하라는 명령을 받는다. 게다가 고용주는 의도적 차별에 대한 징벌적이며 보상적 손해배상을 해야 한다.[49] 고용주가 합리적인 편의를 확인하고 제공하려는 선의의 노력을 보이는 경우, 손해배상은 청구되지 않을 수도 있다.[50] 특정 소송에서 패소한 고용주들은 변호사 비용과 소송 과정에 발생한 모든 비용을 장애인 원고에게 지불해야 한다.

재활법 Rehabilitation Act의 503조에 따라 금지명령 구제, 재정 지원 지급 보류, 연방정부 계약 파기, 앞으로 정부계약에서 배제하는 것을 포함하여 다양한 방안이 가능하다.[51] 법원은 고용주가 차별 철폐 조치 명령을 준수하지 않을 경우, 불만을 제기하는 개인을 보호하지 못할 경우, 503조를 준수하지 않는 경우 제재를 가할 수 있다.[52]

시행 절차

ENFORCEMENT PROCEDURES

미국장애인법에 따른 절차 Procedures under the Americans with Disability Act

앞서 언급했듯이 고용평등기회위원회 EEOC는 미국장애인법 ADA의 1장을 실행하는 조직이다. 고용차별의 희생자라고 믿는 사람은 고용평등기회위원회 EEOC 지역사무실에 고소장을 접수해야 한다. 차별 혐의는 차별행위가 일어나고 180일 내에 접수하여야 한다. 해당 주법이나 지방법에서 장애를 이유로 행한 차별에 대한 구제책을 제공하고 있다면, 해당인은 혐의를 고발하는 데까지 300일이 주어진다. 그러나 차별 혐의가 분명하다면 지방 고용평등기회위원회 EEOC 사무실에 즉시 연락을 취하는 것이 최선이다. 양 당사자가 중재에 동의할 수도 있다. 중재로 분규를 해결하지 못했다면 고용평등기회위원회 EEOC는 조사를 시작한다. 고용평등기회위원회 EEOC는 중재를 제안하거나 차별을 주장하는 개인에게 소송을 제기할 권리에 대한 통지문을 발송하거나, 또는 국가와 차별을 주장하는 개인을 대신하여 법적 조치를 취할 수 있다. 개인이 고용평등기회위원회 EEOC에서 고소할 권리 통지문을 받았으면 개인은 연방 또는 주 법정에 소송을 제기할 수 있다. 소송은 통지문을 받은 후 90일 내 제기되어야 한다.

재활법에 따르는 절차 Procedures under the Rehabilitation Act

501조 : 연방정부 직원 Section 501 : Federal Employees

연방정부 조직에서 차별 당했다고 믿는 연방 장애인 직원이나 응시자는 501조에 따라 해당 조직의 고용기회평등위원회 사무실에 행정소송을 제기할 수 있다. 절차의 각 단계는 엄격하게 정해진 시간 내에 처리되어야 한다. 합당한 이유가 있을 경우에는 시간제한에 유예 처분이 내려질 수 있으나, 불만사항 접수가 마감시간을 넘길 경우 거절될 수 있다. 장애인은 소송 절차의 모든 단계마다 변호사를 대리인으로 세울 권리가 있다. 절차가 진행되는 어느 한 단계에서 효과적인 의사소통을 위하여 통역사가 필요하다면 기관은 통역사를 제공해야 한다. 절차는 다음 단계로 구성되었다.

A. **비공식적인 사전 불만 상담**

1. 직원이나 취업 응시자는 고용기회평등사무소 EEO와 연락해야 한다. 연락은 직접 방문 또는 편지로 할 수 있으며 특별한 양식은 없다.
2. 고용기회평등사무소 EEO는 해당 사건에 고용기회평등사무소 EEO 상담사를 배정한다. 사건을 접수한 사람은 고용기회평등사무소 EEO 상담사에게 차별정책이나 차별행위에 관한 모든 정보를 제공해야 한다.
3. 고용기회평등사무소 EEO 상담사 역할:
   a. 불만사항에 대해 상세히 물어보고 관련된 모든 사람들과 논의하라.
   b. 21일 안에 시도하라.
   c. 고소인의 정식 고소장 제출을 막지 않는다.
   d. 권한이 주어지지 않았다면 고소인의 신원을 밝힐 수 없다.
4. 비공식 해결이 이루어지지 않으면 고용기회평등사무소 EEO 상담사는 고소인에게 고소장을 접수할 수 있는 권리가 있다는 것을 알리며 마지막 면접 통지서를 보내야 한다.

B. **정식 고소**

1. 비공식 해결이 성공적이지 못했다고 알려주면, 고소인은 해당 기관의 고용기회평등사무소 EEO 사무실에 정식 고소장을 접수할 권리가 있다.
   a. 정식 고소장은 해당기관의 고용기회평등사무소 EEO에서 제공한 양식에 서면으로 작성하여 사무실에 접수한다.

b. 서면으로 작성된 고소장에는 관련 사실들이 상세하게 기록해야 하고 그런 사실들을 입증할 수 있는 편지와 기타 다른 문서들의 사본이 포함되어야 한다.

c. 차별의 관행이나 정책이 계속되어 고소인이 고소 마감일 시비를 피하기 위해서는 차별행위가 계속되고 있다는 근거와 함께 고소장에 상세히 밝혀야 한다.

2. 고소장 기각

a. 고용기회평등사무소 EEO 사무실은 고소장이 제시간에 접수되지 않으면,

(1) 다른 직원이 고소한 내용과 같은 문제이기 때문에

(2) 고소인이 해당기관의 직원이나 취업 지원자가 아니기 때문에

(3) 고소장이 장애인 차별에 기반한 내용이 아니기 때문에 고소장 전체를 또는 제기한 문제의 몇 개를 거부할 수도 있다.

b. 고용기회평등사무소 EEO 사무실에서 고소장이 거부되었다면 고소인은 이를 서면으로 통고 받아야 한다. 그러면 직원은 고용기회평등사무소 EEO에 항소하거나 연방지역 법원에 소송을 제기할 수 있다.

3. 고소인 조사

a. 고용기회평등사무소 EEO 사무실에서 고소장을 접수했다면 고용기회평등사무소 EEO 상담가가 아닌 다른 사람을 조사관으로 임명해야 한다.

b. 조사관은 깊이 있고 상세한 질문을 하고 관련된 사람들로부터 선서 진술서를 받고, 관련 문서와 각종 자료를 수립해야 한다.

c. 고소인이 중요한 증인을 면접하지 않았거나 중요한 증거를 열람하지 않았다면 고소인은 이를 서면으로 조사관에게 알려야 한다.

4. 불만의 조정

조사가 끝나면 조사관은 보고서를 작성하여야 한다. 고용기회평등사무소 EEO 사무실은 고소인과 고용주 모두에게 보고서 사본을 보내고 그들에

게 조사 결과를 근거로 비공식적으로 조정할 수 있는 기회를 제공해야 한다. 고소인이 비공식적으로 조정되었다면 조정 조건은 기록으로 남겨야 한다.

제안된 처분

a. 불만사항을 조정할 수 없는 경우 고용기회평등사무소 EEO 사무실은 제안할 처분 내용을 발표한다.

b. 고소인이 제안된 처분에 만족하면, 고용기회평등사무소 EEO는 처분 조건들을 실행해야 한다.

c. 고소인이 제안된 처분에 만족하지 못한다면 그는 고용기회평등사무소 EEO 서면 보고서가 나오기 전에 청문회를 요청할 수 있고, 제안된 처분 내용으로 연방지방법원에 소송을 제기할 수 있다.

5. 고용평등기회위원회 공청회

a. 청문회에서도 다른 모든 절차나 단계와 마찬가지로 원고는 변호사를 대리인으로 정할 권리와 통역사를 사용할 수 있는 권리가 있다.

b. 청문회에 제출한 증거를 근거로 심사관(판사)은 기관이 반대할 수도 있는 권장 결정을 내린다.

c. 원고가 이 결정에 불복한다면 그는 고용평등기회위원회 검토 및 항소 사무소 **EEOC Office of Review and Appeals**에 진정하거나 연방 법원에 소송을 제기할 수 있다.

C. 연방 법원에 소송할 권리

1. 원고는 기관이 최종 결정을 발표하지 않았다면 고용기회평등사무소 EEO에 불만사항이 정식으로 접수되고 180일이 지난 후 아무 때나 연방지역법원에 소송을 제기할 수 있다.

2. 앞서 언급했듯이 원고는 행정절차의 다른 단계들이 완료된 후 30일 안에 소송을 제기할 수 있다. (제안된 처분 통지 또는 기관의 최종 조치 통지를 받은 후)[53]

503조 : 연방정부 계약자들 Section 503 : Federal Contractors

재활법 Rehabilitation Act 503조는 연방정부와 10만 달러 이상의 계약을 맺은 고용주들에게 유자격 장애인을 채용하고 승진시키는데 차별 금지를 요구하고 있다.[54] 연방정부와 계약을 맺고 수행되는 작업은 정부 빌딩 건축, 연방고속도로 보수, 정부 빌딩의 임대 등이 있다. 503조 원청 계약자 외에 원청 계약자와 연방정부 사업 금액 1만 달러 이상 계약한 하도급 업체도 해당된다.

503조에 따르는 행정소송 절차는 501조와는 상당히 다르다. 503조는 미국 노동부연방 계약준수프로그램 **US Department of Labor's Office of Federal Contract Compliance Programs, OFCCP**에 의해서 집행된다. 연방정부 계약자에게 차별 대우를 받았다고 믿는 지원자나 직원은 불편사항들을 서면으로 작성하여, 지역 노동부연방 계약준수프로그램 OFCCP 사무소에 접수할 수 있다. 지역 사무소에서 503조를 위반했다는 것을 인정하지 않으면 고소인은 워싱턴 DC Washington DC에 있는 노동부연방 계약준수프로그램 OFCCP 본부에 항소할 수 있다. 그러나 고용주가 실제 503조을 위반했다면, 지역 사무소는 비공식적으로 문제를 해결하려는 시도가 이루어지고 고용주에게 적절한 구제책을 제공할 수도 있다.

고용주가 적절한 구체책 제공을 거부한다면, 미국 노동부연방 계약준수프로그램 OFCCP은 보다 강력한 집행 방법을 사용할 수 있다. 이러한 방법에는 연방 법원에 소송을 제기하거나, 현재 연방정부와 계약에 의한 금액을 지급하지 않거나, 연방 계약을 파기하거나 앞으로 연방정부 계약자가 될 수 없게 하는 조치 등이 있다. 미국 노동부연방 계약준수프로그램 OFCCP이 이런 방법 중 무엇을 시작한다면 고용주는 공식적인 행정 청문회를 요청할 수 있다. 고소인이 이 청문회에 참석할 수 있다 해도 이것은 근본적으로 미국 노동부연방 계약준수프로그램 OFCCP과 고용주 사이의 분규이다. 고소인은 증인이 될 뿐, 집행 조치의 당사자는 아니다.[55]

2013년 노동부연방 계약준수프로그램 OFCCP은 재활법 Rehabilitation Act 503조를 시행하는 규정 내용을 변경하자는 규칙을 제안했다.[56] 이러한 변경 내용은 2014년 3월 24일 효력을 발생하게 되었는데 계약자들에게 차별 철폐 조치, 비차별 책임을 강화하고 2008년 수정된 미국장애인법 ADA에 비추어 규정의 문구들을 새롭게 바꿨다. 새 규정에 따르면 고용주는 적극적 조치 노력을 위해 장애인 직원의 올바른 장애평가 측정을 유지하여야 한다. 고용주는 직원들과 응시자에게 스스로 장애인으로 인정하도록 요청하고 7% 목표, 즉 직원의 최소 7%를 장애인으로 고용하는 노력을 해야 한다. 또한 계약자들에게 차별 철폐 조치에 대한 의무와 하청업자와 계약서에 비차별 책임을 포함시키도록 요구함으로써 이러한 규정들을 재활법 Rehabilitation Act의 입법 취지를 알리고 법을 준수할 수 있도록 독려할 수 있다.

504조 : 연방정부 재정 수령자 Section 504 : Federal Financial Recipients

미국장애인법 ADA 또는 재활법 Rehabilitation Act의 다른 법률들과는 달리 504조를 위반했다고 주장하는 사람은 법정에 소송을 제기하기 앞서 행정소송을 거쳐야 한다. 고용주들은 고충처리 요구를 받아 신속하게 불만을 해소해야 한다.[57] 504조를 시행하는 절차는 챕터 3에서 언급한 것과 같이 504조는 연방정부 재정 지원을 받는 모든 수령자들에게 적용된다. 504조에서 말하는 연방정부 재원 지원은 503조의 연방정부와의 계약과는 다른 것이다. 정부 재정 지원이란 연방정부로부터 지원이나 대출, 연방정부의 인력서비스, 시장가격보다 저렴한 가격으로 연방정부 빌딩의 임대 등을 말한다. 연방 재원을 광범위하게 지원받기 때문에 연방정부 재정 지원 수령자는 다양하고 그 수가 많다. 지원을 받기 전 모든 수령자는 504조를 준수하겠다는 규정 준수 확약서에 서명해야 한다. 장애인 지지단체들뿐 아니라 미국정부도 연방정부 지원을 받는 수령자들은 연방정부 기금의 사용목적과 상관없이 고용차별을 금지하는 504조를 받아들여야 한다. 달리 말하면 한 병원에서 의료장비를 구입하고자 연방정부 기금을 받았다면 504조는 병원의 고용 절차에 그대로 적용된다.

주 법률 State Statutes

주 법률은 연방 법률이 적용되지 않는 고용차별에 대한 해결책을 제공한다. 많은 주들이 전통적 인간관과 고용차별법으로 보호되는 대상에 '신체적 또는 정신적 장애인'을 포함시켰다. 이러한 법은 모든 공공 및 민간 고용주들에게 적용되고, 연방 계약자나 재정 지원 수령자가 아닌 고용주들에게도 또는 직원 15명 미만 고용주들에게도 고용차별을 금지한다. 이러한 의미에서 주 법률은 때때로 미국장애인법 ADA나 재활법 Rehabilitation Act이 적용되지 않는 고용차별의 경우에 큰 도움이 된다.

주 인권법에는 획일적인 통일성이 없다. 어떤 법은 신체적 장애 노동자를 보호하지만 정신장애 노동자는 보호하지 못한다. 어떤 법은 장애인 노동자에게 합리적인 편의를 요구하지만 어떤 법은 그렇지 않다. 어떤 것은 개인이 주 법정에 소송할 수 있는 개인의 권리를 허용하지만 다른 일부는 주 기관들에 의해 행정적 집행만으로 시정을 제한한다. 대부분의 주에서 집행에 책임이 있는 기관은 주시민권리위원회 또는 주 고용기관이 된다. 보호받을 수 있는 장애와 해당되는 고용주의 정의가 다양한 것처럼 집행 절차와 구제책도 매우 다양하다.

NOTES

1. Thomas E. Rickard, Harry C. Triandis, and C. H. Patterson, "Indices of Employer Prejudice toward Disabled Applicants," *Journal of Applied Psychology* 47, no. 1 (1963): 52-55.
2. See Joe Wolfe, "Disability Is No Handicap for Dupont," *Alliance Review* (Winter, 1973-1974): 13; Sandra Kalenick, "Myths about Hiring the Physically Handicapped," *Job Safety and Health* 2 (1974):9.
3. Alan B. Crammatte, *The Formidable Peak: A Study of Deaf People in Professional Employment* (Washington, DC: Gallaudet College, 1965), 118.
4. 42 U.S.C.[*] §12102(1) and §12111(8); 29 C.F.R.[**] §1630.2(g) and §1630.2(m).
5. 42 U.S.C. §12101(4)(a)(ii)(A) (1990, amended 2008); 29 C.F.R. §1630.2(h)(2)(i).
6. 42 U.S.C. §12101 (1990, amended 2008); 29 C.F.R. §1630.2(1)(1) (vi).
7. See Marc Charmatz, Anna McClure, and Caroline Jackson,"Revitalizing the ADA: The Americans with Disabilities Amendments Act of 2008," in *Civil Rights Litigation and Attorney's Fees Annual Handbook*, National Lawyers Guild (2010).
8. 42 U.S.C. §12101; 29 C.F.R. §1630.2(g)(l)(iii).
9. 110 *H.R. Rept.* 730, 13.
10. 29 C.F.R. §1630.2(g)(l)(ii).
11. 29 U.S.C. §705(9); 29 C.F.R. §1614.203(b).
12. 41 C.F.R. §60.741.2(t), 29 C.F.R. §32.3.
13. 29 C.F.R. §1630.2(n)(2)-(3); 41 C.F.R. §60.741.2(i)(2)-(3).
14. 42 U.S.C. §12112(5)(a); 29 C.F.R. §1630.9(a); 41 C.F.R. §60-741.21 (a)(6).
15. Ibid.
16. 42 U.S.C. §12111(9); 29 C.F.R. §1630.2(0)(1); 41 C.F.R. §60-741.21 (s)(l)-(2).
17. 42 U.S.C. §12111(9); 29 C.F.R. §1630.2(o)(2).
18. National Association of the Deaf, "Discrimination and Reason-able Accom modations," 2014, http://nad.org/issues/employment/discrimination-and-reasonable-accommodations.
19. U.S. Equal Employment Opportunity Commission, "Enforcement Guidan

ce: Reasonable Accommodation and Undue Hardship Under the Americans with Disabilities Act," October 17, 2002, http://www.eeoc.gOv/policy/docs/accommodation.html#types.

20. 29 C.F.R. §1630.2(o)(3); 41 C.F.R. Part 60-741, App. A(3).
21. 29 C.F.R. §1630.3; 41 C.F.R. §60-741.21(s)(3).
22. 29 C.F.R. §1630.2.
23. *Howard v. Alabama Bd. of Pharm.*, 2009 WL 6906811 (N.D. Ala. 2009).
24. Alabama Board of Pharmacy, "Use of Telecommucations Relay Service (Policy #20100922)," September 22, 2010, http://www. albop.com/.
25. 923 F. Supp. 720 (D. Md. 1996).
26. No. CIV-95-0708 PHX RGS (D. Ariz).
27. *Crane v. Dole*, 617 F. Supp. 156 (D.D.C. 1985).
28. *Strathie v. Department of Transportation*, 716 F.2d 227 (3d Cir. 1983).
29. *Rizzo v. children's World Learning Center*, 173 F.3d 254 (5th Cir. 1999).
30. 42 U.S.C. §12111(10); 29 C.F.R. §1630.2(p)(2); 41 C.F.R. §60-741.21 (aa)(2).
31. 56 *Fed. Reg.* 35,745 (July 26, 1991).
32. 29 C.F.R. §1630.10.
33. 42 U.S.C. §12112(7).
34. *EEOC v. Community Coffee Co.*, No. H-94-1061 (S.D. Tex. June 28, 1995).
35. 29 C.F.R. §1630.14; 45 C.F.R. §84.14(c) and (d).
36. See U.S. Equal Employment Opportunity Commission, "EEOC Notice 915.022: Enforcement Guidance on Pre-Employment Inquiries under the ADA," October 10, 1995, http://www.eeoc.gov/policy/docs/preemp.html.
37. See *Morton v. UPS*, 272 F.3d 1249 (9th Cir. 2001).
38. See *Bates v. UPS*, 511 F.3d 974, 995 (9th Cir. 2007).
39. *Bates v. UPS*, 511 F. 3d 974 (9th Cir. 2007), Settlement agreement reached, http://www.dralegal.org/impact/cases/bates-v-ups.
40. 49 C.F.R. §391.41(b)(ll).
41. 78 *Fed. Reg.* 7,479 (Feb. 1, 2013).
42. 41 C.F.R. §60-741.40.
43. 29 U.S.C. §791(b) and §793.
44. See Office of Personnel Management explanation of Schedule A hiring: OPM, "Disability Employment Hiring," http://www.opm.gov/policy-data-

oversight/disability-employment/hiring/.

45. See The U.S. Equal Employment Opportunity Commission, "Questions and Answers: Promoting Employment of Individuals with Disabilities in the Federal Workforce: Accommodation Requests," http://www.eeoc.gov/federal/qanda-employment-with-disabilities.cfm#request.
46. Ibid.
47. See Office of Personnel Management, "Handbook of Selective Place-ment of Persons with Physical and Mental Handicaps," OPM Doc. 125-11-3 (March 1979).
48. 42 U.S.C. §1981(a).
49. 42 U.S.C. §1981(b).
50. 42 U.S.C. §1981(a)(3).
51. 41 C.F.R. §60-741.
52. 41 C.F.R. §60-741.5(a)(3).
53. For more detailed information, see 29 C.F.R. §§1614.101-1614.110.
54. 29 U.S.C. §793(a).
55. For court rulings that there is no private right to sue under Section 503, see *Rogers v. Frito-Lay*, 611 P.2d 1074 (5th Cir.1980); *Simpson v. Reynolds Metal Co.*, 629 P.2d 1226 (7th Cir.1980); *Simon v. St. Louis County*, 656 P.2d 316 (8th Cir. 1981); and *Davis v. United Air Lines*, no. 81-7093 (2nd Cir. 1981). *Hart v. County of Alameda*의 판결을 보면, Section 503에 따라 개인이 소송을 제기할 수 있다, 485 P. Supp. 66 (N.D. Cal. 1979), and *Chaplin v. Consolidated Edison of New York*, 482 P. Supp. 1165 (S.D. N.Y. 1980).
56. 78 *Fed. Reg.* 58,681 (Sept. 24, 2013).
57. 45 C.F.R. §84.7(b).

* 미국법전 United States Code, U.S.C.

** 미국연방규정집 Code of Federal Regulations, C.F.R.

Chapter 8

주택

Housing

미국에서 주택은 일반적으로 모든 사람이 향유해야 하는 권리로 인식되고 있다. 모든 사람은 안전하고 자신의 재정 부담이 가능한 주택에서 살 수 있어야 한다. 때문에 공정한 주택에 관한 법률이 제정될 필요가 있었고 주택 차별을 당하지 않도록 특정 부류의 사람들을 보호하기 위하여 법이 통과되었다.

공정주택법

THE FAIR HOUSING ACT

공정주택법 Fair Housing Act, FHA은 1968년 시민권리법 8장으로 입법화되었다.[1] 린든 B. 존슨 Lyndon B. Johnson 대통령은 아프리카계 미국인과 히스패닉(라틴 아메리카계 미국인)들이 특정지역의 집을 구입하거나 임대할 수 없는 문제에 부딪힌 주택 차별에 대해 문제를 해결하고자 법으로 제정했다.[2] 8장은 다시 1988년 공정주택개정법 Fair Housing Amendments Act, FHAA로 개정되었다.[3] 기존 공정주택법 FHA은 여러 근거에 의거해 주택 차별로부터 개인을 보호한다.[4] 그러나 공정주택개정법 FHAA은 '핸디캡'이라는 용어를 사용하지만, 장애인까지 보호 대상으로 확장했으며[5], 또한 공정주택법

FHA 집행 권한을 부여했다.[6]

공정주택개정법 FHAA도 미국장애인법 **Americans with Disabilities Act, ADA**과 재활법 **Rehabilitation Act**에서 장애인을 정의한 것과 같이 핸디캡을 정의하고 있다.

(1) 신체적 또는 정신적 장애로 주요 일상생활 활동 중 한 가지 또는 그 이상 심각하게 제한이 있는 사람

(2) 신체적 장애가 있던 사람

(3) 그러한 장애를 가졌다고 간주되는 사람[7]

공정주택개정법 FHAA에서 신체적 장애의 정의는 '말하기와 듣는데 장애가 있고 듣고 말하는 것을 포함해 주요 일상생활에 장애가 있는 것'이라고 되어 있다.[8] 이러한 정의에 따라 농인과 난청인들도 공정주택개정법 FHAA에 포함된다.

금지된 차별 Prohibited Discrimination

공정주택법 FHA의 여러 부문에서 핸디캡을 가지고 있는 사람들을 차별하지 않도록 하는 특정 법률을 설명하고 있다. 주택 매매나 임대를 위해 공고문이나 광고 문안을 제작하고 알릴 때 핸디캡[9]으로 인해 차별이 있다고 말하거나, 핸디캡[10] 때문에 주택의 내용을 허위로 표시한다거나, 이웃에 핸드캡[11]을 가진 이가 이사 온다고 말하면서 이익을 취하기 위하여 주택을 팔거나 임대하라고 설득하는 것은 불법이다. 주택을 매매나 임대할 때 (A) 매수자 또는 임차인, (B) 주택에 살게 되는 사람, (C) 매수자나 임차인과 관련된 사람이, 핸드캡이 있기 때문에 계약기간, 조건, 특혜에 있어서 또는 주택과 연결되어 있는 서비스나 시설물의 규정에서 차별하거나 매매나 임대를 거절하는 것은 불법이다.[12]

미국 주택·도시개발부 **US Department of Housing and Urban Development, HUD**는 때때로 발생하고 있는 불평등한 대우의 사례를 아래와 같이 밝히고 있다.

- 임대인은 비장애인에게 임대 광고한 집에 대한 정보와는 다른 정보를 장애인에게 줄 수 있다.
- 집 제공자가 광고한 집이 장애인에게는 비장애인과 동일한 기회를 제공하지 않을 수 있다.
- 임대 중개인은 비장애인에게 아는 달리 다른 집, 계단, 빌딩으로 장애인을 잘못 안내할 수도 있다.
- 주택 제공자는 비장애인에게 부과하는 임대료, 보증금, 접수비, 보험 종류, 신용 확인 수수료와 달리 장애인에게는 다른 조건을 요구할 수 있다.
- 중개인은 비장애인에게 회신 전화와 후속 접촉을 하고, 신청서 작성을 위해 방문하라고 알려주고, 대기자 명단에 이름을 올려주는 등의 서비스를 제공하면서 장애인 신청자에게는 이와 달리 의욕을 꺾으려 한다.[13]

공정주택개정법 FHAA은 핸디캡을 이유로 거주용 부동산 거래에서 차별하는 것을 금지하고 있다.[14] 중개 서비스 기관들은 핸드캡이 있는 이를 거절하거나 차별할 수 없다.[15] 게다가 공정주택개정법 FHAA에 따른 권리를 행사하려는 사람을 위협하고, 협박하고, 방해하는 것은 차별적 행위이다.[16] 차별에는 핸디캡을 가진 사람이 그 집에 살기 위해 합리적인 개조를 하거나 또는 합리적인 편의 시설 사용하는 것을 거부하는 것도 포함된다.[17]

합리적인 개조와 편의 시설 Reasonable Modifications and Accommodations

핸디캡을 가진 사람이 최적의 쾌적함을 누리며 살기 위해 집의 개조가 필요해 본인의 비용으로 합리적인 개조하는 것을 거부하는 것은 불법이다.[18] 그러나 임대한 집의 집주인은 임차인에게 개조 전 상태로 복원할 것을 요구할 수 있다. 또한 개조작업이 숙련가에 의해 솜씨 좋게 이루어질 거라는 확신과 필요한 건축 허가를 취득하는데 문제없다는 확신을 주어야 한다.[19] 집주인은 핸디캡이 있는 임차인에게 복원비용을 초과하여 요구할 수 없다.[20]

아무도 핸디캡을 가진 사람이 공공지역과 공동구역을 포함하여 모든 주거공간을 사용하고 향유할 수 있는 평등한 기회에 필요한 합리적인 편의 시설을 만드는 것을 거부할 수 없다.[21] 합리적인 편의 시설에는 농인 안내견 Hearing Dog이 포함될 수 있다.[22] 미국 주택·도시개발부 HUD와 법무부 Department of Justice, DOJ는 편의 시설이 필요할 경우 핸디캡과 편의 시설 간에 상당한 연관성이 있어야 하며[23] 편의 시설은 핸디캡 가진 사람의 생활을 긍정적인 방향으로 높여주어야만 한다는 점을 요구한다.[24] 편의 시설이 집을 제공한 사람에게 재정적으로 또는 관리하는데 과도한 부담을 주거나 또는 집을 제공하는 사람의 운영 특성을 근본적으로 바꾸는 것이라면 합리적이라 할 수 없다.[25] 편의 시설이 합리적인가의 여부를 판단하는 것은 필요성과 비용의 균형을 고려하여 각각의 경우마다 다르게 내려질 것이다.[26]

처벌 Penalties

핸디캡을 가진 사람에게 겁을 주거나, 법에서 보장한 그들의 권리를 행사하고 향유를 못하게 하거나, 다른 사람들에게 핸디캡을 가진 사람들 원조나 서비스를 주지 않도록 설득하는 행위를 하면, 1천 달러 미만의 범칙금과 일 년 미만의 징역에 처하거나, 아니면 벌금과 징역 모두에 처할 수 있다.[27] 차별 과정에서 신체적 상해를 입혔다면 벌금은 1만 달러 이상이 될 수 있고 징역 기간도 더 길어질 수 있다.[28]

공공주택 요건

PUBLIC HOUSING REQUIREMENTS

연방정부 재정 지원을 받는 주택 제공자는 핸디캡을 가진 사람의 참여를 제한하거나 누릴 수 있는 혜택을 거부하거나 차별해서는 안 된다.[29] 연방정부 재원을 받는 사람들은 연방정부 재원을 받지 않는 민간 기관보다 훨씬 더 엄중한 책임감을 갖게 된다. 특별히 연방정부 재원을 받는 주택 제공자는 주택에 관한 모든 기회에 참여하거나 향유할 수 있는 기회를 거부할 수 없고 같은 핸디캡을 가지고 있지 않는 사람들에게 제의했던 똑같은 기회를 제공해야 하고, 주택이나 서비스를 제공하지 않으면 안 되고, 효과적이지 않은 주택과 서비스를 세공해서는 안 되고, 계약과 다른 또는 별도의 주택을 제공해서는 안 되고, 주택 자문위원회에 참석하는 기회를 거부해서는 안 되고, 주택의 혜택과 서비스를 향유하는 데 제한을 해서는 안 된다.[30]

공공 주택의 규정에는 보조도구의 규정을 포함하여 의사소통 접근성에 대해 특별히 그 필요성을 포함하고 있다.[31] 제공해야 하는 보조도구의 타입을 결정할 때 연방정부 재정 수령자가 최우선시 해야 할 고려 사항은 핸디캡을 가지고 있는 사람들의 욕구이다.[32] 수령자가 지원자나 수혜자와 전화로 의사소통할 때 농인이나 난청인도 청각장애인용 문자전화기 Teletypewriter, TTY 또는 그와 같은 효과적인 의사소통 시스템을 포함하여 동일한 서비스를 받을 수 있도록 해야 한다.[33] 이와 더불어 연방정부 재원 수령자는 농인이나 난청인도 다른 사람에게 제공하는 것과 같은 동일한 정보를 받을 수 있도록 해야 한다.[34]

연방정부 재정 수령자는 제공해야 할 보조도구 또는 효과적인 의사소통 시스템이 그들의 프로그램이나 서비스를 근본적으로 변경해야 하거나 재정적으로 또는 관리적으로 과도한 부담이 될 경우에는 제공하지 않을 수도 있다. 그러나 그럼에도 불구하고 가능한 최대한으로 핸디캡이 있는 사람들에게 편의와 서비스를 제공해야 한다.[35]

주 및 지방 주택법률

STATE AND LOCAL HOUSING LAWS

연방정부 공정주택개정법 FHAA에 더하여 몇몇 주 및 지방 자치체들은 주택 차별법을 가지고 있다.[36] 공정주택개정법 FHAA은 연방정부 재정 지원을 받은 주택뿐 아니라 공공 주택에 대한 필요조건과 기준을 정했음에도 불구하고, 주 및 지방 주택 법은 장애인을 포함하여 보호해야 할 그룹을 더욱 강하게 보호하고 있다. 그러한 법률이 있는 주와 지방자치에서는 일반적으로 행정기관이 그 권한을 위임받아 법 위반사항에 대해 조사하고, 농인과 난청인은 차별한 대상자에 대한 그들의 불만사항을 처리하게 된다.

접근 가능한 화재경보기 요구사항 Accessible Smoke Alarm Requirements

주택·도시개발부 HUD는 다양한 형태의 거주를 위하여 여러 종류의 기금을 가지고 있다. 여러 종류의 주택 중 일부에 대해, 연방 재정 지원을 받은 새로운 주택들은 농인이 거주하는 각 침실마다 농인을 위해 경보 시스템이 장착된 연기감지기를 설치해야 한다.[37] 이와 함께, 농인이 거주하는 침실마다 복도에 설치된 화재경보기에 연결된 경보 시스템을 설치해야만 한다.[38]

몇몇 주와 지방 법률은 주택 소유자에게 알람 시스템의 비용에 관해 융통성을 주고는 있지만, 대부분의 주와 지방 법률은 접근 가능한 비주얼 연기감지기 또는 촉각 알림을 가진 연기감지기를 농인과 난청인 세입자에게 제공되어야 한다고 규정하고 있다.[39] 게다가 많은 소방국은 농인과 난청인을 위해 고안된 화재경보기를 무료로 제공하고 있다.

미국 농인협회 **National Association of the Deaf, NAD**는 사람들이 깨있거나 자고 있거나 위험을 알아차릴 수 있도록 모든 연기와 일산화탄소 감지기는 소리, 시각, 촉각 알람 기능을 가지고 있어야 한다. 비주얼 또는 촉각 경보기가 설치되어 있지 않아 듣지 못하는 사람들이 자고 있을 때 소리로 알려주는 경보기로는 깰 수 없었기 때문에 불이 난 것을 인지하지 못하고 화재로 죽어간 수많은 농인과 난청인 희생자가 있다.[40]

농인과 난청인들이 경험하는 주택 차별

Housing Discrimination Experienced by Deaf and Hard of Hearing People

장애인에 대한 주택 차별은 보통 휠체어 사용자에게 영향을 주는 것으로 보여지는데 휠체어로 접근할 수 있는 방이 있는 집들이 부족하고, 빌딩 입구에 계단만 있고 램프는 없고, 계단만 있고 엘리베이터는 없으며, 그 외 보조 기구들의 접근이 어렵다는 것이다. 그러나 농인과 난청인들 역시 여러 다른 형태로 주택 차별을 경험한다.

주택 제공업자는 동물을 키울 수 없다는 애완견 금지규정이 있다 해도 농인 안내견이 집에 거주하는 것을 금지하지 못할 수 있다.[41] 제7순회 항소법원 **The Seventh Circuit Court of Appeals**은 '브론크 대 아이네첸 **Bronk v. Ineichen**' 소송에서 농인은 그들의 개가 안내견으로 진짜 훈련을 받았다는 것을 증명할 수 있다면 애완견 금지규정이 있다 해도 임대한 아파트에서 농인 안내견을 데리고 살 수 있다고 판결했다.[42] 항소법원은 지방법원이 배심원들에게 개가 정식 훈련소에서 훈련을 받지 못했을 경우, 법적으로 합리적인 편의가 될 수 없다고 잘못된 설명을 하고 이를 확고하게 믿게 만들어 소송사건의 개는 안내견이 아니라고 판결한 지방법원 배심원 평결을 뒤집었다.[43]

항소법원은 그 개가 정식 훈련소가 아니더라도 안내견이 될 수 있을 만큼 충분한 훈련이 되어있는지를 판단하라며 소송을 지방법원으로 돌려보냈다.

이에 더하여 주택 소유자 협회에게 의사소통 접근 규정이 합리적이고, 과도한 재정적, 관리적 부담이 되지 않는 한 농인과 난청인들도 모든 회의에 참석할 수 있도록 해야 한다고 했다.[44] 결과적으로 그러한 협회들은 회의에 참석하는데 필요한 수어통역사나 자막처리 서비스를 제공해야 하며 그러한 비용이 협회 전체 예산으로 볼 때 감당할 수 없을 정도라는 것을 증명할 수 없다면 반드시 제공해야 한다.

2007년 뉴욕 New York에 사는 한 농인 남성이 아파트를 임대하려는 중에 집주인에게 도어 벨이 울렸을 때 알 수 있도록 비주얼 알람을 제공해 달라고 요청했다.[45] 그러나 집주인은 비주얼 알람 설치를 거부했을 뿐 아니라 그가 농인이기 때문에 아파트 임대까지 거절했다. 2009년 이 소송은 집주인이 차별 금지 명령 구제에 동의하고 7천5백 달러의 손해배상에 동의하면서 해결되었다.[46]

2014년 1월 9일, 농인협회 National Association of the Deaf, 공정 주택연합회 National Fair Housing Alliance, 오스틴 세입자 협의회 Austin Tenants' Council는 아칸소주 Arkansas 리틀록 Little Rock, 캘리포니아주 California 새크라멘토 Sacramento, 조지아주 Georgia 애틀랜타 Atlanta와 사바나 savanna, 미시시피주 Mississippi 롱비치 Long Beach, 사우스캐롤라이나 South Carolina나 찰스턴 Charleston, 노스 찰스턴 North Charleston, 렉싱턴 Lexington과 텍사스주 Texas 오스틴 Austin에 있는 주요 아파트 단지 주인들과 관리사무소 회사를 상대로 주택·도시개발부 HUD의 8개 고소장을 제출했다.[47] 이러한 고소장은 1년에 걸쳐 농인 검사자와 청인 검사자가 동일한 주택단지에서 짝을 맞춰 똑같이 전화를 건 조사 결과에 따라 제출된 것이다. 농인 검사자와 청인 검사자에게 걸려온 전화에 주택단지 직원이 응대할 방식에 차이점이 있는지를 알아보기 위해 실시한 것이다. 공정 주택연합회는 이러한 시험의 모든 결과를 '지금 당신은 듣고 있으십니까? 전국적 조사로 농인과 난청인에 대한 주택 차별을 밝히다. Are you Listening Now? A National Investigation Uncovers Housing Discrimination against the Deaf and Hard of Hearing.'라는 제목으로 발표했다.[48]

차별행위에는 다음과 같은 사례들이 포함되어 있다.

- 임대 중개인은 농인에게는 월 임대료 725달러짜리 2채가 가능하다고 하였으나, 청인에게는 제3의 가능한 집이 월 임대료 675달러이라고 말했다.
- 임대 중개인은 농인에게는 방 2개짜리 집이 없다고 말한 반면, 청인에게는 방 2개짜리 집이 2채가 있다고 말하였다.
- 임대 중개인이 청인에게는 임대 가능한 집 3채가 있으며 생활 편의 시설에 대해 상세한 설명과 함께 500달러의 보증금을 내는 대신, 돌려받지 못하는 87달러 50센트의 보증금에 대한 다른 옵션도 있다고 말해 준 반면, 농인에게는 가능한 집 2채가 있다고 했을 뿐 상세한 설명도 해주지 않았고 87달러 50센트라는 특별 보증금 제도에 대해서는 아예 말도 하지 않았다.
- 청인에게는 인내심을 갖고 상세 설명과 연락처를 물은 반면, 농인에게는 퉁명스럽게 대하며 상세한 설명도 하지 않았고 연락처도 묻지 않았다.
- 임대 중개인은 농인에게 걸려온 첫 전화는 끊고, 같은 사람이 두 번째 건 전화에서 정보를 주며 수수료와 개인 정보를 요구했다. 같은 중개인은 청인에게는 첫 전화에서 모든 정보를 제공하며 수수료나 개인 정보를 요구하지도 않았다.
- 청인에게는 연락처를 물어보고 후속 전화를 걸었던 반면, 농인에게는 그렇지 않았다.
- 농인의 전화는 계속 끊으면서 청인 전화는 받았다.
- 임대 중개인은 농인에게는 보증금은 신용등급에 따라 달라진다고 알려준 반면, 청인에게는 이러한 조건에 대해 말하지 않았다.

- 임대 중개인은 농인 전화는 끊고 음성메일로 후속 전화를 건 반면, 청인에게 걸려온 전화는 받았다.[49]

더욱 당황스러운 것은 실험 대상이 된 모든 주택단지에서 40%에 해당하는 임대 중개인이 적어도 한 번은 농인의 전화를 끊었고; 86%는 청인에게 제공한 정보를 농인에게는 제공하지 않았으며; 56%는 개인 정보나 재정적 자격에 대해 농인에게 더 많은 요구 조건을 제시했다.[50]

수년에 걸쳐 이와 동일하게 다른 주택 접근 조사가 진행되었지만, 결과는 항상 좋지 않았다. 뉴욕에 있는 주택 제공업자는 정부가 농인 검사자에게 법정에서 실제로 접근성 문제만 테스트했으면서도 아파트를 임대하고 싶다고 증언하게 함으로써 정부가 위증을 시켰다고 주장하며 이러한 조사의 합법성에 대해 이의를 제기했다.[51] 그러나 제2순회 항소법원은 모든 테스팅은 합법적이었으며 주택 제공업자는 농인에게 아파트 임대를 거부하고 농인 중개 연결 전화를 끊어 버리는 등 공정 주택법 위반 사실이 발견되었으므로 연방지방법원의 판결을 확정했다.[52]

주택 제공자들은 아파트 임대를 구하고 있는 농인과 난청인이 중계 전화 **Relay Call**로 거는 등의 모든 형태의 전화를 받을 수 있도록 준비되어 있어야 하고, 농인과 난청인들에게 걸려온 전화에는 정보를 덜 주고, 요구는 더 많이 하는 등 선택적으로 응대하는 것이 아니라 모든 잠재적 세입자에게는 동일한 정보를 제공해야 한다.

주거 불만 제기 Filing a Housing Complaint

공정 주택 개정안에 따라 불만사항은 전화, 메일 또는 인터넷을 통해 비용 부담 없이 미국 주택·도시개발부 HUD에 제기할 수 있다.[53] 불만사항은 주장하는 차별적 주택 행위가 일어나거나 종료된 후 1년 이내에 미국 주택·도시개발부 HUD에 제기되어야 한다.[54] 제출하고 나면 미국 주택·도시개발부 HUD는 불만사항을 조사한다.[55] 조사가 완료되면 미국 주택·도시개발부 HUD는 불만 제기자를 대신하여 주택 제공자를 상대로 조치를 취할 수 있으며, 사안을 다른 기관에 회부할 수도 있고, 아니면 어떠한 조치 없이 거절할 수 있다.[56]

공정 주택 개정법에 따라 차별을 경험한 사람들은 주택 공급자를 상대로 연방 법원이나 주 법원에 개인적인 법적 조치를 취할 수 있는데, 주장하는 차별적 행위가 일어나거나 종료된 후 2년이 지나지 않은 시점에 제기되어야 한다.[57]

NOTES

1. U.S. Department of Housing and Urban Development, "History of Fair Housing," http://portal.hud.gov/hudportal/HUD?src=/program_offices/fair_housing_equal_opp/aboutfheo/history.
2. Ibid.
3. Pub. L. No. 100-430 (HR 1158); Pub. L. No.100-430, (1988), 102 Stat. 1619.
4. 22 Causes of Action 2d 1 (2003) (기본은 인종, 피부색, 성별, 출신 국가, 장애, 및 가족상태라고 명시); 42 U.S.C˙ §§3604 et seq. (1988).
5. Pub. L. No. 100-430.
6. Ibid.
7. 42 U.S.C. §3602(h); 24 C.F.R. §100.201.
8. 24 C.F.R.¨ §100.201.
9. 42 U.S.C. §3604(c).
10. 42 U.S.C. §3604(d).
11. 42 U.S.C. §3604(e).
12. 42 U.S.C. §3604(f)(l) and (2).
13. U.S. Department of Housing and Urban Development, *Discrimination against Persons with Disabilities: Testing Guidance for Practitioners, United States Department of Housing and Urban Development* (July 2005), 8, http://www.hud.gov/offices/fheo/library/dss-guidebook.pdf.
14. 42 U.S.C. §3605.
15. 42 U.S.C. §3606.
16. 42 U.S.C. §3617.
17. 42 U.S.C. §3604 (f)(3).
18. 24 C.F.R. §100.203.
19. 24 C.F.R. §100.203(a), (b).
20. 24 C.F.R. §100.203(a).
21. 24 C.F.R. §100.204(a).
22. See C.F.R. §100.204(b); U.S. Department of Housing and Urban Development and Department of Justice, *Reasonable Accommodations under the Fair Housing Act* (May 14, 2004), http://www.hud.gov/offices/fheo/

library/huddojstatement.pdf (hereinafter *Joint Statement*).

23. *Joint Statement.*
24. 1 *Fed. Reg. Real Estate and Mortgage Lending* 12: 36 (4th ed.).
25. *Joint Statement.*
26. Ibid.
27. 42 U.S.C §3631.
28. Ibid.
29. 24 C.F.R. §8.4(a).
30. 24 C.F.R. §8.4(b).
31. 24 C.F.R. §8.6(a).
32. 24 C.F.R. §8.6(a)(l)(i).
33. 24 C.F.R. §8.6(a)(2).
34. 24 C.F.R. §8.6(b).
35. 24 C.F.R. §8.6(c).3
36. 이 그룹에 포함된 것들은(포괄적이지 않음) 다음과 같다:
    Alaska Statutes §18.80.210; California Government Code §12955; Connecticut General Statutes §§46a-64b; 6 Delaware Code Chapter 46; District of Columbia Code §2-1402.21; Florida Statutes §§760.20-760.60; Georgia Code §8-3-200 et seq.; Hawaii Revised Statutes §515-3; Idaho Statutes §67-5909; 775 Illinois Compiled Statutes §§5/3-101 et seq.; Indiana Code §§22-9-6-1 et seq.; Iowa Code §§216.8-216.8A; Kansas Statutes §§44-1015 to 44-1031; Kentucky Revised Statutes §344.120, §§344.360 to § 344.385; Maine Revised Statutes, Title 5, Part 12, Chapter 337, Subchapter 4; Maryland Code, State Government, §§20-701 to 20-710; Massachusetts General Law, Chapter 151B; Michigan Compiled Laws §§37.1501 to 37.1507; Minnesota Statutes §§363A.09 to 363A.10; Missouri Revised Statutes §§213.040 to 213.050; Montana Code §49-2-305; Nebraska Revised Statutes §§20-301 to 20-344; Nevada Revised Statutes §§118.010 et seq.; New Hampshire Revised Statutes §§354-A: 8 to 354-A: 15; New Jersey Revised Statutes §§10:5-12.4 to 10:5-12.5; New York Consolidated Laws, Civil Rights §§18-A to 19-B; North Carolina General Statutes §§41A-1 et seq.; North Dakota Century Code §§14-02.5-01 et seq.; Ohio Revised Code §4112.02(H); Oregon Statutes §§659A.421; Rhode Island General Laws

§§34-37-1 et seq.; South Carolina Code §§31-21-10 et seq.; South Dakota Codified Law §§20-13-20 to 20-13-23.7; Tennessee Code §§4-21-601 to 4-21-607; 9 Vermont Statutes §4503; Virginia Code §§36 36-96.1 et seq.; Revised Code of Washington §§49.60.222 to 49.60.225; West Virginia Code §§5-llA-l et seq.; Wisconsin Statutes and Annotations §106.50.

37. 24 C.F.R. §880.207(g)(l); 24 C.F.R. §881.207(g)(l); 24 C.F.R. §883.310(c)(l); 24 C.F.R. §884.110(d)(l).

38. 24 C.F.R. §880.207(g)(2); 24 C.F.R. §881.207(g)(2); 24 C.F.R. §883.310(c)(2); 24 C.F.R. §884.110(d)(2).

39. 목록은 다음과 같다 (포괄적이지 않음):
District of Columbia Code §6-751.01; Maine Revised Statutes §2464; Maryland Code, Public Safety §§9-102 and 9-105; Oregon Statutes §479.255; Code of Virginia §36-99.5; West Virginia Code §29-3-16a.

40. 화재와 관련한 농인 뉴스 기사: Maeve Reston, "Fire Deaths Shock Deaf Community," *Los Angeles Times*, December 04, 2007, http://articles.latimes.com/2007/dec/04/local/me-mobile4; Theresa Vargas, Susan Svrluga, and James Arkin, "Friends Recall Pair Killed in House Fire," *Washington Post*, January 24, 2013, http://www.washingtonpost.com/local/friends-recall-pair-killed-in-house-fire/2013/01/24/7af739f8-666b-lle2-85f5-a8a9228e55e7_story.html; Bill Spencer and Nakia Cooper, "Girl, Deaf Man Hospitalized After Fire Breaks Out in NW Harris County," KPRC 2 Houston, August 6, 2014, http://www.click2houston.com/news/2-hospitalized-when-teen-tries-to-rescue-deaf-father-from-house-fire/26845718.

41. *Joint Statement*, Question 6, example 3, http://www.justice.gov/ert/about/hce/jointstatement_ra.php.

42. *Bronk v. Lneichen*, Case No. 94-2882 (7th Cir., May 11, 1995).

43. Ibid.

44. "Frequently Asked Questions," webpage hosted the Fair Housing Accessibility FIRST (an initiative sponsored by the United States Department of Housing and Urban Development), http://www.fairhousingfirst.org/faq/fha.html.

45. *King v. Meir Weiss and 2129 Cortelyou Road LLC*, Case No. 08-3047 (E.D. N.Y. 2009).

46. Fair Housing Justice Center, "Case Highlights," http://www.fairhousing

justice.org/resources/case-highlights/; Fair Housing Coach, *How to Comply With Fair Housing Law When Dealing With People Who Are Deaf or Hard of Hearing* (December 2012), http : //918dac0aaf3565b9eeb2-8b29b0f5793c61c94be6939f37aeee4d.r65.cf2.rackcdn.com/FHC-DEC12.pdf.

47. Press statement of January 15, 2014 from the National Fair Housing Alliance, the National Association of the Deaf, and the Austin Tenants' Council (hereinafter NFHA Press Statement), http://www.nationalfairhousing.org/Portals/33/News%20 Release%20deaf%20hh.pdf.
48. National Fair Housing Alliance Report, *Are You Listening Now? A National Investigation Uncovers Housing Discrimination against the Deaf and Hard of Hearing* (January 9, 2013), http://www.nationalfairhousing.org/Portals/33/2013-01-09%20Are%20 You%20Listening%20Now%20-%20Housing%20 Discrimination%20against%20the%20Deaf.PDF; National Fair Housing Alliance, "Civil Rights Groups File Complaints Against Apartment Complex Owners and Managers for Discrimination Against the Deaf and Hard of Hearing," January 15, 2014, http://www.nationalfairhousing.org/Portals/33/News%20Release%20 deaf%20hh.pd£.
49. National Fair Housing Alliance, "민권 단체는 아파트단지 소유자 및 관리자에게 농인·난청인 차별에 대한 불만을 제기해야 한다."
50. Ibid.
51. *Space Kings, Inc. v. United States*, Case No. 11-3153-CV (2d Cir., Oct. 17, 2012).
52. Ibid.
53. 미국 주택도시개발부 HUD에 불만을 제기하기 위한 방법은 다음 사이트에서 찾을 수 있다. http://portal.hud.gov/hudportal/HUD?src=/program_offices/fair_housing_equal_opp/complaint-process.
54. 42 U.S.C. §3610(a)(l)(A).
55. 42 U.S.C. §3610(a)(l)(B).
56. 42 U.S.C. §3610(f) and (g); 42 U.S.C. §3612; 42 U.S.C. §3613.
57. 42 U.S.C. §3613(a).

* 미국법전 United States Code, U.S.C.

** 미국연방규정집 Code of Federal Regulations, C.F.R.

Chapter 9

법률 시스템

The Legal System

수어통역사가 없으면 농인 피고는 그가 고소 당한 내용의 성격과 이유를 아는 것이 불가능한 일이다… 그는 알지도 못하고 이해하지도 못한 채 오직 무기력하게 서 있을 뿐이다. 헌법상 필수적인 권리에도 불구하고...

1925년 앨라배마 항소심에서 테리 브리 스테이트

Alabama Court of Appeals in Terry V. State, 1925[1]

서문의 사건은 거의 100년 전에 일어난 일이다. 불행히도 아직도 법률 시스템에는 저 날 법정의 안타까움이 반영되지 않았다. 오늘날 훨씬 많은 법적 보호장치가 자리를 잡았으나 농인과 난청인들은 법률 시스템에서 의사소통이라는 장벽에 늘 부딪친다. 그들은 대개 변호사를 대동할 수 없다. 그들과 의사소통이 가능하고 그들의 필요한 바를 이해할 수 있는 변호사를 찾기가 매우 어렵기 때문이다. 그들이 법정에 가게 되면, 그들은 진행 절차를 이해하지 못하고 그들 입장에서 사건 비용을 설명할 수도 없다. 경찰서에서도 똑같다. 의사소통 부족으로 자주 오해가 생겨 이들에게 불리한 결과가 나온다. 때문에 농인과 난청인은 물론, 변호사, 증인, 배심원 들도 법정에서 평등한 의사소통에 접근권을 얻으려고 지속적으로 투쟁하고 있다.

최근 몇 년 간 농인들이 법정에서 접근 가능하도록 하는데 주목할 만한 진척이 연방과 주 차원에서 이루어졌다. 미국장애인법 **Americans with Disabilities Act, ADA**은 모든 주법원과 지방법원에 농인과 난청인들이 접근 가능하도록 권리로써 요구하고 있다. 사실상 모든 법원 및 지방법원은 연방정부 재정 지원을 받고 있기 때문에 1973년 제정된 재활법 **Rehabilitation Act** 504조가 동일한 요구사항을 부과하고 있었다. 미국장애인법 ADA과 504조 모두 법정에서 농인과 난청인을 위한 통역사, 문자통역 서비스, 기타 적절한 보조도구들에 대한 규정을 요구하고 있는 것이다.[2] 미국장애인법 ADA은 농인과 난청인 소송당사자에게는 이러한 서비스 비용을 부과하지 못하도록 하고 있다.[3] 수어 통역 서비스와 배심원 자격을 중심으로 한 주법률은 필요한 접근권을 보장하기 위하여 점진적으로 개정되고 있다.

이러한 진척에도 불구하고 오늘날 많은 법정은 아직도 농인과 난청인에게 평등한 접근성을 거부하고 있다. 아직도 많은 판사들이 연방정부 시민권리법에 대해 익숙지 않다. 몇몇 주법의 수어통역사 규정은 미국장애인법 ADA과 504조에 적절치 않거나 충돌을 일으키고 있다. 판사에게 수어통역사의 비용을 농인과 난청인에게 부과하도록 허용하는 주법은 당연히 미국장애인법 ADA과 504조를 위반하는 것이다.

법원 접근권

ACCESS TO COURTS

미국은 각 주마다 법원 시스템을 통제하기 위한 그들만의 법률을 가지고 있으며 연방 법원 시스템은 다른 정책과 규정을 가지고 있다. 미국장애인법 ADA과 504조는 연방 법원 시스템에 적용되지 않는다. 이에 따라 농인과 난청인은 주와 지방법원에서 미국장애인법 ADA과 504조에 따라 연방 법원의 보호 보다 훨씬 폭넓은 접근과 평등에 대한 권리를 누릴 수 있다. 연방법원은 1979년 제정된 법정통역사법 **Court Interpreter Act**에 농인 피고인, 관련인, 증인을 위한 통역사에 대한 규정을 두고 있다.[4]

주·지방법원 State and Local Courts

미국장애인법 ADA과 504조에 따라 농인과 난청인은 모든 주와 지방법원에서 효과적인 의사소통을 할 수 있고, 이루어지는 소송 절차에 참여할 수 있는 권리가 있다.[5] 특별히 법원은 그들에게 진행되는 사건을 이해할 수 있도록 보조도구를 제공해야 한다. 이러한 2개의 연방 법률은 소송당사자, 증인, 배심원, 방청객 또는 변호사로서 주와 지방법원 소송에 참여하는 것을 보호해 준다. 2개 연방 법률은 또한 민사, 형사, 소액 청구, 가정법원, 소년범을 포함하여 주와 지방법원 모든 재판 절차에도 적용된다.

적합한 보조도구는 해당인의 의사소통 능력, 읽고 쓰는 능력, 청력 등급에 따라 결정된다. 수어를 사용하는 농인과 난청인을 위한 법원이 제공할 수 있는 가장 효과적인 보조도구는 법적 절차와 용어에 훈련받은 '공인 수어통역사' 서비스이다. 수어를 사용하지 않고도 독해 능력이 우수한 농인과 난청인에게 적절한 보조도구는 컴퓨터 지원, 실시간 문자통역 CART 시스템이 된다. 실시간 문자통역 시스템을 사용해서, 소송 중 모든 발언을 법원 속기사가 컴퓨터에 입력하면 동시에 단어가 농인과 난청인들이 읽을 수 있도록 컴퓨터 스크린에 나오게 된다. 또 다른 사람들을 위해서 독순술을 해독할 수 있는 구화 통역사가 필요할 수도 있다. 보청기 사용자를 위한 적절한 보조도구는 음향 증폭기 또는 음향 개선 장비가 될 수 있으며 소형 법정으로 옮기는 방법도 있을 수 있다.

법무부 **US Department of Justice, DOJ**는 미국장애인법 ADA과 504조의 필

요성을 설명하는 규정집을 발간했다.[6] 1980년 법무부는 504조와 관련하여 아래와 같이 말한 바 있다.

> 연방정부 재정 지원을 받는 법원 시스템에서 듣고 말하는데 장애가 있는 사람들이 관련된 민사 또는 형사소송절차는 반드시 공인 통역사를 제공해야 한다. (수령인이 법 조항에 따라 공인 통역사를 제공해야 하는 의무가 있는 경우 수령인은 통역사 비용을 지불할 책임이 있다.)[7]

504조에 따라 듣고, 말하는데 장애가 있는 증인들도 피고인의 권리와는 별도로 증언을 위해 필요한 통역사를 사용할 권리가 있다.[8] 더구나 미국장애인법 ADA 규정에 따라 법무부는 주법원과 지방법원들에게 모든 소송절차에서 농인과 난청인의 의사소통을 확고히 할 수 있는 보조도구를 제공하라고 요구하고 있다.

(a) (1) 공공기관은 다른 일반인과 의사소통하는 것 같이 장애인 지원자, 참가자, 공공기관 회원, '동반자'들과 효과적인 의사소통을 할 수 있도록 적절한 조치를 취해야 한다.

(2) '동반자'란 공공기관의 서비스, 프로그램, 활동에 접근하고자 장애인과 함께하는 가족, 친구, 연대인을 의미하며 공공기관이 의사소통해야 할 적절한 대상자를 말한다.

(b) (1) 공공기관은 지원자, 참가자, 동반인, 공공기관 회원을 포함하여 장애인들에게 평등한 참여 기회를 제공하고 공공기관의 서비스, 프로그램, 활동의 혜택을 누릴 수 있도록 필요한 곳에 적합한 보조도구와 서비스를 제공해야 한다.

(2) 효과적인 의사소통을 위하여 필요한 보조도구나 서비스의 종류는 개인이 사용하는 의사소통 방법에 따라 다양할 것이다; 관련된 의사소통의 성격, 소요 시간, 복잡성; 의사소통이 이루어지는 장소의 성격. 어떤 종류의 보

조도구와 서비스가 필요한지를 판단해야 할 때, 공공기관이 제일 먼저 고려해야 할 사항은 장애인의 요청사항이다. 효과적인 의사소통이 되기 위해서는 보조도구와 서비스가 접근 가능한 형태로, 시간에 맞춰, 장애인의 프라이버시와 독립성을 보호할 수 있는 방식으로 제공되어야 한다.[9]

법무부 규정에서 '보조도구 **Auxiliary Aids**'란 '공인 통역사와 실시간 문자통역 **Communication Access Real-time Translation, CART** 서비스를 포함한 농인과 난청인을 위한 것'이라고 정의하고 있다.[10] 이 규정에 의하여 법무부는 모든 법정에서 농인이나 난청인을 위해 효과적인 보조 수단과 서비스로 실시간 문자통역 CART 시스템을 사용하고 있다.[11] 법무부 규정으로 주 또는 지방법원은 장애인에게 제공한 보조도구에 대한 비용을 부과할 수가 없다.

> 공공기관은 차별을 금지하는 법에 의해 보조도구나 프로그램 접근을 위한 방법을 제공함에 따라 발생되는 비용을 특정 장애인에게 추가요금으로 부과할 수 없다.[12]

주 판사들이 통역사 서비스 비용을 법정비용으로 인정하는 주 법률은 미국장애인법 ADA을 위반하는 것이다. 미국장애인법 ADA 규정 위반사항 분석에서 법무부는 법정비용 문제를 분명하게 언급했다.

> 법무부는 법정 통역 서비스 비용을 부과하는 것은 504조를 위반하는 것으로 이미 인식하고 있었다. 따라서 통역 서비스 비용을 법정비용으로 인정하고 통역 서비스 비용 환수를 금지하고 있다.[13]

주 법원과 지방법원에 대한 불만 Complaints against State and Local Courts

미국장애인법 ADA과 504조에도 불구하고, 어떤 판사들은 농인과 난청인에게 법으로 약속된 평등 접근권을 제공하기를 거부한다. 이러한 사례 때문에 법정과 판사들에 대한 소송이 법 준수를 보장받기 위해 필요할 수도 있다. 예를 들어 인디애나주 Indiana에서 신디 클라크 Cindy Clark는 주 법원에 소액 청구 건을 제기했다. 그녀는 판사에게 비용을 지불하지 않는 수어통역사를 제공해 달라고 요청했다. 그러나 판사는 법정은 구화 의사소통이나 수어가 아닌, 글로 작성된 문서를 통해서만 증거를 들을 것이라고 하면서 이를 거절했다. 클라크는 판사가 미국장애인법 ADA과 504조를 위반하는 차별 행위를 했다고 주장하면서 연방 법원에 인디애나주와 지방법원 판사를 고소했다. 미국장애인법 ADA을 준수하기 위해서 인디애나 대법원이 자체 재판 규칙을 수정하기로 합의하면서 사건은 해결되었다. 지방법원은 클라크의 소액 청구 법정절차가 진행되는 동안 통역사 제공에 합의하고 비용은 소송 결과에 관계없이 클라크에게 부과하지 않을 것이라고 발표했다.[14]

오하이오주 Ohio에서는 농인 남성이 지방법원 형사재판의 피고인이었다. 지방법원 판사는 그에게 그의 재판 통역사에게 200달러 이상의 비용을 지불하라고 명령했다. 그러나 남성은 이 명령이 미국장애인법 ADA과 504조를 위반한 것이라고 주장하면서 판사를 오하이오 연방 법원에 고소했다. 이 소송에서 지방법원 판사는 남성에게 통역사 비용 지불 명령을 취소하는 법원 명령을 내렸다. 또한 지방법원은 법정에 출두한 농인 관련자들과 증인들에게 공인 통역사 비용을 지방법원이 부담한다는 새로운 규정을 채택했다. 통역사 비용은 법원 비용으로 부담됐다.[15]

보조도구 제공을 거부하는 법원과 판사는 많은 경우에 있어서 법과 정의에 대한 거부가 될 수 있다. 법정이 미국장애인법 ADA과 504조를 위반한 결과 농인 부모들이 황당하고 터무니없게 그들의 자녀를 잃어버린 경우도 있다. 한 아동이 구금된 상황에서 재판 중 법원은 소송 진행 내용을 들을 수 없는 아버지를 위해 실시간 문자통역 또는 알맞은 대체안 제공을 거부했다.[16] '지연된 정의는 거부된 정의다'라는 법언 法諺의 참의미를 깨닫게 한 경우로써, 그 아버지는 결국 그의 딸을 5년 동안 보지 못했다. 그는 미국장애인법 ADA 3장에 따라 그의 불만사항을 지방정부와 연방 법원 내 지방법원에 소송을 제기했다. 배심원은 그에게 40만 달러를 지급하라고 명령했다.

농인 변호사들도 소송을 진행할 수 있도록 의사소통 접근권을 위해 싸우고 있다. 켄터키주 Kentucky는 농인 변호사가 소송에 출석할 때 통역사 제공 같은 의사소통 접근권 제공을 명백히 거부하는 규정을 가지고 있다. 켄터키 차별 정책에 농인 변호사 테리 모지에 Teri Mosier는 변론을 하는 데 있어 그녀의 능력을 실질적으로 제한받았다.[17] 미국 농인협회 National Association of the Deaf, NAD와 사립 법률사무소는 모지에를 대신해서 켄터키주를 상대로 미국장애인법 ADA과 504조 위반으로 소송을 제기했다. 켄터키주는 연방 소송에서 농인 변호사들이 법정에서 효과적인 의사소통을 위해 필요할 때는 통역사를 제공해야 한다고 그들의 정책을 업데이트하기로 합의했다.

농인과 난청인 배심원들도 주 법정에서 의사소통 접근권에 대한 권한이 있다. '피플 대 구즈맨 People v. Guzman' 소송에서 뉴욕 New York 대법원은 농인 배심원이 피고인의 공정한 재판받을 권리를 결코 박탈하지 않는다는 결론을 내렸다.[18] 그러나 몇몇 주 법정은 연방법에도 불구하고 농인 배심원을 받아들이지 않고 있다. 오하이오 법정은 농인 배심원은 오디오 테이프에 제시된 주요 증거에서 태도, 언어 패턴, 음성의 억양을 식별할 수 없기 때문에 농인 배심원은 소송에서 배심원의 자격을 갖추지 못하다고 했다.[19]

연방 법원 Federal Courts

연방 법원 법정에 참석한 농인과 난청인이 주 법정의 소송당사자들 보다 접근권에 대한 권리가 훨씬 미약하다는 것은 매우 역설적인 일이다. 미국장애인법 ADA과 504조가 연방 법원 시스템에는 적용되지 않기 때문이다. 그러나 법정통역사법 Court Interpreter Act에 따라 법정은 연방정부가 주도하는 형사 또는 민사 사건에서 농인 관련자 또는 증인들을 위해 공인 통역사를 지정해야 한다.[20] 이 법에 따라 통역 서비스가 필요한 사람에게는 정부가 이 서비스 비용을 지불해야 한다. 통역사가 제공되었을 때 미국법원 행정처장 Director of the Administrative Office of the United States Courts은 법원에서 임명한 통역사에게 요구되는 자격조건을 심사 판단해야 한다. 각 지방법원은 법원서기 사무실에 공인 통역사 리스트를 관리해야 한다. 리스트를 준비하면서 법원행정처장은 장애인 협회와 농인 통역사 등록 사무소를 포함한 농인 단체와 상담해야 한다.[21] 통역사가 피고인, 관련자들, 증인들과 효과적인 의사소통을 하지 못한다면 법정의 재판장은 그 통역사를 해고하고 다른 통역사의 서비스를 받아야 한다.

이 법안의 결점은 연방정부가 주도하는 형사 및 민사소송에서만 통역사를 지정할 수 있다는 것이다. 때문에 민간 관련자들이 소송을 제기할 때 이 법은 연방 법원에게 통역사를 제공하라고 요구할 수 없었다. 그러나 1996년 이후 미국법원행정처는 이러한 결점을 고침으로써 통역 서비스를 모든 연방 법원 소송절차로 확대하면서 보완했다. 사법 정책 안내 **Guide to Judiciary Policy** 255조는 다음과 같이 이를 제공한다고 정정하고 있다.

§255.10 일반 정책

(a) 1995년 9월 채택된, 모든 연방 법정에서 의사소통에 장애가 있는 사람들에게 합리적인 보조도구를 제공하는 사법회의 Judicial Conference 정책결정이다. (JCUS-SEP 95, p.75)

법정통역사법 **Court Interpreter Act**(미국 연방법전 Title 28 사법 및 사법절차 1827)에서 요구되는 것 이외의 서비스를 제공한다.

(b) 미국 연방법전(28 U.S.C. §1827(1))에 따르면, 판사는 사법절차가 미국에서 시작되었건 아니건 간에 사법절차에 참여하는 당사자, 증인, 그 외 관련된 사람들에게 수어통역사를 제공할 수 있다.

(c) 사법회의 결정에 따라 법정은 연방 법정 절차에 참여하는 농인, 듣는데 장애가 있거나, 의사소통에 장애가 있는 사람들에게 수어통역사나 다른 보조도구를 반드시 제공해야 하며 이러한 서비스가 필요하다고 판단되면 방청객에게도 제공될 수 있다.

(d) 장애인 직원에 대한 정책에 관한 정보는 고용 평등 관행을 참조하라.
참조 Guide, Vol.12, Ch2

§255.20 수어통역사 및 기타 보조도구 및 서비스

(a) 필요성
각 연방 법원은 사법부 비용으로 농인 또는 의사소통에 장애가 있는 사람들이 연방 법원 소송절차에 참여하고 있다면, 수어통역사 또는 그 외 적절한 보조도구와 서비스를 제공해야 한다. 법원이 최우선 고려해야 할 것은 참가자가 선택한 보조 수단이나 서비스가 무엇인가를 파악해야 한다.

(b) 실시간 보고

(1) 법원에서 적당하다고 인정하는 경우, 컴퓨터로 지원되는 실시간 보고 서비스 제공도 가이드라인에 따라 제공되는 서비스이나 단 본 지침이 채택된 제한된 목적을 확대할 때만 적용된다. 이에 따라 실시간 보고하기는 필요할 때만 그리고 참가자가 요청에 의해 특수한 목적이 인정될 때만 제공되어야 한다. 예를 들면 농인 증인이 증언할 때만 제공된다.

(2) 실시간 보고는 의사소통을 지원하기 위해서만 사용되어야 하며 공식 기록을 생성하는 기존의 수단을 대신하여 사용되어서는 안 된다.

(3) 이러한 지침에 따라 제공되는 실시간 보고 서비스는 말해진 단어의 비디오 디스플레이로 제한될 수 있고, 키워드 검색이나 편집되지 않은 일상적인 기록이 포함되는 등의 개선사항은 포함되지 못한다.

(4) 법원은 이 규정을 법정에서 실시간 보고 장비를 구매하고 설치하기 위한

승인으로 사용할 수 없다. 그러한 구매 등 법원 보고에 관해서는 사법회의 결정을 따른다.

(c) 정의

(1) 법정 소송절차에 참여하는 사람은 당사자, 변호사, 증인들이다. 법원은 이 지침에 따르는 서비스를 방청객에게까지 제공하라고 요구하지 않는다. 그러나 적절하다고 판단되는 상황에서는 제공할 수도 있는데, 예를 들면 법원은 피고인 배우자가 농인일 때 통역사를 제공하여 재판 과정을 이해할 수 있도록 할 수 있다.

(2) 법원 소송절차에는 재판, 청문회, 의식, 법원이 주관하는 기타 공공 프로그램들과 활동들이 포함된다.

(3) '가장 우선하여 고려한다'는 의미는 동일한 효과가 있는 다른 의사소통 방법이 있다는 것을 증명하지 못하거나 선택한 방법이 법원 소송절차의 성격을 근본적으로 변경해야 한다거나 재정적으로 또는 행정처리 면에서 과도한 부담이 된다는 것을 증명하지 못한다면, 법원은 보조도구나 서비스의 결정에 최우선으로 참가자의 뜻을 존중하라는 것이다.

(4) 보조도구와 서비스에 포함되는 것은 공인 통역사; 청각 보조 장치 또는 시스템; 소리로 전달된 자료를 농인들에게도 유용한 것으로 만들어주는 등의 효과적인 방법들이다.

§255.30 배심원 서비스 지급규정

(a) 어떤 사람이 배심원으로 봉사하는데 법적으로는 적격자로 인정되나 의사소통 장애가 있는 경우 의사소통 장애를 해결하는 데 필요한 서비스 비용은 배심원 비용 충당금에서 지급되어야 한다.

(b) 가이드라인에 따라 제공된 서비스는 수어통역사 또는 기타 적절한 보조 수단이 포함된다.

(c) 의사소통 장애가 있는 예비 배심원의 법적 자격 여부를 판단하는 것은, 1861년 제정된 미국 연방 법전 28 하에 배심원 선택과 서비스 법률에 따르면, 재판 법정의 판단을 위한 것으로 그 판단은 가이드라인에 지배받거나 영향받지 않는다.

§255.40 절차

(a) 법원은 소송절차에 참여하는 사람들이 보조도구나 서비스를 요청하면 '액세스 코디네이터 **Access Coordinator**' 역할을 할 담당 사무실이나 담당자를 알고 있어야 한다.

(1) '액세스 코디네이터'는 사법부 정책이 올바르게 시행될 수 있도록 의사소통 장애가 있는 사람에게 합리적인 편의를 제공하는 사법부 정책을 잘 알고 있어야 한다.

(2) '액세스 코디네이터'는 농인의 필요를 충족시킬 수 있는 보조도구와 서비스 종류에 대해 준비된 작업 지식이 있어야 하고 어디에서 보조도구와 서비스를 구매할 수 있는지에 대한 지역 정보를 알고 있어야 한다.

(3) 각 법원은 법정의 직원들에게 재판 법정의 규정과 각 특정 법원에 있는 코디네이터가 누구인지, 어디에 있는지에 대해 알려줘야 한다.

(4) 법원은 '액세스 코디네이터'의 신원과 위치를 적절하게 알려야 한다. 그 방법은,

* 법원 공고
* 게시판 안내문
* 팸플릿
* 지역신문 공고

(b) 요구사항은 아닐지라도 법원은 반드시 소송 참여인들에게 보조도구와 서비스 요청을 '액세스 코디네이터'에게 서면으로 제출하게 하여 관련 재판 절차

가 시작되기 전에 구체적인 제공계획을 세워야 한다. 이에 따라 법원은 법원에서 제안한 보조도구와 서비스에 대한 불만을 재검토를 요청할 수 있는 절차를 만들 수 있다.

(1) 절차는 적절하게 공표되어야 한다.

(2) 이 가이드라인은 현재 법을 확장하거나 수정하려는 것이 아니다.

§255.50 보고

가이드라인에 따라 서비스가 제공된 모든 상황에 관하여 비용 발생 여부와 관계없이 이러한 목적을 위해 정해진 양식으로 보고해야 한다.

참조 Guide, Vol.5, § 370

§255.60 기금

255.30에서 언급된 것 외에는 수어통역사 또는 다른 보조도구의 비용 지불은 일반 승인을 이루어져야 한다.

참조 Guide, Vol.5, § 410[22]

이러한 정책 지침에서 의사소통 접근권 서비스가 제공되는 대상은 소송참가자와 배심원이지, 방청객은 아니다. 그러나 연방 법원이 적절하다고 판단되는 상황에서는 제공할 수 있다. 이외에도 실시간 문자통역 CART 시스템이 제공될 수도 있으나, 규정에 따르면 농인이나 난청인이 소송절차에 참석하는 동안에만 제공할 것을 요구할 수 있다. 농인과 난청인 배심원들도 이러한 정책에 의하여 의사소통 접근권에 자격이 있다.

이러한 정책과 지침 이외에도 한 연방 법원에서는 농인이라는 이유로 자동적으로 배심원 부자격자가 될 수 없다는 판결을 내렸다.[23] 법원에 따르면 통역사 참석 자체가 농인 배심원이 영어를 말하고 이해하는 필요조건을 충족하지 못하고 있다는 것을 의미하는 것은 아니라고 했다. 게다가 통역사의 참석이 형사 피고인이 공정한 재판받을 권리를 박탈하지도 않는다. 또한 법원은 농인 배심원에 대해 증언을 하는 동안 증인의 태도를 평가할 능력이 없다고 주장하는 것이, 배심원이 증거를 인지하고 평가하는 전체적인 판단 능력을 손상시키지는 않는다는 것을 알게 되었다.

농인 고객에 대한 변호사 의무사항

ATTORNEYS' OBLIGATIONS TO DEAF CLIENTS

법률 시스템 안에서 평등한 접근을 위한 또 다른 핵심요소는 많은 농인과 난청인들이 법률대리인으로 그들의 특별한 요구에 대응할 수 있는 변호사를 고용하는 데 어려움을 겪고 있다는 것이다. 사실에 의존하는 전문 영역에서 변호사와 의뢰인이 자유롭고 완벽하게 의사소통하면서, 서로 잘못 이해하는 것을 최소화하는 것은 매우 중요하다. 그러나 많은 변호사들은 농인과 난청인 의뢰인과 효과적인 의사소통을 제공해야 하는 그들의 법적 의무를 피하려고 한다.

모든 주에서 변호사들에게 의뢰인 대리를 의무화하기 위하여 직업적 윤리규범을 채택하고 있다. 변호사들은 이러한 윤리적 책임 외에 미국장애인법 ADA 3장에 따라 농인 의뢰인들에게 효과적인 의사소통을 제공해야 하는 법적 의무도 가지고 있기 때문에, 장애인들에게 공공 편의 시설에 평등하게 접근할 수 있는 권리를 부여하는 것이 된다.[24]

미국장애인법 ADA 3장에 따르면 특별히 변호사 사무실은 공공 편의 시설의 범위에 포함되어 있다. 때문에 농인과 난청 의뢰인에게 효과적인 의사소통을 위하여 수어통역사와 그 외 다른 보조도구나 서비스를 제공하라고 요구하고 있다.[25] 법적 등 법률환경에서 독순술(입술 모양 읽기)과 메모 주고받기는 수어사용자와 의사소통할 때는 사실상 효과적인 방법이 되지 못한다. 이러한 맥락에서 잘못된 의사소통에 따르는 위험이 매우 클 수 있다. 수어를 사용하는 의뢰인과 독순술이나 메모에 의존하여 의사소통하는 변호사는 효과적으로 또는 정확하게 의뢰인과 의사소통하고 있는지를 확인할 수가 없다.[26]

이 규정에 대한 분석은, 의회와 법무부 모두 공공 편의 시설은, 특정 보조도구나 서비스가 제공되기 전에 장애인과 충분히 협의할 것으로 기대한다는 점을 분명히 했다.[27] 또한 분석은 효과적인 의사소통을 위하여 통역사가 필요할 만큼 충분히 길고 복잡한 건강, 법적 문제, 재정과 같은 분야는 매우 광범위한 의사소통이 이루어져야 한다는 것이다.[28]

공공 편의 시설에서 보조도구나 서비스를 제공하는 것이 근본적으로 서비스의 성격을 변경해야 하고, 과도한 부담과 비용이 든다는 것을 증명할 수 있다면 보조도구나 서비스를 제공하는 것을 피할 수도 있다. 그러나 변호사 사무실에서 특정 보조도구를 제공하는 것이 근본적 서비스 변경이 필요하거나 과도한 부담이 된다는 것을 증명할 수 있다 해도 변호사는 대체할 수 있는 보조도구를 제공할 준비가 되어 있어야 한다.[29]

특정 보조도구를 제공하는 것이 과도한 부담인지 아닌지 여부는 간단한 문제가 아니다. 과도한 부담의 기준은 개별적으로 다르게 적용되기 때문이다. 과도한 부담은 보조도구의 보조도구 비용이 변호사나 다른 사기업에서 농인 고객에게 벌어들인 수입보다 더 크다는 것을 제시하는 것만으로는 증명되는 것이 아니다. 과도한 부담은 법률사무소의 전체 재정 자원을 포함하여 수많은 사실들로 증명되어야 한다.[30] 따라서 변호사는 무료 의뢰인에게도 그 비용이 과도하지 않다면 보조도구를 제공할 의무가 있다고 하겠다.

법무부는 변호사나 다른 공공 편의 시설이 장애인에게 보조도구 비용을 청구하는 것을 허락하지 않고 있다.[31] 그러므로 농인에게 고객 비용으로 통역사 서비스를 청구하는 것은 절대 안 된다. 미국장애인법 ADA 3장과 법무부의 미국장애인법 ADA 규정과 분석에 따르면 변호사는 농인 의뢰인에게 효과적인 의사소통을 보장할 책임이 있으며, 비용은 고객에게 부과할 수 없다.

법 집행에서 평등한 접근

EQUAL ACCESS IN LAW ENFORCEMENT

농인은 효과적인 의사소통의 보장이나 제공 없이 법 집행을 받는 경우 개인 및 헌법상 자유를 크게 침해받을 수 있다. 범죄와 관련해 체포되는 경우, 농인들은 자신의 무죄를 증명해야 할 때 심각한 장벽에 부딪힌다. 농인이나 난청인 피해자에게 통역사 없이 강간당한 이야기 또는 폭행당한 이야기를 해 보라고 한다면 두 번 희생 당하는 셈이 된다. 체포된 다른 사람들과는 달리 농인들은 접근 가능한 의사소통 장치가 없어 연락할 수 없기 때문에 변호사나 가족들과 연락 자체가 불가능하다. 미국장애인법 ADA과 504조에 따르면 이러한 상황에서 농인들에게 평등한 의사소통 접근권이 보장되어야 함에도 불구하고 법 집행기관들이 이러한 접근권 제공의 필요성을 인정하지 못한다면 그런 법들은 아무런 의미가 없게 된다.

미국장애인법에 따른 효과적인 의사소통 Effective Communication Under the ADA

미국장애인법 ADA 2장에 따라 주정부와 지방정부의 서비스, 프로그램, 활동에서 장애인을 차별하는 것은 금지되고 있다.[32] 법 집행기관도 주정부와 지방정부의 프로그램이므로 2장이 적용된다. 미국장애인법 ADA은 경찰과 대리인이 시민의 불만을 접수하고; 증인에게 질문하고; 범죄 혐의자를 체포하고, 기록하고, 구금하고; 응급 서비스를 제공하는 등을 포함하되, 이에 국한되지 않고 모든 방법에 영향을 미친다.[33]

2장에 따라 경찰관들은 농인이나 난청인과 효과적인 의사소통을 확실하게 할 수 있어야 한다. 공인 수어통역사든 서면 의사소통이든 기타 다른 방법이든 제공되는 의사소통 형태는 상황과 관련된 사람에 달려있다. 농인이 경찰관에게 목적지로 가는 길을 묻는 경우, 노트와 연필만 있으면 충분하다. 그러나 수어가 능숙한 농인을 심문할 때, 법 집행관은 효과적인 의사소통을 위해 통역사를 제공해야만 한다. 수어를 모르고 입술 읽기(독순술)를 선호할 수도 있다는 점을 감안하여 농인이나 난청인의 특정한 요구에 따라야 한다.

2장 규정에 따라, 법 집행사무관은 효과적인 의사소통을 위하여 통역사나 다른 형태의 보조도구나 서비스 중 어떤 것이 필요할지 판단해야 할 때, 의사소통의 성격, 소요시간, 복잡성, 맥락과 농인이나 난청인의 평소 의사소통 방식을 충분히 고려해야 한다.[34] 그뿐 아니라 법 집행사무관은 효과적인 의사소통을 위하여 농인과 난청인이 필요로 하는 보조도구나 서비스에 대하여 그들의 요구를 최우선으로 배려해야 한다.[35] 법무부 Department of Justice, DOJ는 '경찰관은 공인 통역사가 없을 때 특히 잘못된 의사소통이 이루어지지 않도록 각별히 신경을 써야 한다'며 경고를 하고 있다. 예를 들어 머리를 끄덕이는 것이 동의하거나 잘못했다는 고백이라기 보다 오해를 받으면서도 협조를 하겠다는 의사표시일 수가 있다.[36]

2장 규정에서 공인 통역사를 '영상원격통역 VRI 서비스나 현장에 참석해서 필요한 특수용어를 사용하며 효과적으로, 정확하게, 어느 쪽에도 치우지지 않고, 편하게 표현하면서 통역할 수 있는 사람'이라고 정의했다. 공인 통역사는 수어통역사, 구두 음역자 Oral Transliterator, 단서 음역자 Cued Transliterator를 포함한다.[37] 농인이나 난청인에게 통역사를 데려오라고 하거나, 매우 예외적인 경우를 제외하고는 동반한 사람들에게 통역을 요청하는 것은 허락되지 않는다.[38] 법무부 DOJ는 지침서에서 '가족 또는 아동을 통역사로 사용하면 효과적으로 통역하는데 필요한 어휘가 부족하거나 공정성이 부족하다'는 이유로 삼가할 것을 권고하고 있다.[39]

사례 Example Cases

오클라호마주 Oklahoma 법은 농인 피고인이 체포되었을 때 통역사 제공을 요구하고 있다.[40] 어떤 농인 남성이 경범죄로 체포되어 통역사를 제공받지 못한 채 2일간 구금되어 있었다. 오클라호마 대법원은 이에 대해 주법은 시 경찰청에도 적용되며 농인 남성의 그의 권리를 알지 못했거나 도와줄 사람과 의사소통할 수 없었기 때문에 동일한 상황에서 청인보다 감옥에 더 오래 잡혀 있는다는 것을 알게 되었다. 시가 주법을 위반했다는 것이 밝혀진 것이다.[41]

또 조셉 세리오 Joseph Serio라는 농인 남성은 밀워키시 Milwaukee와 소속 경찰관을 자신을 체포하고 수사가 진행되는데 통역사를 제공하지 않았다고 504조 위반 혐의를 제기했다.[42] 경찰관들은 세리오의 전 여자친구가 요청한 (괴롭힘 금지명령)을 위반한 세리오를 조사하고 있었다. 경찰관들이 세리오 집에 갔을 때 청인인 세리오 아들을 통해 의사소통 시도했으나 실패했다. 그래서 메모를 주고받으며 세리오와 의사소통하려고 시도했으나 이 역시 실패했다. 세리오는 통역사를 요청하였으나 그의 요청은 거부되었다. 경찰관은 그를 (괴롭힘 금지명령)을 위반했다는 이유로 체포하고 감옥에 보냈다. 그는 서면으로도 통역사를 요청했으나 통역사는 끝내 제공되지 않았다.

다음날 세리오는 보석으로 풀려났다. 그는 밀워키시와 경찰관이 통역사 제공을 거부했으며 504조를 위반했다고 주장하면서 소송을 제기했다. 배심원은 세리오에게 보상적 배상금으로 6만 5천 달러를, 징벌적 배상금으로 9만 달러를 지불하라고 명령했다. 위스콘신 Wisconsin 항소법원은 그의 체포와 수사 과정에서 세리오가 요청한 통역사를 시가 제공하지 않았다는 확실한 증거를 배심원이 제시했음을 알게 되었다. 항소법원은 새로 재판을 열어달라는 시의 요청을 거부했으며, 재판에 통역사를 참석 시키는 것이 배심원들에게 세리오가 동정심을 유발할 것이며 과도한 징벌적 손해배상은 결코 정의를 위한 것이 아니라는 주장도 받아들이지 않았다.[43]

통역사 능력

INTERPRETER COMPETENCE

법 집행 과정과 법정 환경에서 공인 통역사를 확보하는 것은 대단히 중요하다. 504조와 미국장애인법 ADA을 분석하면서 법무부는 (법원 시스템과 경찰서가 포함된) 주정부와 지방정부뿐 아니라 연방정부 기금 수령자들은 농인과 난청인들의 권리에 대해 설명을 듣고 공정한 재판을 받도록 보장하기 위하여 공인 통역사를 사용해야 한다고 판결했다. 법정과 기타 다른 법적 환경 등 복잡한 용어를 사용해야 하는 곳에서 농인과 난청인과의 효과적이고 정확한 의사소통을 하기 위하여 공인 통역사는 매우 엄격하고 복잡한 법률용어와 개념에 대한 공식적인 훈련을 별도로 받아야 한다.

효과적이고, 정확하게, 공정하게 통역할 수 있는 공인 통역사에 대한 단호한 명령에도 불구하고, 경찰서는 통역사 역할을 할 수 있다며, 수어를 알고 있다고 주장하는 직원을 활용하려고 시도했다. '지화(손가락으로 철자쓰기) 指話, Fingerspell'만을 할 수 있다거나 수어 강의 한두 번 들은 사람이 자격을 갖췄다고는 볼 수 없다. 부족한 수어 지식을 가진 사람으로는 전통적인 법적 환경에서 전달되는 복잡한 정보를 소통하는 것은 불가능하다.

주법률은 법적인 문제에 공인 통역사를 사용하는 것이 반드시 필요했던 버지니아 Virginia에서 덜 숙련되고 자격도 갖추지 못한 통역사가 농인 강간

피해자의 예비 청문회에서 통역하게 되었다.[44] 통역사는 자신이 수어에 능숙하지 않다고 법정에 알렸음에도 불구하고 판사는 청문회를 계속 진행시켰다. 검사가 피의자가 무슨 일을 했었냐고 물었을 때 그녀는 신호로 강간을 나타냈다. 그러나 통역사는 이 신호를 '사랑을 나누었다'고 잘못 통역했다. 이는 완전히 다른 신호이며 다른 개념이다. 통역사의 실수가 주는 법적 영향력은 파괴적이다. 이어 피의자가 그날 입고 있던 옷이 무엇이었냐는 검사의 질문에 답할 때 그녀는 블라우스라고 대답했다. 그러나 통역사는 짧은 블라우스라고 통역하여 가해자가 도발적인 옷을 입고 있었다는 인상을 주게 되었다. 결국 배심원 재판에서는 공인 통역사가 새로 제공되었다.

공인 통역사에 의한 권리의 효과적 집행은 극도로 중요한 일이다. 때문에 농인의 의사소통 패턴과 관련 법률에 관해 배심원, 행정판사, 법원 직원들의 인식을 높이는 지속적인 노력을 다해야 한다.

미란다 원칙

MIRANDA RIGHTS

'미란다 대 애리조나 Miranda v. Arizona' 케이스에서 미국 대법원은 경찰서와 감옥에서 경찰관이 심문하는 것은 본질적으로 강압적인 것이며, 자신을 유죄로 만들 수 있는 강압적 방식을 거부할 수 있는 '헌법 수정 제5조'의 특권을 훼손한다는 것을 알게 되었다.[45] 이 판결의 결과로 경찰은 범죄 혐의자를 심문하기 전에 혐의자에게 반드시 헌법적 권리를 알려야 한다. 혐의자가 자신의 권리를 포기한다면 그 포기는 자발적이어야 하며, 무엇보다 자신의 권리를 알고 있어야 하며, 지적 능력이 있어야 한다. 공인 통역사 없이는 농인들 대부분이 그들의 권리를 완전히 이해할 수 없을 것이며 이러한 권리를 포기하는 사람들은 자발적이지 않거나, 권리를 모르고 있거나, 지적 능력이 없을 수도 있다.

심문하기 전에 피의자에게 주어지는 '표준권리조언' 양식은 6학년에서 중학교 2학년 정도가 이해할 수 있는 수준으로 작성되어야 한다.[46] 그러나 미란다 원칙과 권리조언 양식에서 요구되는 읽기 수준은 영어가 제2언어가 되는 농인들의 읽기 수준보다 훨씬 어렵게 쓰여져 있다. 때문에 경찰관들은 농인들이 수어통역사를 통해서 그들 권리에 대해 자세한 설명을 들을 수 있도록 보장해야 한다.

'미란다 원칙'이 가지고 있는 개념적이고, 언어적 어려움은 단어 단어 모두를 수어로 통역한다고 해서 극복될 수는 없다. 두 가지 언어 사이의 번역이 그러하듯, 영어로 제시된 개념이 수어로 표현하는 것은 매우 어려운 일이 될 수 있고, 그 반대도 마찬가지이다. 게다가 일반적으로 중요한 법적 용어를 지화(손가락으로 철자 쓰기)로는, 특히 농인이 낮은 읽기 수준이라면 이해력을 높일 수가 없다.[47] 이해를 시키기 위해서, 영어로 된 복잡한 용어와 의미는 조심스럽고 명확하게 확실한 미국수어 American Sign Language, ASL로 그 개념을 잘 설명해야 한다. 공인 통역사는 이러한 점에서 근본적으로 가장 필요한 존재라고 할 수 있다. 공인 통역사가 적절하게 번역한 내용은 관계된 사람들과 법적 상황 모두에 적합한 것이어야 하며, 농인 피의자에게 그들의 권리를 이해할 수 있도록 해야 한다.

다음의 한 사례에서 농인 피의자에게 미란다 권리선언에 대해 의사소통하는 데 있어 문제점을 잘 나타내고 있다. 데이비드 베이커 David Barker는 읽기 수준이 2.8학년 정도인 농인 남성으로 살인 혐의를 받았다.[48] 혐의는 풀렸으나, 일 년 후 베이커가 다른 혐의로 구금되었을 때, 경찰관은 메모를 주고받으며 지난해 살인에 대해 광범위하게 질문하였다. 경찰관은 수어통역사나 상담가 조언 없이 그에게 질문을 했다. 질문이 이어진 몇 시간 후 베이커는 미란다 권리 포기각서에 서명하고 자백했다. 한 달 후 베이커가 통역사와 함께 심문 받을 때, 그는 질문에 대답이 혼동되는 것 같이 보였다. 미란다 권리선언을 이해하는지 물어봤을 때 그는 수어로 '약간'이라고 대답했다. 그는 또한 경찰이 입원을 보장한 약속을 언급했다.

법원은 첫 번째 자백은 비자발적으로 한 것으로 보고 기각했고, 두 번째 자백도 비자발적으로 이루어졌으며, 입원시켜 준다는 회유 약속이 그에게 계속 영향을 미쳤다는 근거로 두 번째 자백도 기각했다. 법원은 다음과 같이 언급하였다.

> 수어 전문가들의 추가 증언이 있었다. 농인에게 추상적 개념인 법적인 권리를 전달하는 것은 해당인의 교육수준이 낮을 때는 특히 어려운 일이다. "당신은 심문을 받는 동안 내내 언제라도 변호사를 참석하게 할 수 있는 권리가 있다는 것을 이해하고 있습니까?"라는 물음에 서명은 했지만, 실제로는 경고의 실제 의미와는 다른 "당신은 변호사가 참석해도 좋다는 것을 이해하고 계십니까?"로 이해했을 수도 있다는 증언이었다.[49]

교도소 프로그램과 활동에 대한 접근

ACCESS TO PRISON PROGRAMS AND ACTIVITIES

복역 기간 동안 교도소에서 농인들은 교도소 직원들에게 단지 의사소통을 할 수 없다는 이유만으로 기본적인 법적 권리와 재활 프로그램에서 거부되거나 배제되곤 한다. 미국장애인법 ADA 2장과 504조 모두 주립 교도소는 연방정부 재원을 받고 있으며 주정부 기관으로 간주되므로 두 개 법률의 적용을 받는다.

그럼에도 불구하고 중요한 차별에 대한 농인 수감자들의 불만사항이 점점 커지고 있다. 예를 들면, 애리조나 주 교도소에 있는 한 농맹 중복 장애인은 교도소 경비원이나 다른 교도관들과 의사소통할 수 없었다. 그는 교도소 상담가나 의료진과도 이야기를 할 수가 없었다. 그는 적절한 정보를 받은 적도 없는 교도소 규칙을 위반했다는 이유로 구금되었는데 그는 교화 청문회에서 그에 대한 혐의들을 이해할 수도 없었고 어떤 일이 벌어졌었는지 대한 그의 의견을 표현할 수가 없었다. 그가 주 교도소를 상대로 고소했지만 애리조나 연방 법원으로부터 기각 당했다. 미국 제9순회 항소법원 **US Court of Appeals for the Ninth Circuit**은 죄수도 504조와 수정헌법 제14조에 따라 불만사항을 법원에 제기할 수 있다고 판결했다. 법원은 법무부의 504조 규정을 재확인하면서 교도소 시스템은 농인들에게 보조 수단을 제공하여 교도소 프로그램과 모든 활동에 평등한 접근권을 제공해야 한다고 판결했다.[50]

메릴랜드주 **Maryland** 교도소 농인 수감자는 교도소 측이 징계 청문회에 통역사 요청을 거절하여 적절한 방어를 할 수 없었다.[51] 징계위원회는 모범수 조기 석방 대상자도 아닌 그를 심리적 평가를 위한 최대 보안 장소로 옮겼다. 그러나 주 심리학자는 그와 의사소통을 할 수 없어서 그를 적절하게 평가할 수 없었다. 그 재소자는 메릴랜드주 법원에 주정부는 교도소 수칙 위반 혐의를 받는 모든 농인 수감자에게 통역사를 제공하라는 법원 명령을 내려 달라고 요청하는 소송을 제기했다. 이 소송에서 수어를 사용하는 농인 재소자는 공인 통역사 없이는 증언하거나 증인에게 질문할 수 없으므로 공정한 심리를 받을 권리가 거부되는 것이라고 주장했다.

연방 법원은 수감생활 중 아래와 같은 상황에서는 반드시 농인 재소자에게 통역사를 제공하라는 아래의 동의 결정 **Consent Decree**을 승인했다.

- 조정 팀 청문회
- 교도관이 징계 보고서가 서면으로 작성 중이라는 것을 알려야 할 때
- 농인 재소자가 상담이나 심리적, 정식적, 의료적 돌봄이 이루어질 때

• 현장 교육 또는 직업교육, 기타 교육 프로그램 실시

이 동의 결정은 농인 재소자에게 기본적인 적법절차 권리와 필요한 상담, 의료 서비스와 재활 프로그램에 접근권을 어떻게 제공해야 하는가에 대해 우수한 모범사례가 되었다.[52]

장애인 재소자들이 제기하는 차별에 대한 불만에 대해 주정부와 지방정부는 미국장애인법 ADA과 504조에 교도소가 적용되지 않는다는 판단으로 이러한 소송에 저항하기 시작했다. 그러나 1998년 미국 대법원은 만장일치로 미국장애인법 ADA은 사실상 교도소에도 적용되며 교도소는 그들의 서비스, 프로그램, 활동들을 장애인 재소자에게도 접근 가능하도록 만들라고 판결했다.[53] 이러한 결정이 있은 직후 텍사스 Texas 연방 법원은 체포된 농인에게 같은 법적 원칙을 적용했다. 체포된 사람은 경찰관들이 자신의 체포되는 시점에 통역사를 제공하지 않았고, 통역사 없이 구속사유와 채권 심리를 위해 두 가지 다른 재판에 출두했으며, 통역사 서비스 없이 2주간 카운티 구치소에 갇혀 있었다고 주장했다. 경찰은 미국장애인법 ADA과 504조는 재판전 체포와 구금에는 적용되지 않는다고 주장했다. 그러나 텍사스 연방 법원은 이에 동의하지 않고 미국장애인법 ADA은 주정부와 연방정부의 모든 프로그램, 활동, 서비스에 적용된다고 판결했다.[54]

고용 평등 기회와 같이 재소자에게 모든 프로그램과 서비스의 평등한 접근법 뿐만 아니라 교도소의 모든 활동에서 효과적인 의사소통을 제공하지 않았다며 주 교도소를 상대로 소송하는 건수가 증가하고 있다. 한 농인 남성이 오리건 Oregon 교정국이 통역사를 제공하지 않았고 그의 고용기회를 천박한 직업으로 제한 시켰다며 제기한 소송에서 법원은 원고에게 15만 달러를 지급하라고 판결했다.[55] 유사한 차별과 위반으로 연방 교도소를 상대로 한 소송들이 속속 제기되고 있다.[56]

통신 접근권 Telecommunications Access

미국장애인법 ADA 2장과 504조는 일반 대중들이 전화를 사용할 수 있는 모든 주, 지방정부 기관에서 통신에 대한 평등한 접근권을 요구한다. 보조도구와 서비스의 개념에는 청각장애인용 문자전화기 **Teletypewriter, TTY**, 자막처리 전화기 **Captioned Telephone**, 비디오전화기 **Video Phone, VP**와 같은 전화 서비스에 접근할 수 있는 다양한 형태의 통신이 포함되어 있다.[57] 비디오전화기 VP와 자막처리 전화기의 출현으로 청각장애인용 문자전화기 TTY는 점점 쓸모없게 되었고, 많은 농인과 난청인들은 더 이상 청각장애인용 문자전화기 TTY를 사용하지 않는다. 때문에 농인과 난청인들은 감옥이나 교도소에서 전화를 할 때 비디오전화기 VP 또는 다른 통신장치들이 필요하게 되었다.

농인 재소자들의 한 그룹이 비디오전화기 VP를 제공되지 않아 청인 동료들처럼 동등하게 가족, 변호사, 기타 다른 사람들에게 전화할 수 없다고 버지니아 교정국을 상대로 소송을 제기했다.[58] 이 소송은 2010년에 해결되어 처음으로 주 교도소에서 농인 재소자들에게 비디오전화기 VP를 제공하기 시작했다. 그 후 전국에 걸쳐 비디오전화기 VP 설치를 보장받기 위해 계속 소송이 진행되고 있다.

이와 비슷하게 농인들도 911 또는 유사 응급전화 서비스 및 청각장애인용 문자전화기 TTY로 걸려온 전화 및 제3자나 주 중계 서비스에 의존하지 않는, 컴퓨터 모뎀 사용자에게서 온 전화를 받을 수 있는 시설을 갖추고 있어야 하는 응급서비스센터를 포함한 곳에 직접 접근할 수 있어야 한다. 이와 더불어 공공안전 응답 지점 **Public Safety Answering Points, PSAP**도 미국장애인법 ADA에 따라 중계 전화를 설치해야 한다.[59]

청각장애인용 문자전화기 TTY와 중계 전화 이외에도 여러 관할구역에서 응급상황 시 문자로 공공안전 응답 지점 PSAP에 연락하는 대체 방법을 시험

운영하고 있다. 그러한 커뮤니티에는 프레더릭 Frederick, 메릴랜드 Maryland, 버몬트 Vermont가 포함되어 있다. 내용의 책이 출간될 예정인데 연방통신위원회 Federal Communications Commission, FCC는 2014년 12월 31일까지 문자로 911에 연락하는 기능을 의무화하는 규칙 제정에 참여했다.[60]

NOTES

1. *Terry v. State*, 21 Ala. App. 100, 105 So. 386, 387 (Ct. App. 1925).
2. 28 C.F.R.* §35.160(b); 75 *Fed. Reg.* 56163.
3. 28 C.F.R. §35.130(f). See analysis by the U.S. Department of Justice at 56 *Fed. Reg.* 35,705 (July 26, 1991). 법원 통역사 서비스 비용을 소송 비용으로 부과하는 것은 섹션 504에 따라 불가피하다.
4. 28 U.S.C.** §1827.
5. 42 U.S.C. §12131. See also 29 U.S.C. §794.
6. See "Nondiscrimination on the Basis of Disability in State and Local Government Services," ADA Title II, Part 35, (September 15, 2010); "Communication Access with Police and Law Enforcement," 28 C.F.R. Part 35, 56 *Fed. Reg.* 35,694 (July 26, 1991), updated 56 *Fed. Reg.* 35,716. See also "Nondiscrimination; Equal Employment Opportunity; Policies and Procedures," 28 C.F.R. Part 42, 45 *Fed. Reg.* 37,820 (June 3, 1990).
7. 45 *Fed. Reg.* at 37,630.
8. 45 *Fed. Reg.* at 37,631.
9. 28 C.F.R. §35.160.
10. 28 C.F.R. §35.104.
11. 56 *Fed. Reg.* at 35,712.
12. 28 C.F.R. §35.130(f).
13. 56 *Fed. Reg.* at 38,705-38,706.
14. *Clark v. Bridges*, No. IP 93-877-C (D. Ind. Sept. 23, 1994).
15. *Shafer v. Judkins*, No. C-193-887 (S.D. Ohio, Aug. 16, 1994).
16. Ibid.
17. *Mosier v. Kentucky*, 675 F. Supp. 2d 693 (E.D. Ky 2009).
18. *People v. Guzman*, 478 N.Y.S. 2d 455 (N.Y. Sup. Ct. 1984), *aff'd*, 76 N.Y. 2d 1, 555 N.E. 2d 259 (1990).
19. *State v. Speer*, 124 Ohio St. 3d 564 (Ohio Sup. Ct. 2010).
20. 28 U.S.C. §1827.
21. National Association of the Deaf, 8630 Fenton Street, Suite 820, Silver Spring, MD 20910, (301) 587-1788, nadinfo@nad.org, www.nad.org; Registry of Interpreters for the Deaf, 333 Commerce Street, Alexandria, VA

22314, (703) 838-0030, www. rid.org.

22. Judicial Conference Policy and Procedures, General Management and Administration, vol. 5, ch. 2, §§255.10-255.60 (Services to the Hearing Impaired and Others with Communication Disabilities), http://www.uscourts.gov/FederalCourts/UnderstandingtheFederalCourts/DistrictCourts/CourtInterpreters/court-interpreter-guidance.aspx.
23. *United States v. Dempsey*, 830 F. 2d 1084 (10th Circuit, 1987).
24. 42 U.S.C. §§12181-12183.
25. 42 U.S.C. §12181(7)(F).
26. According to 28 C.F.R. §36.303(c)(1), "공공 편의시설은 장애인과의 효과적인 의사소통을 보장하기 위해 필요한 경우 적절한 보조도구와 서비스를 제공해야 한다."
27. See 56 *Fed. Reg.* at 35,567, quoting H.R. 485, 101st Cong., 2d Sess., pt. 2, at 107 (1990).
28. 56 *Fed. Reg.* at 35,567.
29. 28 C.F.R. §36.303(g).
30. 28 C.F.R. §36.104.
31. 28 C.F.R. §36.301(c).
32. 28 C.F.R. §§35.101-35.102.
33. 28 C.F.R. §35.130.
34. 28 C.F.R. §35.160(b)(2). See also U.S. Department of Justice, Civil Rights Division, "Effective Communication," January 31, 2014, http://www.ada.gov/effective-comm.htm.
35. 28 C.F.R. §35.160(b)(2).
36. U.S. Department of Justice, Civil Rights Division, "Communicating with People Who Are Deaf or Hard of Hearing: ADA Guide for Law Enforcement Officers," January 2006, http://www.ada.gov/lawenfcomm.htm. See also U.S. Department of Justice, Civil Rights Division, "Guide for Law Enforcement Officers: When In Contact With People Who Are Deaf or Hard of Hearing," http://www.ada.gov/wendell_city/wendell_attd.htm.
37. 28 C.F.R. §35.104.
38. 28 C.F.R. §35.160(c).
39. U.S. Department of Justice, Civil Rights Division, "Communicating with

People Who Are Deaf or Hard of Hearing: ADA Guide for Law Enforcement Officers."

40. 63 Oklahoma St. T. §2410.
41. *Kiddy v. City of Oklahoma City*, 576 P. 2d 298 (Okla. Sup. Ct. 1978).
42. *Serio v. City of Milwaukee*, 186 Wis. 2d 575, 522 N.W. 2d 36 (Wise. Ct. App. 1994).
43. Ibid.
44. *Commomwealth v. Edmonds* (Va. Cir. Ct., Staunton, 1975).
45. *Miranda v. Arizona*, 384 U.S. 436 (1966).
46. McCay Vernon, Lawrence J. Raifman, and Sheldon F. Greenberg, "The Miranda Warnings and the Deaf Suspect," *Behavioral Sciences and the Law* 14 (1996): 121-35; McCay Vernon, "Violation of Constitutional Rights: The Language-Impaired Person and the Miranda Warnings," *Journal of Rehabilitation of the Deaf* 11 (4): 1-8.
47. McCay Vernon and Joan Colely, "Violation of Constitutional Rights: The Language-Impaired Person and the Miranda Warnings" April 1978, https://www.courts.wa.gov/programs_orgs/pos_interpret/content/signLanguageMaterials/VernonandCole.pdf.
48. *State of Maryland v. Barker, Crim.* nos. 17,995 and 19,518 (Md. Cir. Ct., Dec. 8, 1977).
49. Ibid.
50. *Bonner v. Lewis*, 857 F. 2d 559 (9th Cir. 1988).
51. *Pyles v. Kamka*, 491 F. Supp. 204 (D. Md. 1980).
52. Ibid. See also *Clarkson v. Coughlin*, 898 F. Supp. 1019 (S.D.N.Y. 1995); *Duffy v. Riveland*, 98 F. 3d 447 (9th Cir. 1996).
53. *Pennsylvania Department of Corrections v. Yes key*, 524 U.S. 206, 118 U.S. 1952 (1998).
54. *Gordon v. City of Houston, Harris County, and State of Texas*, No. 98-0394 (S.D. Tex. June 18, 1998).
55. *Baldridge v. Oregon Department of Corrections*, Case No. 1204-04976 (Multnomah County Dist. Ct. 2012).
56. See, for example, *Heyer v. United States Bureau of Prisons*, Case No. 5: 11-CV-318 (E.D. N.C., 2011).

57. 28 C.F.R. §35.104.

58. *Minnis v. Virginia Department of Corrections*, No. l:10-CV-96, U.S. District Court (E.D. Va. 2010, settlement.

59. 28 C.F.R. §35.161.

60. See Federal Communications Commission, "Facilitating the Deployment of Text-to-911 and Other NG 911 Apps," May 12, 2014, http://www.fcc.gov/document/facilitating-deployment-text-911-and-other-ng-911-apps; Federal Communications Commission "Text-to-911 Policy Statement and Second FNPRM," January 31, 2014, http://www.fcc.gov/document/text-911-policy-statement-and-second-fnprm.

* 미국연방규정집 Code of Federal Regulations, C.F.R.

** 미국법전 United States Code, U.S.C.

Chapter 10

비디오 미디어

Video Media

오늘날 TV는 시사정보, 뉴스, 연예오락 등 가장 중요한 정보의 원천이 되었다. 닐슨사 Nielsen Company는 평균 미국인은 하루에 거의 5시간씩 TV를 본다는 통계를 보고했다.[1] 근년 들어 미국인은 점차 인터넷과 모바일 기기로 TV 방송을 보는 일이 증가하고 있다. 그러나 농인이나 난청인들은 자막처리가 안된 TV 방송과 비디오 등 미디어 혜택을 거의 누리지 못한다. 자막처리는 국내와 전 세계에서 일어나는 실시간 뉴스 등 상황, 지역사회문제, 연예오락에 접근권을 제공함으로써 농인도 사회, 문화와 정치적 주류에 편입시키는 것이다. 연방정부 자막처리 관련 법은 농인들을 거의 모든 형태의 TV 프로그램과 대부분 온라인 프로그램에 접근할 수 있도록 보장했다.

자막처리의 이점

THE BENEFITS OF CAPTIONING

자막처리 프로그램은 수백만 농인이나 난청인들이 TV 방송을 볼 수 있는 가능성을 열어주었다. TV 자막처리는 두 가지 형태가 있다: (1) 개방 자막처리; 정규 TV 신호를 모든 시청자에게 자막처리를 해서 방송하는 방법으로 시청자는 자막을 나오지 않게 할 수 없다. (2) 폐쇄 자막처리; 수신기에 해독기 어댑터를 달아 특별 TV 시그널로 자막을 전송하는 방식이다. 오늘날 거의 모든 자막처리는 폐쇄이다.

폐쇄 자막처리의 혜택을 볼 수 있는 시청자에게 자막처리는 무엇보다 중요하다. 1996년 통신법 **Telecommunications Act**이 통과되었을 때 국가자막연구소 **National Captioning Institute, NCI**는 폐쇄 자막처리 TV로 직접적인 수혜자가 될 미국인은 1억 명에 달할 거라고 예상했다.[2] 이 예상 숫자에는 2천8백만 명의 농인과 난청인, 3천만 명의 영어가 제2언어인 사람들,[3] 1천2백만의 영어를 배우는 아동, 2천7백만 명의 성인 문맹자들,[4] 3백7십만 명의 고정 독자들이 포함되어 있다.

계속된 연구에서 영어를 배우거나 읽기를 배우는 아동과 어른을 위한 자막처리가 주는 혜택을 증명했다. 필라델피아 **Philadelphia**의 퓨 자선 신탁사 **Pew Charitable Trust**가 의뢰한 보고서에는 폐쇄 자막기가 영어 단어를 배우는 비영어권 아동의 영어실력을 높이는데 놀라운 효과가 있다고 보고했다.[5] 대부분의 연구 대상 학생들은 동남아시아 출신이었다. 이와 비슷한 메릴랜드 대학 **University of Maryland**의 연구결과, 자막처리는 학습장애가 있는 학생들에게 단어 인지력을 증가시켰다고 보고하고 있다.[6] 이에 더하여 로스앤젤레스 **Los Angeles** 영어 교사는 TV 쇼를 이해하기 위해서 자막처리 프로그램의 소리를 끄고 그녀의 고등학교 학생들에게 강제로 자막을 읽으라고 했다. 그 결과 그녀는 학생들의 읽고 쓰는 능력이 놀랍도록 발전했다고 보고했다.[7]

폐쇄 자막처리로 혜택을 보고 있는 청력장애 고령층 숫자가 증가하고 있다. 미국 전체 인구가 고령화되고 있는 것은 오래된 추세다. 보건후생부 **Health and Human Services, HHS**에 따르면, 65세 이상 미국인 비율이 2000년과 2001년 사이에 18%가 증가했고, 앞으로 20년 안에 65세 이상이 되는 45세 이상 64세까지의 미국인 숫자는, 33% 증가했다.[8] 동시에 갈로뎃 대학

Gallaudet University 연구원들은 미국 내 농인과 난청 인구의 절반 이상이 65세 이상이라고 밝혔다.[9] 이러한 사람들의 상당수가 TV 프로그램의 혜택을 보고자 폐쇄 자막처리를 필요로 한다.

TV 자막의 역사

THE HISTORY OF TELEVISED CAPTIONNG

1972년 비영리조직이며, 비상업적 TV 네트워크인 공영방송 Public Broadcasting Service, PBS는 전국으로 방송되는 요리쇼 '프랑스 요리사 The French Chef'에서 처음으로 자막처리를 시작했다. 자막처리는 매사추세츠주 Massachusetts, 보스턴 Boston 소재의 공영방송 PBS 네트워크인 워싱턴 보건비즈니스그룹 Washington Business Group on Health, WGBH에서 처음 시도한 일이었다. 이 프로그램과 공영방송에서만 가능한 다른 프로그램에 개방 자막처리를 했다. 1973년 후반까지 워싱턴 보건비즈니스그룹 WGBH 방송사는 자막처리를 위해 매일 5명 직원이 5시간 동안 작업해서 30분짜리 ABC 저녁 뉴스에 개방 자막을 제공했다.

1972년 PBS는 폐쇄 자막처리 시스템을 개발하기 시작했다.[10] 1975년 공영방송 PBS은 연방통신위원회 Federal Communications Commission, FCC에 폐쇄 자막을 전송하기 위한 TV 방송 신호 권역인 'Line 21'를 확보할 수 있도록 청원을 제기했다. Line 21은 실제 TV 방송이 시작되기 전에 화면조정 시간 Vertical Blanking Interval, VBI의 마지막 선이다. TV 폐쇄 자막은 보이지 않는 데이터로써 비디오 시그널에 포함되어 있다. 자막은 해독되어져 내장 디코더 칩이나 별도 디코딩 기기가 장착된 TV를 통해 TV 스크린에 나타날 수 있는 영상 자막으로 생성된다.

1976년 이후 연방통신위원회 FCC는 폐쇄 자막을 전송하기 위해 'Line

21'를 확보했다. 1975년 의회는 Line 21를 사용하는 TV 방송산업에 폐쇄 자막 서비스를 제공하기 위하여 비영리단체인 국가자막연구소 National Captioning Institute, NCI을 설립을 승인했다.[11] 폐쇄 자막처리된 TV 서비스는 다음 해부터 시작되었으며, 그 당시 국가자막연구소 NCI는 ABC, NBC, PBS, Sears, Rosebuck 등과 협력을 위한 협약을 맺었다.[12] 이 협약에 의해 NBC, ABC, PBS는 각각 주당 16시간의 프로그램을 자막처리하기로 하였으며, 시어스 Sears는 해독기를 생산하고 판매하기로 했다. 1984년 CBS는 Line21과 자체 텔레텍스트 기술을 사용하여 폐쇄 자막을 전송하기 시작했다.[13] 그 후 10년 동안 자막처리된 TV 프로그램이 급증했으며 1989년까지 CBS, NBC, ABC 방송국의 전체 황금시간대의 일정 정도 주요 프로그램은 모두 자막처리가 되었다.[14] 이어 1990년까지 매주 프로그램의 290시간까지 자막처리가 되었다.[15]

연방 입법

FEDERAL LEGISLATION

1980년대 자막처리 프로그램의 괄목할 만한 성장에도 불구하고, 대부분의 케이블 TV의 프로그램, 지역 뉴스 프로그램, 심야 프로그램, 주간 프로그램들은 1990년 후반까지도 자막처리를 하지 않았다. 1991년 미국인의 72%가 주요 뉴스를 TV에서 공급받는다는 통계[16]가 있었으나 같은 해에 1,450개 방송 계열사 중 150개만이 지역 뉴스 프로그램을 폐쇄 자막처리했을 뿐이다.[17]

자막처리 시간이 늘리는데 저해요소가 되는 것은 당시 미국인들 중 극소수만이 자막 해독 장치가 부착된 TV를 가지고 있었기 때문이다. 사실상 1980년대에는 자막을 해독하기 위해 사람들은 TV에 연결해야 하는 비싸고,

크고 무겁고, 다루기 힘든 외장형 해독기 장치를 구입해야 했다. 이러한 해독기 설치비용 때문에 판매가 저조했다. 1990년 6월까지 30만 개 정도의 해독기가 판매됐을 뿐이다.[18] 자막처리를 이용할 수 있는 시청자 숫자가 너무 적었기 때문에 많은 네트워크들에게는 자막 프로그램에 투자할 상업적 인센티브가 없었다. 때문에 ABC는, 1980년대 농인 교육위원회 Commission on Education of the Deaf, COED가 입법절차를 밟기 전, 해독기 보급을 대폭 늘려야 한다고 주장했다.

> 만약 해독기가 훨씬 더 널리 보급되어 시청자들이 늘어나게 되면, 일 인당 비용을 낮출 수 있기 때문에 자막처리를 늘리는데 시장에 의존할 수 있다. 따라서 자막처리 서비스를 위해서는 더 많은 자막처리가 아니라 우선 더 많은 해독기를 보급하는 것이 필요하다.[19]

이에 대응하기 위하여 농인 교육위원회 COED는 의회에 새로 출하하는 모든 TV에 폐쇄 자막을 수신하고 화면에 자막을 띄울 수 있는 내장 해독기 장치를 장착하게 하는 법을 통과시켜 달라고 요청했다.[20]

자막처리 해독기

CAPTIONING DECODERS

자막을 보는 시청자들을 늘리고 네트워크사들이 프로그램을 더 많이 자막처리하는데 필요한 경제적 보상책을 마련하는 노력 중, 의회는 농인 교육위원회의 그 같은 권고를 받아들였다. 1990년 TV해독기 회로법 Television Decoder Circuitry Act, TDCA이 입법되었다.[21] 새로운 법은 1993년 7월 1일 이후 미국에서 생산되거나 수입한 13인치 이상 TV 세트는 외장형 보조 장치 없이 전송된 폐쇄 자막을 화면에 나타나게 할 수 있도록 해야 한다.[22] 이것은

13인치 이상 TV는 모든 내장형 해독기 회로를 장착해야 한다는 것이다. 부분적으로 1962년 모든 채널 수신기법 All Channel Receiver Act이 제정된 이후 모든 TV 세트에는 UHF 튜너가 내장되어야 한다고 정해졌다.[23] 이 법이 제정되기 전 UHF 전송은 TV에 특별한 어댑터를 부착해야만 수신할 수가 있었다.

그 후 1990년 TV해독기 회로법 TDCA이 제정됨으로써 자막을 보는 시청자가 급증했다. 1995년까지 미국에서 해독기 회로가 장착된 TV 세트는 2천 5백만 대 팔렸으며 이는 무려 6천만 미국 가정에 폐쇄 자막처리를 제공한 셈이 된다. TV해독기 회로법 TDCA 통과 후 자막처리 프로그램도 역시 증가했다. 1990년대 초반 자막처리는 아동 프로그램, 심야 토크쇼, 스포츠 경기와 프리미엄 케이블 방송국에까지 추가 확대되었다.

TV해독기 회로법 TDCA에 의해 연방통신위원회 FCC는 내장형 폐쇄 자막처리 해독기 회로에 대한 기준을 채택했다.[24] 기준은 TV를 보는 사람들에게 고품질의 폐쇄 자막을 볼 수 있도록 가장 최신의 혁신기술이 적용될 수 있도록 한 것이다. 예를 들면, 연방통신위원회 FCC는 자막이 스크린 어디에서나 나타날 수 있도록 하는 기술 적용을 요구하고 있다. 이러한 기능은 TV 프로그램을 보는 동안 누가 말을 하고 있는지 훨씬 잘 알 수 있도록 해준다. 검정색 바탕의 분리형 해독기가 효과적이라고 밝혀졌는데, 이와 같이 여러 추가적 기능을 해독기 회로에 탑재시킨 신형 TV를 만들어야 한다.[25]

빠르게 변하는 TV 기술 때문에, TV해독기 회로법 TDCA 초안 입안자들은 고화질 및 디지털 TV와 같은 최신 폐쇄 자막을 전송할 수 있는지 끊임없이 업데이트해야 한다. TV해독기 회로법 TDCA에는 연방통신위원회 FCC가 새로운 기술이 개발되면 별도의 해독기 없이도 폐쇄 자막처리가 계속 가능할 수 있도록 적절한 조치를 취해야 한다는 내용이 포함되어 있었다.[26]

2000년 7월 21일 연방통신위원회 FCC는 이러한 입법 지침을 준수하고 디지털 TV 수신기에 폐쇄 자막 표시 기능이 들어갈 수 있도록 법을 수정했다.[27] 법에 따라 크기가 13인치 이상이거나 세로 최소 7.8인치 크기의 와이드 스크린 디스플레이 디지털 TV 수신기들은 2002년 7월 1일부터 내장형 폐쇄 자막처리 해독기 회로를 반드시 포함하도록 했다.[28] 연방통신위원회 FCC는 사용자들이 자막의 색깔, 크기, 폰트, 배경 불투명도 및 문자 가장자리를 선택하고 변경할 수 있도록 허용하는 규정도 포함시켰다.[29]

2010년 제정된 21세기 통신 및 영상 접근법 Twenty-First Century Communications and Video Accessibility Act, CVAA 203조 (a)는 비디오 프로그래밍을 수신하고 재생하도록 설계된 장치와 모든 크기의 스크린에 내장형 해독기 회로를 장착하거나 자막처리된 비디오 프로그래밍을 표시할 수 있는 기능이 있어야 한다고 요구하면서 더 작은 TV 스크린까지 적용 범위가 확대되었다. 그러나 이러한 요구사항은 화면크기가 13인치 이하이거나 요구사항을 준수하는 것이 여의치 않을 때는 적용되지 않는다.[30] (보다 자세한 정보는 인터넷 프로토콜 폐쇄 자막 IP Closed Captioning을 참조)

TV의 폐쇄 자막처리

CLOSED CAPTIONING ON TELEVISION

의회 조치 Congressional Action

1990년대 초 의회는 미국 대중에게 케이블 서비스를 제공하기 위하여 연방법의 요구 사항들을 재검토하기로 결정했다. 의회의 이 결정은 농인과 난청인 소비자들이 TV 자막처리 요구를 확대하기 위해 계류 중인 법안의 조항을 통과시키기 위한 절호의 찬스였다. 그들은 케이블 방송국들이 더 많은 프로그램에 자막처리를 하는데 계속적으로 실패해 왔음을 강력하게 지적했다. 그 결과 의회는 1996년 통신법 **Telecommunications Act** 305조를 법으로 제정하여 TV 프로그램에 폐쇄 자막을 제공하기 위한 광범위한 요구사항을 법안에 담았다.[31]

1996년 통신법은 자막처리 의무사항을 고객의 가정에 비디오 프로그램을 전송하는 모든 프로그램 공급자와 소유자들에게 적용하게 되었다. 대상자에는 방송인, 케이블 운영자, 인공위성 운영자, 그 외 프로그램 배급 업자가 포함된다. 또한 통신법 제정으로 연방통신위원회 FCC는 두 가지 분류의 TV 프로그램에 자막처리를 할 수 있도록 전환 일정을 수립해야 한다. (1) 신규 프로그램(통신위원회의 자막처리 법이 실시된 이후 처음으로 방송되는 프로그램) 그리고 (2) 사전 프로그램(통신법이 제정되기 이전에 방송된 프로그램) 의회는 이러한 두 가지 분류에 대해 서로 다른 접근 기준을 수립했다. 모든 새로운 프로그램에는 폐쇄 자막을 완전히 접근 가능하도록 제공할 것을, 또한 기존 프로그램은 최대한 접근 가능하도록 보완, 제공하라고 했다. 기존 프로그램에는 오래된 재방송 및 통신위원회의 규칙이 시행되기 전에 상영되었던 영화를 TV용으로 만든 영화가 포함될 수 있다. 연방통신위원회 FCC 자막처리 법은 새로운 프로그램과 기존 프로그램으로 구분하여 1998년 1월 1일부터 시행되었다.

305조는 연방통신위원회 FCC에게 특정 유형의 프로그램은 필수적인 자막처리를 면제할 수 있는 권한을 주었다. 특별히 의회는 연방통신위원회 FCC에게 다음 세 가지 조건을 갖추면 프로그램에 자막처리를 면제 시킬 수 있는 권한을 주었다.

1. 연방통신위원회 FCC는 자막 공급이 비디오 프로그램 공급자 또는 프로그램 소유주에게 경제적으로 과도하다면, 프로그램 또는 서비스에 폐쇄 자막처리를 면제해 줄 수 있다.
2. 1996년 2월 8일부터 효력을 발생하는 자막처리 공급과 계약 일자가 일치하

지 않을 경우 폐쇄 자막처리을 면제할 수 있다.

3. 자막 제공이 비디오 프로그램 공급자나 소유주에게 과도한 부담이 된다고 면제해 달라는 청원이 있을 때 폐쇄 자막처리 요구사항에 대해 개별 면제를 허용할 수 있다.

연방통신위원회 자막처리 FCC Captioning Order

1997년 8월 22일 연방통신위원회 FCC는 자막처리를 받을 수 있는 승인 내용과 함께 자막처리 의무사항이 잘 지켜질 수 있도록 세밀한 마감 일정을 수립했다.[32] 농인협회와 여러 소비자 그룹들은 많은 프로그램이 면제가 되는 것에 대하여 불만을 나타내고 연방통신위원회 FCC에 스페인어 프로그램, 야간 프로그램, 짧은 광고에는 자막처리를 면제해 주지 말 것과 새로운 프로그램의 95%만 자막처리하라는 제한을 없애라고 요청했다. 반면 같은 시기 TV 방송국들은 연방통신위원회에 1997년 법에서 정한 면제권을 더 확대해 달라고 요청했다. 네트워크사들은 홈쇼핑 프로그램, 공영 방송국 교육 프로그램 및 대화형 게임 쇼에는 자막처리 면제를 계속 주장했다.

1998년 9월 17일 연방통신위원회 FCC는 그러나 새로 면제를 요청하는 네트워크사들의 모든 요청을 거부하고, 강화된 자막처리 접근권 보장을 위하여 몇몇 소비자들의 요청을 허락했다.[33] 연방통신위원회 FCC 원칙은 신규, 규칙 이전, 스페인어 프로그램에 국한되었다.

신규 프로그래밍 *New Programming*

2006년 1월 1일, 연방통신위원회 FCC는 모든 신규 프로그램은 100% 자막처리해야 하며 어떠한 프로그램도 면제되지 않는다고 확정했다.[34] 연방통신위원회 FCC는 이러한 의무사항을 잘 지켜지도록 하기 위하여 1998년 1월을 기점으로 모든 채널은 다음과 같이 (각 분기 동안) 조치하라고 요구했다: 2년간 제작된 프로그램의 450시간을 자막처리하고 (2001년 12월 31일까지), 4년 내 900시간, 6년 내 1,350시간을 자막처리하라고 요구했다. 면제되지 않는 나머지 프로그램들은 8년 안에 모두 자막처리해야 한다.[35]

방송국은 이미 전환 일정에서 요구하는 것보다 더 많은 프로그램을 자막처리했더라도, 위의 일정 계획에 따라 자막처리 분량을 줄이는 것은 허용되지 않았다. 대신 프로그램 제공자들은 1997년 처음 6개월 동안 자막을 제공했던 때의 평균 수준과 같이 실질적으로 똑같은 수준의 자막처리를 계속적으로 제공해야 한다.[36]

1998년 이전 제작된 프로그래밍 *Prerule Programming*

2008년 1월 1일 자로 연방통신위원회 FCC는 프로그래머들에게 모든 기존 제작 프로그램의 75%를 자막처리하고[37] 적어도 대상 프로그램의 30%는 2003년 1월 1일까지 자막처리하라고 요구했다.[38] 연방통신위원회 FCC는 기존 프로그램의 75%만 자막처리하라는 그들의 결정을 바꾸지 않았다.

스페인어 자막처리 *Spanish-Language Programming*

2010년 1월 1일 자로 연방통신위원회 FCC는 프로그램 제작자들에게 스페인어 신규 프로그램과 면제 대상이 아닌 프로그램들은 100% 자막처리하라고 요구했다. 2012년 1월 1일 이후에는 면제 대상이 아닌, 규정 이전 프로그램의 75%를 자막처리하라고 했다.[39] 연방통신위원회 FCC는 이러한 유형의 모든 프로그램을 벤치마킹하여 그대로 이에 적용했다: 각 채널마다 신규, 면제 대상이 아닌 프로그램의 450시간을 2003년 말까지 각 분기별로 자막처리하여야 하고, 2006년까지 900시간을 자막처리해야 하며, 2009년까지 1,350시간을 자막처리해야 한다. 규정 이전 면제 대상이 아닌 프로그램의 30%는 2005년 1월 1일까지 자막처리해야 한다.

면제 대상 *Exemptions*

프로그램 공급자들에게 과도한 경제적 부담을 주지 않으려고 연방통신위원회 FCC는 모든 자막처리 요구사항에서 다음 프로그램들은 자막처리를 면제했다.

- 상영시간이 5분 미만의 모든 광고
- 지역 시간으로 새벽 2시에서 6시 사이의 심야방송
- 영어와 스페인어 외의 외국어로 제작된 프로그램
- 방송 시간표와 지역 소식란의 자막방송
- 프로그램 전체 방영 시간을 전부 다 방영하는 프로그램들을 연결하는데 필요한 홍보 방송 및 정보 방송
- 방영 시간 10분 미만의 공공서비스 안내; 그러나 방영 시간에 관계없이 연방정부의 재정 지원을 받은 모든 공공 서비스 안내는 미국장애인법 Americans with Disabilities Act, ADA에 따라 반드시 자막처리되어야 한다.
- 퍼레이드와 고등학교 운동경기와 같은 지역에서 제작되고 유통되는 뉴스가 아닌 프로그램으로 재방송될 가치가 적은 것들
- 한 지역에서 제작되어 개별 교육기관에 극히 미미한 범위에서 유통될 교육 프로그램, 개별 교육기관들에게만 유통하려고 제작된 교육용 고정 서비스를 위한 비디오 프로그램
- 심포니 또는 발레와 같이 비음성의 음악 프로그램
- 운영을 시작한 지 첫 4년 동안의 새로운 네트워크[40]

연 매출 규모가 3백만 달러 미만인 소규모 프로그램 공급자들은 폐쇄 자막처리 규정에서 모두 면제된다.[41] 모든 프로그램 공급자들은 자막처리 비용으로 연간 총매출액의 2%까지만 지출하도록 했다.[42]

위의 면제 외에도 프로그램 공급자들은 이러한 요구사항을 준수하는 것이 과도한 부담이 된다는 것을 증명할 수 있으면 ('경제적인 부담'이 된다면) 연방통신위원회 FCC에 자막처리 개별 면제를 청원할 수 있다.[43] 1997년과 2005년 중반까지 과도한 부담에 대한 75개 미만의 청원을 접수하게 된 이후, 연방통신위원회 FCC는 2005년 10월부터 2006년 8월 사이 약 600개의 과도한 부담에 대한 청원을 받았다.[44] 연방통신위원회 FCC는 크리스티 미니스트리사 Christ Ministries, Inc.가 요청한 신규 프로그램과 앵글러스 Anglers에 대한 301개의 개별 면제를 허용했다. 그러나 이들 대부분에게 면제권을 주기 전에는 이를 공개적으로 고시한 바가 없다.[45] 2006년 11월 연방통신위원회 FCC는 494개 청원을 공시했다.[46] 농인협회와 관련 기관들은 공시된 거의 모든 청원에 반대했다. 이에 따라 2011년 10월 연방통신위원회 FCC는 앵글러스 요청에 따라 면제를 승인했던 298개를 면제 취소했고, 평가 기준을 명확히 하고, 과도한 부담은 '경제적으로 부담'이 되는 것이라고 정의했다.[47]

경제적으로 부담이 된다는 것을 판단하기 위하여 연방통신위원회 FCC는 다음 4가지 사실을 고려하기로 했다. (1) 프로그램을 위한 폐쇄 자막처리 비용과 성격 (2) 공급 업자의 운영과 프로그램 소유주에게 미치는 영향 (3) 공급 업자 또는 소유자의 재정 자원 (4) 공급 업자나 소유주의 운영 타입과[48] 청원하는 사람들은 특정 입증 기준을 만족시켜야 한다. 미국 농인협회 National Association of the Deaf, NAD와 관련 기관들은 계속하여 경제적 부담의 조건에 부합하지 않거나 폐쇄 자막처리 기준을 준수하는 것이 경제적으로 부담이 된다는 것을 입증하지 못하는 청원에 대해 강력히 반대했다.

2011년 1월 농인과 난청인 소비자 그룹은, 연방통신위원회 FCC에 이전에 '광범위하게 승인한 이전의 자막처리 면제조항을 없애라'라는 청원을 접수했다.[49] 이러한 면제들은 의회의 완전한 접근권에 대한 입법 취지와 목적에 일치하지 않으며, 미국 농인과 난청인들의 TV 콘텐츠 접근권을 지속적으로 거부하는 것이라고 주장했다. 이러한 주장은 1997년 이후 자막처리 비용과 문제가 확연하게 줄어들었으며 더 이상 과도한 부담에 대한 우려가 적절치 않다는 것을 알게 됐기 때문이다.

일반적으로 재방송에 맞춰 광고 등을 삽입하는 편집은 기존 자막처리 타이밍에 지장을 준다. 따라서 재방송을 위한 자막들은 광고편집 등에 맞춰 최종적 자막처리를 해야 한다. 그렇지 않으면 예전 방송 프로그램이 재방송될 때 예전 자막이 그대로 보이게 된다. 때문에 연방통신위원회 FCC는 당분간 자막 손질을 요구하지 않기로 결정했으나 이러한 결정은 다시 검토할 것이라고 밝혔다.

품질기준 Quality Standards

통신법에서는 자막처리 수준이 높게 맞춰져야 한다는 데에 특별히 언급하지 않고 있으나, 많은 소비자 그룹들은 연방통신위원회 FCC에게 TV 프로그램에 완전한 접근권을 보장하기 위한 품질기준을 공표하라고 주장하고 있다. 그룹들은 배경 음향효과, 뉴스 생방송의 실시간 자막, 철자와 타이핑 내용의 정확도, 화면에 나온 소리와 일치하는 자막처리, 화면에서 말하는 사람의 이름이나 비상 경고와 같은 문자 메시지를 방해하지 않는 자막처리 등과 같은 포괄적인 자막처리에 대한 기준을 마련해야 한다고 요구한다.

그러나 연방통신위원회 FCC는 당분간 기술적인 것이 아닌 부분에 대해서는 새로운 기준을 수립하지 않을 것이라고 결정했다. 그러나 실제 규정에는 프로그램 유통업자들은 폐쇄 자막을 그대로 전달하고 그들의 장비를 모니터링하여 폐쇄 자막 전송에 기술적으로 문제가 없도록 하라고 요구했다.[50] 그러나 연방통신위원회 FCC는 이후에 이러한 요구를 하지 않아서 때때로 프로그램이 방송되는 도중 자막이 전달되지 않아 자막을 보는 시청자들에게 실망과 좌절을 주곤 했다.

2004년 7월 농인협회와 관련 농인과 난청인 조직들이 연방통신위원회 FCC에 폐쇄 자막의 품질 기준뿐만 아니라 필요한 집행 메커니즘을 수립할 수 있는 기준 마련 절차를 시작하라고 청원했다.[51] 많은 농인과 난청인들은 계속해서 부정확한 철자, 누락된 단어, 왜곡된 자막, 시간 지연, 기술적 문제로 발생되는 불량한 자막들을 보고 있었기 때문이다.

그 외에 연방통신위원회 FCC는 뉴스 생방송 자막처리를 위한 특별규정을 수립했다. 뉴스 생방송에 문자 정보를 제공하는 데는 2개 방법이 있다: (1) 실시간 자막처리 Real-time Captioning과 (2) 전자 뉴스룸 자막 기술 Electronic Newsroom Captioning Technique, ENCT이다. 실시간 문자통역은 사람이 프로그램의 전체 오디오 부분을 동시에 자막처리하는 방식이고, 반면에 전자 뉴스룸 자막 기술 ENCT은 특별 장비를 사용하여 미리 작성된 뉴스 원고를 텔레프롬프터 Teleprompter(출연자에게 대사 등을 보이게 하는 장치)를 통하여 폐쇄 자막으로 전환하는 방식이다. 전자 뉴스룸 자막 기술 ENCT는 텔레프롬프터로 넘어온 내용과 묶여 있기 때문에 일반적으로 이 방법은 미리 원고가 작성되지 않은 생방송 인터뷰, 앵커의 농담, 현장 리포트, 스포츠, 날씨 업데이트, 기타 최신 이야기 등에는 제공되지 않는다.

농인과 난청인들의 이해를 대변하는 소비자 그룹들은 오랫동안 전자 뉴스룸 자막 기술 ENCT은 TV 접근성을 제공하는데 적절한 방법이 못된다고 지속적으로 불만을 제기해 왔다. 1997년 최초 자막 법령에는 연방통신위원회 FCC가 모든 TV 프로그램 제작자들에게 전자 뉴스룸 자막 기술 ENCT 사용을 허용하는 법률을 제정했다. 소비자들이 1997년 연방통신위원회 FCC 법령의 이 부분에 대해 계속 이의를 제기하자 연방통신위원회 FCC는 생방송 뉴스쇼에 대해서는 필요 요건을 개정했다. 이에 따라 연방통신위원회 FCC는 전국 4대 메이저 TV 방송국 네트워크와 (CBS, Fox, NBC, ABC) 상위

25개 TV 시장의 (일반적으로 대도시의) 제휴사들에게 전자 뉴스룸 자막 기술 ENCT로 자막처리된 프로그램은 연방통신위원회 FCC 자막처리 전환에 부합되지 않는다고 통보되었다.[52] 때문에 TV 프로그램 서비스에 가입한 총 가구 수 대비 최소 50% 정도에 서비스하고 있는 전국 네트워크가 아닌 방송국들에게도 (HBO, CNN, 그 외 케이블이나 위성방송 네트워크) 전자 뉴스룸 자막 기술 ENCT 방식의 자막처리는 허용하지 않게 되었다.[53] 그러나 아직도 예외가 존재하기 때문에 75% 달하는 많은 농인과 난청인들은 자연재해 또는 테러 사건을 방송하는 라이브 프로그램에서는 자주 자막처리가 없는 열악한 방송을 보게 된다. 1997년 1월, 보편적인 자막처리 청원이 소비자 그룹에 의해 연방통신위원회 FCC에 접수되었는데, 연방통신위원회 FCC에게 자막처리 필요성을 만족시키기 위해서는 전자 뉴스룸 자막 기술 ENCT 사용을 금지해 달라는 내용이었다.[54] 그러나 자막처리 품질뿐 아니라 보편적인 자막처리 요구는 이 책이 출판되는 이 시점까지도 보류되고 있다.

인터넷 프로토콜 폐쇄 자막
IP CLOSED CAPTIONING

의회 조치 Congressional Action

2000년대 말부터 농인협회와 다른 장애인 단체들은 인터넷 프로토콜 IP로 전달되는 커뮤니케이션과 비디오 프로그램의 많은 장점들의 혜택을 누릴 수 없다는 것을 알게 되었다. 넷플릭스 **Netflix**, 훌루 **Hulu**, 새로운 기반의 웹사이트와 같은 인터넷을 통한 스트리밍 비디오 콘텐츠와 같은 신기술들은 점차 직장에서나 가정에서나 일상생활의 중심이 되어가고 있었다. 의회는 그러한 첨단산업에서 장애인들에게 더욱 필요한 온라인 프로그램에는

TV와 같은 폐쇄 자막을 덧붙이는 접근권을 제공하고 있지 않다는 것을 인식하기 시작했다.

2009년 6월 26일, 미국 대표 에드워드 마키 Edward Markey 상원 의원은 2009년 21세기 통신 및 영상 접근법 Twenty-First Century Communications and Video Accessibility Act, CVAA을 도입하여 장애인들도 급부상하고 있는 인터넷 프로토콜 IP 기반의 커뮤니케이션과 비디오 프로그램 기술에 접근권을 보장하자고 주장했다.[55] 이어 2010년 5월 상원 의원 마크 프라이어 Mark Prypor와 존 케리 John Kerry에 의해 상원에 법안이 상정됐다.[56] 이로써 통신 및 영상 접근법 CVAA은 의회를 통과하여 2010년 10월 8일 버락 오바마 Barack Obama 대통령은 법에 서명했다. 이 법은 3백 개 이상의 전국, 주, 커뮤니티 기반의 조직들에 의해 지지를 받았다.[57]

의회는 자막처리되어 TV에서 방영된 이후 인터넷으로 방영되는 비디오 프로그램에 자막처리하도록 요구하는 커뮤니케이션 법 713(c) 조항을 개정했다.[58] 새로운 법은 연방통신위원회 FCC로 하여금 온라인 프로그램의 달라진 형태에 대해 자막처리 마감 일정을 세우라고 요구했다. 통신 및 영상 접근법 CVAA 203조는 온라인 자막처리가 너무 간단하다는 것을 깨닫고 비디오 프로그램을 수신하고 재생하도록 설계된 스마트폰, 태블릿, 개인용 컴퓨터, TV 셋탑박스와 같은 모든 장치들은 자막을 지원해야 한다고 요구하고 있다.[59]

농인과 난청인 소비자들은 오랫동안 TV와 다른 장치의 폐쇄 자막을 켜는 것이 어렵게 되어있어, 특히 자막 컨트롤을 위해 메뉴 화면으로 들어가려면 일단 기기를 꺼야 하는 공통 케이블 세트에 대해 불만을 제기해왔다. 이러한 우려에 대해 통신 및 영상 접근법 CVAA은 폐쇄 자막을 활성화하도록 하는 버튼, 키, 아이콘과 같은 합리적인 메커니즘을 통해 폐쇄 자막에 접근할 수 있도록 했다. 그러나 연방통신위원회 FCC는 아직 자막용 컨트롤 기기에 접근하는데 관련된 법률을 제정하지는 않았다.[60] 그럼에도 미국 농인협회 NAD는 연방통신위원회 FCC 법이 자막처리기를 켜고 끄는데 그리고 자막 색깔, 크기 조정을 훨씬 쉽게 할 것이라고 기대하고 있다.

연방통신위원회 인터넷 프로토콜 자막처리 순서 FCC IP Captioning Order

2012년 1월 13일 연방통신위원회 FCC는 명령을 준수할 수 있도록 인터넷 프로토콜 IP 폐쇄 자막처리 마감에 대한 정교한 일정을 수립했고, TV에서 이미 면제된 것 외에는 새로운 면제 규정을 만들지 않았다.[61] 연방통신위원회 FCC 법률은 비디오 프로그램 소유권자 Video Programming Owner, VPO들에게 비디오 프로그램 유통업자 Video Programming Distributor, VPD들과 비디오 프로그램 제공자들에게 인터넷 프로토콜 IP용 비디오 프로그램을 제공할 때 반드시 자막도 함께 제공하라고 요구하고 있다.[62] 때문에, 비디오 프로그램 유통업자 VPD들과 비디오 프로그램 소유권자 VPO들은 최종 사용자에게 모든 자막이 반드시 구현되도록 해야만 한다.[63] 이와 더불어 온라인에서 방영된 자막의 품질은 적어도 TV에서 방영되었을 때와 동일한 품질이 되어야 한다.[64] 이 규정에는 사용자가 디지털 자막 디코더에서 자막의 색상, 크기, 서체, 배경 불투명도 및 문자 가장자리를 선택하고 변경할 수 있는 조항도 포함되어 있다.

불행하게도 연방통신위원회 FCC는 TV에 방영된 전체 분량의 프로그램에 대해 인터넷 프로토콜 IP 기반의 자막처리 원칙의 적용 범위를 제한하기로 결정하여 현재 비디오 클립은 자막처리를 면제해 주고 있다. 미국 농인협회 NAD와 다른 소비자 그룹은 통신 및 영상 접근법 CVAA에는 연방통신위원회 FCC에게 전체 길이의 프로그램에 대해 제한을 줄 수 있도록 한 내용이 없는데, 이러한 면제를 준 데 대해 매우 실망했다. 상당 양의 온라인 비디오 프로그램, 특히 자연재해 또는 테러 공격에 대한 중요한 정보를 다루는 뉴스 웹사이트 등은 비디오 클립 형태로 되어 있기 때문이다. 미국 농인협회 NAD와 다른 농인과 난청인 단체들은 즉각 이러한 결정을 재고해 달라고 청원했다.[65] 이 책이 출판되는 과정에도 연방통신위원회 FCC는 비디오 클립에 대해서도 자막처리해 달라는 청원을 심각하게 고려하고 있으나 아직 이루어지지는 않았다.[66]

장치 마감 일정 *Apparatus Deadline*

연방통신위원회 FCC는 비디오 프로그램을 수신하고 재생하도록 고안되어, 2014년 1월 1일 이후 제조된 모든 기기들에는 자막을 지원하도록 요구하고 있다.[67] 그러한 기기들은 스마트폰, 태블릿, 퍼스널 컴퓨터, TV 세트 박스에만 국한되는 것이 아니라 모든 기기에 해당된다. 이러한 기기들의 자막처리 마감일은 수입일자, 배송일자, 판매 일자가 아닌 제조 일자가 적용된다.[68]

자막처리 마감 일정 *Schedule of IP Captioning Deadlines IP*

각 카테고리의 새로운 비디오 프로그램을 자막처리 법 준수를 완전하게 따르게 하기 위해서 법은 다음과 같은 일정을 요구하고 있다.

- 인터넷 유통용으로 편집되지 않은 사전 녹화된 프로그램이 2012년 9월 30일 이후 TV에서 자막처리되어 방송되었다면 온라인으로 방영될 때도 자막처리되어야 한다.
- TV에서 방송되고 24시간 내 녹화된 생방송과 거의 생방송과 다름없는 프로그램이 2013년 3월 30일 이후 자막처리되어 TV에서 방송되었다면 온라인으로 방영될 때도 자막처리되어야 한다.
- 인터넷 유통용으로 편집된 사전 녹화 프로그램이 2013년 9월 30일 이후 자막처리되어 TV에서 방송되었다면 온라인으로 방영될 때도 자막처리되어야 한다.

2013년 9월 30일까지 TV에서 자막처리되어 방송된 신규 비디오 프로그램은 100% 온라인으로 방송될 때도 100% 자막처리되어야 한다. 반대로 TV에서 방송되지 않거나 재방송되지는 않았지만 이미 온라인에서는 방영될 수 있는 기록 보관 영상 프로그램은 다음과 같은 마감 일정에 맞춰 자막처리되어야 한다.

- 2014년 3월 30일부터는 TV에서 자막처리되어 방송된 날로부터 45일 이내로 자막처리해야 한다.
- 2015년 3월 30일부터는 TV에서 자막처리되어 방송된 날로부터 30일 이내로 자막처리해야 한다.
- 2016년 3월 30일부터는 TV에서 자막처리되어 방송된 날로부터 15일 이내로 사막처리해야 한다.

TV 프로그램 제공자들과 같이 통신 및 영상 접근법 CVAA에 따라 온라인 비디오 프로그램 제공자들과 비디오 프로그램 소유자들은 경제적인 부담을 이유로 면제를 청원할 수 있다.[69]

미국장애인법에서의 온라인 비디오 프로그램 접근권

Access to Online Video Programming under the ADA

통신 및 영상 접근법 CVAA 인터넷 프로토콜 IP 자막처리 법의 적용 범위는 자막처리되어 TV에서 처음 방송되고 난 후 온라인으로 방영되는 프로그램으로 제한되었었다. 그러나 상당 양의 온라인 비디오 프로그램은 결코 TV에서 방송된 적이 없는 것들이다. 이러한 통신 및 영상 접근법 CVAA 면제 프로그램에는 웹에서만 방영되는 쇼를 포함하여 새로 출시된 수 천 개의 영화와 프로그램들이 포함된다. 비디오 가입 서비스를 통하여 넷플릭스와 같이 라이브 스트리밍으로 온라인에서 제공되거나 대여나 구매한 개별 장치로

스트리밍 할 수 있는 (수요 결정 시스템) 같은 프로그램들이 면제받게 되었다. 그러나 그러한 프로그램들이 통신 및 영상 접근법 CVAA에서 면제되었다 하더라도 미국장애인법 **Americans with Disabilities Act, ADA**에는 적용받게 된다.

2012년 6월 16일, 농인협회는 미국 매사추세츠 **Massachusetts** 지방법원에 넷플릭스를 고소했다. 넷플릭스가 미국장애인법 ADA에 따라 즉시 시청 프로그램 Watch Instant Programs의 모든 내용을 자막처리하여야 하는데 그렇지 않았으므로 엔터테인먼트의 모든 장소들은 농인을 위하여 완전하고 동등한 즐거움을 제공해야 한다는 미국장애인법 ADA을 위반하였다고 주장했다.[70] 넷플릭스와 똑같이 웹사이트에서만 이루어지는 비즈니스도 미국장애인법 ADA의 적용을 받는다는 미국 농인협회 NAD 주장에 대해 매사추세츠 지방법원은 미국 최초로 미국장애인법 ADA이 웹사이트에서만 이루어지는 비즈니스에도 적용이 된다는 판결을 내렸다.[71] 폰서 **Ponsor** 판사는 다음과 같이 설명했다.

> 사무실을 방문해서 서비스를 사는 사람들만 미국장애인법 ADA의 보호를 받고, 동일한 서비스를 전화나 우편으로 구매한 사람들은 보호받지 못한다는 것은 비합리적이다. 의회는 그런 어리석은 결과를 의도하지 않았을 것이다.[72]...
>
> 온라인 비즈니스가 점점 증가하고 있는 사회에서 인터넷으로 서비스를 판매한 비즈니스를 미국장애인법 ADA 적용에서 제외하는 것은 미국장애인법 ADA 목적에 위배되고, 일반 대중들과 똑같이 차별 당하지 않고 완전하게 모든 상품, 서비스, 특혜와 이점을 누릴 수 있도록 하는 의회의 의도를 심각하게 좌절시킬 수 있다.[73]

미국장애인법 ADA 적용에 따라 미국장애인법 ADA와 넷플릭스는 합의를 하고 넷플릭스는 2014년까지 온라인 스트리밍 비디오의 100%를 자막처리하기로 했다.

다른 온라인 비디오 프로그램 유통업자들 VPD도 많은 온라인 콘텐츠를 자막처리하려는 비슷한 노력을 하고 있다. 2013년 애플 Apple은 아이튠스 iTunes TV와 그들이 제작한 영화는 폐쇄 자막 또는 자막 달기를 하겠다고 결정했고, 2015년 6월까지 아이튠스 카탈로그에 나와있는 모든 영화와 TV 에피소드를 자막처리하겠다고 약속했다.[74] 미국 농인협회 NAD는 온라인 비디오 프로그램 유통업자들 VPD과 협력하여 그들의 모든 콘텐츠를 농인과 난청인들도 접근 가능하도록 노력하고 있다.

비상시 자막처리
EMERGENCY CAPTIONING

1977년 연방통신위원회 FCC는 TV 방송국에서 비상방송시스템 Emergency Broadcast System을 사용할 때 비상 게시판은 시각적으로 청각적으로 모두 접근 가능하도록 해야 한다는 법을 채택했다.[75] 그전에는 비상상황이 벌어졌을 때, TV 방송은 화면 그림에 어떤 아무런 암시도 없이 TV 소리를 죽이고 말로 안내방송을 했다 때때로 '긴급상황'이라는 단어가 화면에 나타나고 화면에는 보이지 않는 아나운서가 긴급상황의 상세한 내용을 읽는다. 농인 시청자는 말로 전해지는 내용을 이해할 수 없기 때문에 안전을 위한 어떤 대비도 할 수가 없다. 예를 들자면 1970년 캘리포니아 California의 넓은 지역이 화재로 황폐화되었을 때 공무원들은 확성기를 사용하거나 라디오와 TV 방송국을 통해 거주민들에게 위험지역에서 대피하라고 경고했다. 몇몇 농인들이 불에 타 죽음을 맞이했는데 그들은 확성기나 라디오 비상 방송을 들을 수 없었고 TV 안내방송은 위험에 대해 아무런 시각적 정보를 주지 않았기 때문이다. 그들의 죽음은 위험에 대한 시각적 경고를 제공할 수 있었다면 충분히 피할 수 있었을 것이다.

이와 유사한 비극들로 연방통신위원회 FCC에 즉시 법률 개정을 촉구했다. 전국에서 온 수 천 통의 편지들이 연방통신위원회 FCC로 하여금 눈으로 보이는 시각적 경고 원칙을 채택하도록 설득했다. 그 후 개정 법률은 아래와 같이 언급하고 있다:

> TV 방송국에서 전송되는 비상사태 정보는 소리로 듣고 눈으로 볼 수 있도록 또는 오로지 시각적으로만 전송되어야 한다. TV 방송국들은 중대한 비상사태 정보를 전달하기 쉬운 메시지가 될 수 있도록 시각적 표현을 하는데 여러 방법을 사용할 수 있다. 사용할 수 있는 방법을 여기에서 언급하는 내용만으로 한계 짓는 것은 아니지만 보통 슬라이드, 전자 자막처리, 수동적인 방법(손으로 쓰기) 또는 기계적인 출력 절차 등이 있을 수 있다. 그러나 비상사태가 국가, 주 또는 지방 비상경보시스템 Emergency Alert System, EAS에 의해 작동되고 있을 때 만약 비상경보시스템 EAS 코드가 전송되지 않는다면 비상사태 정보는 음성과 시각으로 동시에 전달되어야 한다.[76]

1997년 연방통신위원회 FCC는 '비상경보시스템 EAS'을 도입하면서 비상사태를 알리는 정보의 접근권을 케이블 TV 네트워크도 따르도록 확대했다.[77] 이러한 시스템을 새로 만들어야 하는 요구는 1992년 케이블 TV 소비자 보호 및 경쟁법 Cable Television Consumer Protection and Competition Act에서 시작되었다. 이 법은 연방통신위원회 FCC로 하여금 케이블 시스템에서 비디오 프로그램을 보는 시청자들도 비상방송시스템 Emergency Broadcast System, EBS에 의하여 제공되는 동일한 비상사태의 정보를 제공해야 한다. 연방통신위원회 FCC는 법적으로 5천 명 이상의 가입자가 있는 모든 케이블 방송 운영자들은 모든 채널에서 비상사태 전체 메시지를 소리와 눈으로 볼 수 있는 형태로 제공해야 한다고 요구하고 있다. 5천 명 이상 만 명까지의 가입자가 있는 곳은 2002년 10월 1일부터 이러한 의무조항을 지켜야 하는 반면, 만 명 이상의 가입자가 있는 곳은 1998년 12월 31일부터 이 의무조항을 따라야 한다.[78] 5천 명 미만의 가입자가 있는 곳은 비교적 느슨한 의무조항을 적용했다.

비상방송시스템 EBS과 비상경보시스템 EAS 요구사항이 농인과 난청인들도 방송된 긴급정보를 눈으로 볼 수 있도록 하려는 것이었음에도 불구하고 이러한 시스템들은 국가적 위기 상황에만 적용되는 것이고 지역 비상사태에 대해서는 단지 자발적으로 해야 하는 것이다. 그 결과 비상사태에 대한 방송정보는 때로는 자막처리가 되지 않을 때가 있다. 예를 들면 비상방송시스템 EBS 상 눈으로 볼 수 있는 시각적 경고 원칙이 1989년 제정되고 발효된 지 수 년이 지났음에도 불구하고 샌프란시스코 San Francisco와 로스앤젤레스 Los Angeles 지진 사태, 허리케인 휴고 때 지방 방송국들은 리포트를 방송할 때 자막을 제공하지 않았다. 이와 비슷한 예로 화산 폭발, 토네이도, 블리자드 등 비상사태에 대한 정보에 대해 전국에 걸쳐 공통적으로 자막처리를 하지 않고 있다.

이러한 문제를 해결하기 위하여 1998년 연방통신위원회 FCC는 방송되는 모든 비상사태 방송정보는 자막처리를 반드시 할 수 있도록 절차를 밟기 시작했다.[79] 전국에 있는 농인과 난청인들을 구제하기 위하여 연방통신위원회 FCC는 2000년 4월 14일 모든 방송국, 케이블 운영자, 여러 통로의 비디오 프로그램 유통업자들 VPD로 하여금 프로그램의 음성으로 제공되는 지역 비상사태 정보도 농인과 난청인들도 접근 가능한 것으로 만들어야 하는 원칙을 수립했다.[80] 그들은 자막처리를 사용하거나 개방 자막, 정보를 서서히 지나가게 하듯이 스크린에 보이게 하기 Crawl, 화면에 보이고 아래로 서서히 없어지게 하는 스크롤 등의 방법으로 비상사태 정보를 시각화할 수 있다.[81]

연방통신위원회 FCC의 계속되는 경고에도 불구하고 수많은 지방 TV 방송국들은 농인이나 난청인들이 비상사태 정보를 접근할 수 있는 시각 정보를 제공하지 않았다. 2005년 농인협회, 농인과 난청인 단체, 전국의 농인과 난청인들의 압박으로 연방통신위원회 FCC는 여러 불만사항을 조사하고 샌디에이고 San Diego, 워싱턴 DC Washington DC, 플로리다 Florida에 있는 지방 방송국들에게 비상사태 정보를 제공하지 않았다는 이유로 벌금을 물렸다.[82] 게다가 농인과 난청인들이 눈으로 볼 수 있는 비상상태 알림 내용을 확실히 읽을 수 있도록 하기 위하여, 2006년 연방통신위원회 FCC는 비디오 프로그램 유통업자들 VPD에게 비상사태를 안내하는 동안은 폐쇄 자막을 차단하지 못하도록 하고 자막이 시각적 비상 정보를 차단하지 않도록 해야 한다고 못박았다.[83] 이러한 연방통신위원회 FCC의 폐쇄 자막처리를 연장하는 의미의 1998년 절차는, 모든 생방송 비상사태 뉴스는 비상방송시스템 EBS이나 비상경보시스템 EAS 사용 여부와 관계없이 실시간 문자통역을 제공하도록 하고 있다.

연방통신위원회 불만 제기

FILING AN FCC COMPLAINT

소비자들은 연방통신위원회 FCC에 장애인들의 접근권에 대하여 (1) TV 비상사태 정보의 접근권 (2) TV 폐쇄 자막처리 (3) 인터넷 스트림 되는 또는 다운로드되는 TV 프로그램의 폐쇄 자막처리에 대해 불만을 접수할 수 있다. 불만 처리 양식(2000C)을 작성하여 연방통신위원회 FCC 웹사이트에 온라인으로 접수할 수 있다.[84]

DVD와 비디오 테이프

DVDS AND VIDEO TAPES

DVD 또는 비디오테이프를 판매하고 대여하는 제작사들에게 자막처리를 하라고 요구할 수 있는 명확한 법이 있지는 않다. 그러나 다행스럽게도 미국 내 대부분의 DVD 또는 비디오테이프 판매자와 대여업자들은 자발적으로 자막처리를 하고 있다. 인터넷으로 비디오 스트리밍 하는 방법의 출현으로 DVD와 비디오테이프 사용이 줄어들게 된 현 상황에서 자막처리 관련 입법과 소송은 대부분 스트리밍 비디오에 집중되고 있다.

NOTES

1. Nielsen Company, *Free to Move between Screens: The Cross Platform Report* (March 2013), 9, http://www.nielsen.com/content/dam/corporate/us/en/reports-downloads/2013%20Reports/Nielsen-March-2013-Cross-Platform-Report.pdf.
2. National Captioning Institute, "거의 1억명이 자막이 있는 TV로 혜택을 볼 수 있다," NCI FYI Fact Sheet, 1996.
3. "1989년 판매된 60,000개의 자막 디코더 중 40%는 영어가 제2외국어인 사람들을 위한 것이었다" (Sy DuBow, "The Television Decoder Circuitry Act - TV For All," *Temple Law Review* 64 [1991]: 614). See also Dennis Kelly, "TV Closed-Captions Fight Illiteracy," *USA Today*, July 11, 1990, 6D.
4. 연구에 따르면, 폐쇄 자막처리는 읽기 쓰기 능력을 가르치는데 효과적인 도구이다. See Rita Bean and Robert Wilson, "성인에게 읽기를 가르치기 위한 폐쇄 자막처리 TV의 사용 Using Closed Captioned Television to Teach Reading to Adults," *Reading Research and Instruction* 28(4) (1989): 27-37. See also Forrest P. Chisman, *Jump Start: The Federal Role in Adult Literacy* (Southport, CT: Southport Institute for Policy Analysis, 1989), http://www.caalusa.org/jumpstart.pdf.
5. Dennis Kelly, "TV Closed-Captions Fight Illiteracy."
6. Patricia Koskinen, Robert Wilson, Linda Gambrell, and Carl Jensema, "Closed Captioned Television: A New Technology for Enhancing Reading Skills of Learning Disabled Students," *Spectrum: Journal of School Research and Information* 4(2) (1986): 9-13.
7. Dennis Kelly, "TV Closed-Captions Fight Illiteracy."
8. Department of Health & Human Services, Administration on Aging, "A Profile of Older Americans: 2012," http://www.aoa.gov/Aging_Statistics/Profile/2012/docs/2012profile.pdf.
9. Ross E. Mitchell, "Can You Tell Me How Many Deaf People There Are in the United States?" (Gallaudet Research Institute, February 2005), http://research.gallaudet.edu/Demographics/deaf-US.php.
10. 1980년대 초 로스앤젤레스 농인협의회는 개방 자막처리를 의무화하기 위해 남부 캘리포니아 지역사회 TV를 상대로 집단 소송을 제기했다.

See *Greater Los Angeles Council on Deafness, Inc., v. Community Television of Southern California,* 719 F. 2d 1017, 1019 (9th Cir. 1983). 협의회는 지역사회 TV가 연방기금을 받았기 때문에 1973년 재활법 제 504조에 따라 개방 자막을 제공해야 한다고 주장했다. 미국 지방병원과 제9회 순회 항소법원은 재활법 제 504조가 연방 정부가 자금을 지원하는 TV 프로그램을 폐쇄 자막이 아닌 개방 자막으로 제작하고 방송하도록 요구하지 않는다고 판결했다. 법원은 미국 교육부가 폐쇄 자막을 만드는데 도움을 주었고 자금을 지원하는 모든 프로그램을 폐쇄 자막으로 제작하도록 요구했다고 지적했다. 또한, 보조금의 조건으로 공공 방송국은 폐쇄 자막으로 제작된 모든 프로그램에 대해 폐쇄 자막 전송을 요구했다. *Community Television v. Gottfried,* 459 U.S. 498 (1983)을 참조하면, 504조에서 FCC***가 청각 장애가 있는 개개인에게 특별한 프로그램을 제공하기 위해 상업적 면허 소지자보다 공공 면허 소지자에게 더 큰 의무를 부과할 것을 요구하지 않는다고 명시하였다.

11. Commission on Education of the Deaf, *Toward Equality: Education of the Deaf,* (Washington, D.C.: U.S. Government Printing Office, 1988), 13. COED는 미국 농인들을 위한 교육 기회 개선에 대한 연구 및 권고안을 만들기 위해 창설된 임시 연방위원회였다.
12. Ibid.; See also Sy DuBow, "The Television Decoder Circuitry Act - TV for All,"는 폐쇄 자막의 역사에 대한 일반적 논의를 위한 것이다.
13. Commission on Education of the Deaf, *Toward Equality: Education of the Deaf.*
14. S. Rep. No. 393, 101st Cong., 2d Sess. 2 (1990).
15. H. Rep. No. 767, 101st Cong., 2d Sess. 5 (1990).
16. The FCC's *In the Matter of Implementation of Video Description, of Video Programming, Notice of Proposed Rulemaking,* MM Docket No. 99-339 at 1 (November, 1999), cites the Roper Starch [Organization], *America's Watching: Public Attitudes toward Television* (New York: Network Television Association, National Association of Broadcasters, 1997), 1-2.
17. S. Rep. No. 393, 101st Congress, 2d Sess. 2 (1990), citing Caption Center Survey, WGBH, Boston, MA (1990).
18. *TV Decoder Circuitry Act of 1989: Hearing Before the Subcommittee on Communications,* 101st Cong., 2d Sess. at 67 (1990), (in statement of John

Ball, president of the National Captioning Institute).

19. Commission on Education of the Deaf, *Toward Equality: Education of the Deaf,* (Washington, D.C.: U.S. Government Printing Office), 119.
20. Ibid., 120.
21. *Television Decoder Circuitry Act*, Pub. L. 101-431, 104 Stat. 960 (1990); 47 U.S.C˙. §303(u); 47 U.S.C. §330(b).
22. 1988년에는 새 TV 세트의 96% 가 13인치 이상의 스크린을 사용했다. *TV Digest* (September 11, 1989): 12.
23. 47 U.S.C. §303(s).
24. *In the Matter of Amendment of Part 15 of the Commission's Rules to Implement the Provisions of the Television Decoder Circuitry Act of 1990*, Report and Order, Gen. Docket No. 91-1 (adopted April 12, 1991; released April 15, 1991). 기준에는 색깔 문자, 이탤릭체, 위첨자와 아래첨자, 부드러운 스크롤링, 자막 크기 및 혼합기술과의 호환성이 포함되어 있다.
25. FCC는 "TV 수신기는 읽을 수 있는 자막을 제공하는 것이 필수적이며, 검정색 배경으로 자막의 가독성을 보장한다"라고 지적하고 있다. (FCC, *FCC Record* 6(9) [1991]: 2430).
26. 47 U.S.C. §330(b).
27. *In the Matter of Closed Captioning Requirements for Digital Television Receivers*, Report and Order, FCC 00-259, ET Docket No. 99-254, MM Docket No. 95-176, (released July 31, 2000). See also FCC, "FCC Adopts Technical Standards for Display of Closed Captioning on Digital Television Receivers," July 21, 2000, http://transition.fcc.gov/Bureaus/Mass_Media/News_Releases/2000/nrmm0031.html.
28. *In the Matter of Closed Captioning Requirements for Digital Television Receivers* at Summary of Requirements.
29. Ibid.
30. *Twenty-First Century Communications and Video Accessibility Act*, Pub. L. 111-260, 124 Stat. 2751 at 203(a) (2010). See also *In the Matter of Closed Captioning of Internet Protocol-Delivered*, MB Docket No. 11-154 at §IV (2012).
31. *Telecommunications Act*, Pub. L. 104-104, 110 Stat. 56 (1996). Section 305 of the Act added a new section (Section 613, Video Programming Accessibility)

to the *Communications Act of 1934* (47 U.S.C. §613 [1996]).

32. *In the Matter of Closed Captioning and Video Description of Video Programming, Implementation of Section 305 of the Telecommunications Act of 1996, Video Programming Accessibility*, Report and Order, FCC 97-279, MM Docket No. 95-176 (1997).
33. *In the Matter of Closed Captioning and Video Description of Video Programming, Implementation of Section 305 of the Telecommunications Act of 1996, Video Programming Accessibility*, Order on Reconsideration, FCC 98-236, MM Docket No. 95-176 (1998).
34. 47 C.F.R". §79.1(b)(l)(iv).
35. FCC는 1년을 3분기로 나눈다; 각 채널은 매 분기마다 이러한 자막처리 요구 사항을 충족해야 한다.
36. 47 C.F.R. §79.1(b)(5).
37. Any programming produced or shown before January 1, 1998, falls into this "prerule" category.
38. 47 C.F.R. §79.1(b)(2).
39. 47 C.F.R. §79.1(b)(3), (b)(4).
40. 47 C.F.R. §§79.1(a)(1), (d) et seq.
41. 47 C.F.R. §79.1(d)(12).
42. 47 C.F.R. §79.1(d)(ll).
43. *In the Matter of Anglers for Christ Ministries, Inc.*, Memorandum Opinion and Order, Order, and Notice of Proposed Rulemaking, FCC 11-159, CGB-CC-0005, CGB-CC-0007, CG Docket No. 06-181, CG Docket No. 11-175 §IV at 16-17 (2011).
44. Ibid. at §11 ¶ 5.
45. Ibid.
46. Ibid. at §11 ¶ 15.
47. Ibid. at §1 ¶ 1. The *Twenty-First Century Communications and Video Accessibility Act of 2010* uses the phrase "economically burdensome" instead of the old "undue burden"; however, the FCC interpreted the terms as synonymous (at §111 ¶ 36).
48. *In the Matter of Interpretation of Economically Burdensome Standard*, CG Docket No. 11-175 (2012).

49. *In the Matter of Telecommunications for the Deaf and Hard of Hearing, Inc., et al., Petition to Amend the Commission's Rules to Eliminate Class Exemptions*, Petition for Rulemaking (2011).

50. 47 C.F.R. §79.1(c).

51. *In the Matter of Closed Captioning of Video Programming, Description of Video Programming, Closed Captioning Quality Standards, Petition for Rulemaking*, Docket RM-11065 (2004).s.

52. 47 C.F.R. §79.1(e)(3).

53. Ibid. 예를 들어, FCC는 모든 다중 채널 프로그래밍 제공업체 (케이블, 위성 및 무선 케이블)와 결합된 전국 가입 가구가 팔십 만인 경우, 비방송 네트워크는 이 규정에 의해 적어도 사십만 가구를 수용해야 한다고 설명하고 있다.

54. *In the Matter of Telecommunications for the Deaf and Hard of Hearing, Inc., et. al.*

55. U.S. House Committee on Energy and Commerce, *The Twenty- First Century Communications and Video Accessibility Act of 2010, Report [to Accompany H.R. 3101]*, H. Rpt. 111-563 (2010).

56. *Equal Access to 21st Century Communications Act*, S. 3304 (2010); COAT Press Releases, "Senate Bill Introduced: "Equal Access to 21st Century Communications Act" (S. 3304)," May 5, 2010, http://www.coataccess.org/node/7159.

57. NAD****, "NAD Celebrates Passage of the 21st Century Act on Capitol Hill," December 1, 2010, http://nad.org/news/2010/12/nad-celebrates-passage-21st-century-act-capitol-hill. 접근 가능한 기술을 위한 조직 연합(COAT)은 CVAA를 통과하기 위한 노력을 주도하였다. COAT는 삼백 개 이상의 조직으로 구성되어 있으며 다섯 개의 조항 회원 조직에 의해 주도되었다: the NAD, the American Association of People with Disabilities, the American Council of the Blind, the American Foundation for the Blind, and Communication Service for the Deaf. See also www.coataccess.org.

58. *Twenty-First Century Communications and Video Accessibility Act of 2010*, Pub. L. 111-260, 124 Stat. 2751, at 202(b) (2010).

59. Ibid., at 203(a) (2010).

60. Ibid., at 204(a) (2010).

61. *In the Matter of Closed Captioning of Internet Protocol-Delivered Video*

Programming: Implementation of the Twenty-First Century Communications and Video Accessibility Act of 2010, Report and Order, MB Docket no. 11-154, FCC 12-9 §1 and §111 at ¶ 67 (2012).

62. Ibid. §1 and §111 at ¶ 15.
63. Ibid. at §1 and §IV at ¶ 26.
64. Ibid. at §1 and §111 at ¶ 36.
65. *In the Matter of Closed Captioning of Internet Protocol-Delivered Video Programming: Implementation of the Twenty-First Century Communications and Video Accessibility Act of 2010*, Petition for Reconsideration of the Commission's Report and Order, MB Docket no. 11-154 (2012).
66. *In the Matter of Closed Captioning of Internet Protocol-Delivered Video Programming: Implementation of the Twenty-First Century Communications and Video Accessibility Act of 2010*, Order on Reconsideration and Further Notice of Proposed Rulemaking, FCC 13-84, MB Docket no. 11-154 §III at ¶ 30 (2013); Lily Bond, "FCC Considers Extending Closed Captioning Requirements to Video Clips," May 12, 2014, http://www.3playmedia.com/2014/05/12/ fcc-considers-extending-closed-captioning-requirements-video-clips/.
67. *In the Matter of Closed Captioning of Internet Protocol-Delivered Video Programming*, Order on Reconsideration and Further Notice of Proposed Rulemaking, FCC 13-84 §IV at ¶ 23.
68. Ibid.
69. *In the Matter of Closed Captioning of Internet Protocol-Delivered Video Programming*, FCC 12-9 §IV at ¶ 29.
70. Complaint for Declaratory and Injunctive Relief, *NAD v. Netflix, Inc.* (D. Mass.) at 2 (June 16, 2011).
71. *NAD v. Netflix, Inc.*, C.A. No. 11-CV-30168-MAP, Docket No. 43 (D. Mass.) (2012).
72. *Carparts Distrib. Ctr. v. Auto. Wholesaler's Assoc.*, 37 F.3d 12, 19 (1st Cir. 1994).
73. Ibid. at 7.
74. NAD, "Apple Committed to Captioning of iTunes Movies and TV Shows," June 17, 2013, http://nad.org/news/2013/6/apple-committed-captioning-

itunes-movies-and-tv-shows.

75. 47 C.F.R. §73.1250(h).

76. Ibid.

77. *In the Matter of Amendment of Part 73, Subpart G, of the Commissions Rules regarding the Emergency Broadcast System*, Second Report and Order, FCC 97-338, FO Docket No. 91-301, FO Docket No. 91171 (1997).

78. *Cable Television Consumer Protection and Competition Act*, Pub. L. No. 102-385 §16(b), 106 Stat. 1460, 1490 (1992).

79. *In the Matter of Closed Captioning and Video Description of Video Programming, Implementation of Section 305 of the Telecommunications Act of 1996, Video Programming Accessibility*, Notice of Proposed Rulemaking, FCC 97-4, MM Docket No. 95-176 (1997).

80. *In the Matter of Closed Captioning and Video Description of Video Programming*, Second Report and Order, FCC 00-136, MM Docket No. 95-176 (2000). See also FCC, "청각 장애인이 비상 정보에 접근할 수 있도록 해야 할 의무를 영상 프로그래밍 유통업체에 상기시켰다," DA 01-1930 (August 13, 2001).

81. FCC, "청각 장애인이 비상 정보에 접근할 수 있도록 해야 할 의무를 영상 프로그래밍 유통업체에 상기시켰다."

82. See *In the Matter of Midwest Television, Inc., Licensee of KFMB-TV, San Diego, CA*, Notice of Apparent Liability for Forfeiture, File No. EB-04-TC-061, DA 05-455 (2005); *In the Matter of Channel 51 of San Diego, Inc., Licensee of KUSI-TV, San Diego, CA*, Notice of Apparent Liability for Forfeiture, File No. EB-04-TC-067, DA 05-456 (2005); *In the Matter of McGraw-Hill Broadcasting Company, Inc., Licensee of KGTV, San Diego, CA*, Notice of Apparent Liability for Forfeiture, File No. EB-04-TC-068, DA 05-457 (2005); *In the Matter of NBC Telemundo License Co., Licensee of WRC-TV, Washington, DC*, Notice of Apparent Liability for Forfeiture, File No. EB-04-TC-101, DA 05-1512 (2005); *In the Matter of ACC Licensee, Inc., Licensee of WJLA-TV, Washington, DC*, Notice of Apparent Liability for Forfeiture, File No. EB-04-TC-100, DA 05-1511 (2005); *In the Matter of Waterman Broadcasting Corp, of Florida, Inc., Licensee of WBBH-TV, Fort Myers-Naples, FL, Montclair Communications, Inc., Licensee of WZVN-TV, Fort Myers-Naples,*

FL, Notice of Apparent Liability for Forfeiture, File No. EB-04-TC-145 and EB-04-TC-150, DA 05-2258 (2005).

83. *Obligation of Video Programming Distributors to Make Emergency Information Accessible to Persons with Hearing Disabilities Using Closed Captioning, Public Notice*, DA 06-2627 (2006).

84. To file a complaint visit the FCC's Consumer Help Center, www. fcc.gov/complaints, select "Access by People with Disabilities to Communications Services and Equipment," and then file Form 2000C (http://www.fcc.gov/accessibility-complaints-form-2000c) in your preferred format.

* 미국법전 United States Code, U.S.C.

** 미국연방규정집 Code of Federal Regulations, C.F.R.

*** 연방통신위원회 Federal Communications Commission, FCC

**** 미국 농인협회 National Association of the Deaf, NAD

Chapter 11

통신 서비스

Telecommunications Services

역사적으로 보면 농인과 난청인들은 대부분 통신기기와 서비스에 접근할 수 없었다. 오늘날에 이러한 제품과 서비스의 대부분은 음성과 언어의 인풋과 아웃풋으로 이루어지고 있다. 거의 모든 청인 미국인들은 빠르고 효율적인 통신 서비스를 쉽게 이용할 수 있으나 농인 또는 난청인들은 그렇지 못하다. 21세기 들면서 전국에 걸친 완전한 전화 연결망으로 농인과 난청인에게는 비용과 사용에서 불필요한 장애가 발생하게 되었고 가족과 친구, 비즈니스, 정부, 사회 서비스 제공자들과 의사소통하는데 큰 제한을 받게 되었다. 그러나 지난 20년 동안 괄목할 만한 발전이 이루어져 이러한 장애물들이 차츰 없어지기 시작했다.

1996년 통신법은 통신기기 제조업자들과 통신 서비스 제공업자들에게 그들의 제품과 서비스가 농인에게도 접근이 가능할 수 있도록 보장하라고 요구했다.[1] 이에 더하여 과거 청각장애인용 문자전화기 Teletypewriter, TTY 중계서비스 Relay Service를 사용했던 농인과 난청인들이 이제는 영상중계서비스 Video Relay Service, VRS, 자막전화 서비스 Captioned Telephone Service, CTS, 인터넷 프로토콜 중계서비스 Internet Protocol Relay Service와 같은 여러 가지 새로운 형태의 통신중계서비스 Telecommunications Relay Service, TRS의 접근이 가능하게 되었다. 그들은 집에서 일터에서 학교에서 Wi-Fi 연결이 가능한 공공장소에서 모바일 기기로도 통신중계서비스 TRS 혜택을 누리게 되었다.

통신규제법

REGULATION OF TELECOMMUNICATIONS

전화 회사들은 요금과 운영을 연방과 주에 의해 규제받는 공공사업체이다. 주들 사이의 전화 관행을 규제하는 곳은 연방통신위원회 **Federal Communications Commission, FCC**이다. 각각의 주들도 각자 주 안에 전화 회사의 운영을 규제하는 자체 기관들이 있다. 이러한 기관들은 보통 공익사업위원회 **Public Utility Commission, PUC**로 불린다. 연방통신위원회 FCC와 주립 공익사업위원회 PUC는 전화 회사들이 일반 국민들에게 공정한 가격으로 적절하고 차별 없는 서비스를 공급함으로써 공익을 위해 운영될 수 있도록 협력하여 일하고 있다.

통신중계서비스 Telecommunications Relay Services

청각장애인용 문자전화기 TTY, 비디오전화기 **Video Phone, VP**, 또는 비음성 터미널 기기를 사용하는 사람들은 통신 연결 서비스로 전통적인 음성 전화기를 사용하는 사람들과 대화를 나눌 수 있다. 청각장애인용 문자전화기 TTY 또는 인터넷 프로토콜 IP 중계서비스 사용자들과 함께 청각장애인용 문자전화기 TTY 사용자가 타이프를 친 것을 읽어주고, 음성 통화 사용자가 말한 것을 타이프를 쳐주는 제3자를 오가며 통화가 연결된다. 영상중계서비스 VRS 통화에서 제3자는 비디오 콘퍼런스 기술을 사용하여 농인이나 난청인과 연결되어 있는 수어통역사가 된다. 통역사는 청인에게 말을 해주고, 농인이나 난청인에게는 수어로 통화를 중계해 준다. 1980년 초기 개인 중계 시스템들이 전국에 걸쳐 발전하기 시작하면서 청각장애인용 문자전화기 TTY를 공공 통신 네트워크에 연결시키게 되었다. 대부분 개인 프로그램의 재정은 기부로, 필요인력은 자원봉사자들로 이루어졌다. 때문에 재정이 부족하게 되면 대부분의 주와 개인 프로그램들은 중계 사용자들에게 통화의 제한을 둘 수밖에 없게 된다. 소수의 프로그램들만 주 간 통화를 연결시켜 줄 수 있었는데, 그나마 많은 통화들은 통화시간, 횟수, 시간대에 제한을 받을 수밖에 없었다. 이러한 제한에도 불구하고 중계서비스에 대한 요구는 날로 커졌다. 중계서비스에 대한 엄청난 필요로 말미암아 중계서비스를 요구하는 2가지 연방법이 제정되었다.

통신 접근성 강화법 *Telecommunication Accessibility Enhancement Act*

첫 번째 법은 1988년 제정된 통신 접근성 강화법 Telecommunication Accessibility Enhancement Act, TAEA이다.[2] 통신 접근성 강화법 TAEA에 따라 연방정부는 연부정부 청사 내 걸려오는 전화와 거는 전화에 중계서비스를 제공해야 한다. 1986년부터 연방정부 중계 시스템은 존재해 왔다. 원래는 건축 및 교통장벽 준수위원회 Architectural and Transportation Barriers Compliance Board (Access Board)에 의해 제정된 법이고 미국 재무부에 의해 운영되어 왔다. 통신 접근성 강화법 TAEA이 통과되기 전 연방정부 중계 시스템은 잘 알려지지 않았고 인력도 매우 부족했다. 통신 접근성 강화법 TAEA은 운영 권한을 총무처로 이전하고 훨씬 많은 사용자들을 수용하기 위해 인력도 보강했다. 연방 중계 프로그램을 확대하는 것 이외에도, 통신 접근성 강화법 TAEA은 정부 전화국에 연방 청각장애인용 문자전화기 TTY 설치를 널리 알리라고 명령했고 상하원 모두 의원 사무실에 청각장애인용 문자전화기 TTY를 배치하는 정책으로까지 발전시키라고 지시했다.

미국장애인법 4장 *Title IV of the Americans with Disabilities Act*

중계서비스를 요구하는 두 번째 법은 미국장애인법 Americans with Disabilities Act, ADA 4장이다. 4장은 모든 전화 회사들에게 1993년 7월 26일 이후 미국 전역 주 내에 주와 주 사이의 통화 중계서비스를 제공해야 한다고 요구하고 있다.[3] 4장을 실행시키기 위하여 연방통신위원회 FCC는 전통적인 음성전화 서비스와 동일한 기능을 할 수 있는 중계서비스를 설치해야 하는 규정을 공표했다. 기능적으로 동일하다는 것은 다음과 같다.

- 중계서비스는 모든 지역과 장거리 전화에 대해 주 7일, 하루 24시간 내내 제공되어야 한다.
- 청각장애인용 문자전화기 TTY 중계 시스템은 전자 통신 보드 Baudot 및 정보 교환용 기준 코드 ASCII 컴퓨터 형식의 통화도 수용해야 한다.
- 청각장애인용 문자전화기 TTY 중계 호출은 중계 당사자 중 하나가 메시지 요약 또는 미국수어 American Sign Language, ASL 호출 해석을 요청하지 않는 한 그대로 중계되어야 한다.
- 음성전화 사용자가 동일한 발신지와 목적지에 부과하는 통화요금 보다 중계서비스를 사용하는 사람들에게 더 많은 통화요금을 부과해서는 안 된다.
- 중계 사용자들에게 통화 타입, 사용시간, 횟수에 어떠한 제한을 두어서도 안 된다. 이것은 중계 시스템이 제3자 번호, 신용카드 통화, 수신자 부담 통화 및 보통 전화 회사들에 의하여 처리되는 모든 전화를 처리할 수 있어야 함을 의미한다. 특정 종류의 통화를 중계하는 것이 기술적으로 불가능하다는 것을 증명하는 책임은 전화 회사에 있다. 이러한 요구는 중계 통화자들이 커뮤니케이션 조력자 Communication Assistant, CA라고 불리는 중계 오퍼레이터에게 중계센터에 통화해서 몇 번의 전화를 연결해 달라고 요청할 수 있도록 허용해 주는 것이다.[4]
- 커뮤니케이션 조력자 CA들은 중계된 대화에 대해 완벽하게 비밀을 유지해

야 한다. 그들은 전화 통화시간을 넘어서 중계된 대화 기록을 보관하는 것을 금하고 있다. 그러나 1934년 제정된 커뮤니케이션법 705조에 따라 커뮤니케이션 조력자 CA들은 법원에서 발부된 소환장에 의해 그렇게 하도록 지시받은 경우 또는 다른 법적 권위를 가진 기관의 요구에 의해서는 주와 주 또는 외국과 이루어진 대화를 밝혀야 할 필요가 있을 수 있다.

- 청각장애인용 문자전화기 TTY 중계와 인터넷 프로토콜 IP 중계 커뮤니케이션 조력자 CA들은 문법, 타이핑, 철자, 중계 예의에 능숙한 기능을 갖추어야 한다. 게다가 이러한 특별한 커뮤니케이션 조력자 CA들은 미국수어 ASL와 중계 시스템이 서비스를 제공하도록 의도했던 다양한 커뮤니티들의 문화에 대해서도 충분히 알고 있어야 한다.

중계서비스 제공업자 Relay Service Providers

미국장애인법 ADA에 따라 전화 회사들은 그들이 전통적으로 전화 서비스를 제공하는 곳은 어디에나 중계서비스를 제공해야 할 책임이 있다. 또한 각각 주들은 중계 프로그램을 연방통신위원회 FCC로부터 인증받아 이 책임을 지게 된다. 전화 회사와 주들은 상대적으로 경쟁력이 있는 업체를 선정하거나 또는 다른 전화 회사들이나 주들과 함께 중계서비스를 제공하도록 승인받는다.

주가 중계 시스템을 운영하기 위한 인증을 받고자 하면 연방통신위원회 FCC에 다음 3가지를 증명할 수 있는 서류를 제출한다. (1) 연방통신위원회 FCC 규정에서 요구하는 모든 운영, 기술, 기능적인 최소한의 기준을 맞출 수 있거나 능가할 수 있다는 문건 (2) 주 프로그램을 강화할 수 있는 적절한 절차와 해결책을 제공할 수 있다는 문건 (3) 프로그램이 연방통신위원회 FCC 규정에 포함된 최소 기준을 능가하며, 연방법과는 충돌하지 않는다는 문건 어떤 주가 인증을 요청했을 때, 연방통신위원회 FCC는 시민에게 통지하고 해당 요청에 대해 설명할 기회를 제공해야 한다. 인증을 받게 되면 인증서의 효력은 5연간 유효하다. 해당 주는 인증기간이 종료되기 1년 전 재인증을 신청해야 한다. 또는 연방통신위원회 FCC는 해당 주의 운영 내용들이 최소한의 연방통신위원회 FCC 가이드라인을 따르지 못하면 주정부의 인증을 취소하거나 정지할 수 있다. 인터넷 기반의 통신중계서비스 TRS 제공업자들도 연방통신위원회 FCC 인증을 획득해야 한다.

현재 50개 주, 워싱턴 DC **Washington DC**, 그 외 모든 미국 영토에서 개별적으로 주 단위의 인증받은 중계 프로그램을 운영하고 있다. 캘리포니아 **California**와 버지니아 **Virginia**는 예외이지만 각 주는 지역 중계 통화를 처리할 단 하나의 중계업체만을 선정했다. 몇몇 주는 그들 주 내에 그들의 중계센터를 가지고 있다. 다른 주들은 주 중앙에 지역센터를 세워 공유하고 있다. 버지니아는 다른 종류의 중계서비스를 제공하는 두 개의 업체를 가지고 있다. 캘리포니아는 시내전화를 할 때 주민들에게 여러 중계 제공업체 중에서 선택할 수 있도록 하는 유일한 주이다. 주 간 중계 통화 옵션에 더불어 모든 주에 있는 소비자들은 장거리 전화를 처리할 수 있는 몇 개의 중계업체들 중 선택할 수 있다. 몇몇 회사들은 영상중계서비스 VRS, 인터넷 프로토콜 중계서비스 IP Relay Service, 인터넷 프로토콜 자막전화 서비스 IP CTS 등등의 인터넷 기반의 통신중계서비스를 제공하고 있다.

통일된 다이얼링 7-1-1 Uniform Dialing

중계 법령이 효력을 발휘하게 되자 각 주의 중계 프로그램은 각 주마다 중계서비스에 연결하기 위한 호출번호들이 생기게 되었다. 농인이나 난청인이 다른 주를 여행할 때 중계서비스에 연결하려면 해당 주에서 사용하는 호출번호를 알아야만 했는데 인터넷이 널리 퍼지기 전에는 각 주의 중계 접속 호출번호를 알아내는 것이 매우 어려웠다.

1993년 10월 이전에는 갈로뎃 대학 Gallaudet University의 전신인 농인법률지원센터 National Center for Law and Deafness, NCLD는 연방통신위원회 FCC에 국가적으로 중계서비스 접근을 위한 번호를 7-1-1로 배정할 것을 요청하며, 원칙으로 제정해 달라고 청원했다. 농인법률지원센터 NCLD는 중계서비스에 접근하는 것이 주 경계를 넘어 여행하는 사람들에게 큰 혼란을 주며 어렵다며 주장했다. 이 청원은 중계 접속을 편리하고, 빠르게 하고 다이얼을 돌리는데 필요한 자릿수를 줄이기 위한 국가 전역에서 사용할 수 있는 단 하나의 번호를 찾고자 하는 것이다. 농인법률지원센터 NCLD가 청원을 접수한 어느 날, 하와이 Hawaii와 캐나다 Canada가 중계 접속을 위하여 711을 사용하기 시작했다.[5] 드디어 1997년 2월 연방통신위원회 FCC는 농인법률지원센터 NCLD의 청원을 받아 711을 미국 전역의 중계 접속번호로 지정하게 되었다.[6] 연방통신위원회 FCC 조치로 번호를 확보하긴 했지만 모든 주들이 중계 프로그램 접속을 위하여 반드시 사용해야 하는 번호는 아니었다. 1998년 7월 벨 아틀랜틱 Bell Atlantic 회사는 2년 안에 그들이 서비스를 제공하는 주에서는 711을 청각장애인용 문자전화기 TTY 중계 접속을 위한 번호로 사용할 것이라고 발표했다.[7] 3년 후 2000년 8월에 연방통신위원회 FCC는 모든 통신회사들에게 2001년 10월 1일까지 미국의 모든 주에서 청각장애인용 문자전화기 TTY 중계서비스를 위한 접속 번호는 711로 시행될 수 있도록 하라고 촉구했다.[8]

집행 Enforcement

주 중계서비스에 불만인 소비자는 불만사항을 중계 프로그램 실행 책임이 있는 주 기관에 접수해야 한다. 각 주의 불만 처리기한은 180일이다. 그 후에도 소비자가 만족하지 못했다면 불만은 연방통신위원회 FCC에 접수할 수 있다. 불만사항이 영상중계서비스 VRS 또는 인터넷 프로토콜 IP 중계와 같은 인터넷 기반의 중계서비스라면 소비자는 연방통신위원회 FCC나 중계 서비스 제공업자에게 불만을 접수한다. 그러면 미국장애인법 ADA 중계 조항을 위반한 전화 회사에 즉시 관련 조항을 준수하라고 요구할 수 있고, 전화 회사는 위반에 대한 손해배상을 지급해야 한다. 연방통신위원회 장애인 인권 사무소 **FCC Disability Rights Office** 웹사이트에는 불만 접수 내용뿐만 아니라 불만 내용에 따라 통신중계서비스 TRS 연락처 리스트가 나와있다.

중계서비스 Relay Services

미국장애인법 ADA가 통과되면서 각 주들은 전국에 걸쳐 농인과 난청인들에게 중계서비스를 제공하기 시작했다. 인터넷 기반이 아닌 중계서비스는 주와 주 사이의 이루어지는 중계 통화를 제외하고는 주정부의 재정 지원을 받는다. 이러한 중계서비스는 농인과 난청인들이 중계 교환원에 연결하기 위하여 청각장애인용 문자전화기 TTY를 사용하는 곳에서는 문자를 음성으로 바꿔주는 청각장애인용 문자전화기 TTY 기반의 통신중계서비스 TRS가 포함되어 있고, 언어장애인들이 언어장애인을 이해하는 특별훈련을 받은 커뮤니케이션 조력자 CA들과 연결하는 곳에는 '말-대-말 **Speech-to-Speech**'을 중계하는 서비스가 포함되어 있다. 농인과 난청인들이 통화 중에 자신의 목소리를 듣고 말할 수 있지만, 상대방이 말하는 내용을 실시간 자막으로 제공하는 커뮤니케이션 조력자 CA의 도움을 받는 곳에서는 자막전화 서비스 CTS가 포함되어 있다.

이러한 다양한 형태의 중계서비스는 전통적인 전화 서비스인 공중 교환

전화망을 통해서만 이루어지고, 인터넷을 통해서는 이루어지지 않는다.

인터넷 기반 서비스 Internet-Based Services

1998년 5월 연방통신위원회 FCC는 중계서비스의 최소 기준을 확대하려는 절차를 밟기 시작했다. 이 절차 중에 위원회는 통신중계서비스의 정의를 확대하기 위한 방법을 제안하는 원칙 제정 공고문을 발표했다.[9] 돌이켜보면 연방통신위원회 FCC는, 미국장애인법 ADA 4장에서 요구하는 것은 청각장애인용 문자전화기 TTY를 음성으로 그리고 음성을 청각장애인용 문자전화기 TTY로 변환하는 서비스만을 의미한다고 해석하고 있었다. 이 정의에 따르면 중계서비스를 제공하는 회사들은 연방통신위원회 FCC부터 청각장애인용 문자전화기 TTY와 음성 통화 사용자 간의 통화를 중계서비스하면 보상을 받을 수 있게 된다. 그러나 기술의 발전으로 다양한 형태로 가능해진 중계서비스가 생겨나게 되었다. 사실상 미국장애인법 ADA이 추구하는 것은 현재 기술의 사용을 권장할 뿐 아니라 새로운 기술의 발전도 권장하고 있는 것이다.[10] 따라서 21세기 초 몇 년 안에 연방통신위원회 FCC는 영상중계서비스 VRS, 인터넷 프로토콜 중계서비스 IP Relay Service, 인터넷 프로토콜 자막전화 서비스 IP CTS도 인터넷 기반 중계서비스의 보상을 받을 수 있는 유형으로 인정하기로 결정했다. 이 책을 집필하는 시점에 연방통신위원회 FCC는 인터넷 프로토콜 말-대-말 중계서비스도 보장되고 의무화될 수 있는 중계서비스로 추가할 것을 고려하고 있었다.

영상중계서비스 *Video Relay Service*

영상중계서비스 VRS는 인터넷 기반의 통신중계서비스로써 미국수어 ASL를 사용하는 농인과 난청인들에게 화상회의 기술을 이용하여 음성 통화자들과 커뮤니케이션할 수 있도록 해준다.[11] 이러한 이용자들은 화상회의를 통하여 커뮤니케이션 조력자 CA에게 미국수어 ASL를 사용하여 소통하고 커뮤니케이션 조력자 CA는 상대방에게 수어를 말로 전달하고 상대방이 화답한 말을 다시 수어로 중계해 준다. 영상중계서비스 VRS는 미국수어 ASL로 소통하는 농인과 난청인들에게는 중계 통화를 모국어로 주고받을 수 있게 해주는, 무엇보다 유익한 방법이 된다. 수어를 하는 것이 타이프를 치는 것보다 훨씬 빠르고 자연스러워서 영상중계서비스 VRS 중계 통화 시간을 줄일 수 있기 때문이다.

영상중계서비스 VRS도 다른 모든 중계서비스와 같이 일주일 7일간, 하루 24시간 내내 제공되어야 한다.[12] 이 글을 쓰는 현재, 영상중계서비스 VRS 제공업자들은 수신된 통화의 80%를 180초 내로 응답해야 한다.[13] 2014년 연방통신위원회 FCC는 30초 이내로 응답하는 비율을 85%까지 높이는 매우 의미 있는 노력을 해왔다.[14] 게다가 공급업체들에 고용된 영상중계서비스 VRS 커뮤니케이션 조력자 CA들은 필요로 하는 특수용어를 사용하며 효과적이고, 정확하고, 편파적이지 않은 통화를 주고받도록 공인 통역사들로 이루어졌다.

인터넷 프로토콜 중계서비스 *Internet Protocol Relay Service*

인터넷 프로토콜 IP 중계서비스는 인터넷 기반의 통신중계서비스로써 농인과 난청인들이 음성 통화자들과 인터넷 기기를 사용하여 문자로 커뮤니케이션할 수 있도록 해주는 방법이다. 농인이나 난청인이 문자로 커뮤니케이션 조력자 CA와 소통하면 커뮤니케이션 조력자 CA는 농인이나 난청인과 상대 통화자 사이의 통화를 중계해 준다. 많은 사용자들이 컴퓨터, 태블릿, 스마트폰, 기타 무선 전화 네트워크로 인터넷 프로토콜 IP 중계에 접속한다. 인터넷 프로토콜 IP 중계서비스도 주 7일, 하루 24시간 내내 제공되어

야 하고, 인터넷 프로토콜 IP 중계 통화의 85%는 10초 내로 응답해야 한다.[15]

인터넷 프로토콜 자막전화 서비스

Internet Protocol Captioned Telephone Service

중계서비스 중에 가장 새로운 형태 중 하나인 인터넷 프로토콜 자막전화 서비스 IP CTS는 농인과 난청인 통화자들에게 자막처리 도움을 받아 전화 통화를 하도록 해주는 방법이다. 농인과 난청인들은 상대방에게 전화를 걸어서 전통적인 일반 전화에서 통화하는 것 같이 상대방의 말을 들을 수도 있고 말을 할 수도 있으나 커뮤니케이션 조력자 CA는 상대통화자가 말한 내용을 자막으로 제공함으로써 통화를 보완한다.[16] 공중 교환 전화망 대신 인터넷을 사용하는 인터넷 프로토콜 자막전화 서비스 IP CTS는 주 7일, 하루 24시간 내내 제공되어야 한다. 현재 통화의 85%를 10초 내에 응답하고 있다.[17]

중계서비스에 대한 추가 접근 Additional Access to Relay Service

통신중계서비스 TRS 공급업자들은 통신중계서비스의 일부분으로써 청각전달 Hearing Carryover, HCO뿐 아니라 음성전달 Voice Varryover, VCO 옵션을 제공할 수 있다. 음성전달 VCO은 농인이나 난청인들이 상대방에게 직접 말을 하게 하지만 답변은 커뮤니케이션 조력자 CA를 통해 문자나 수어로 받을 수 있게 해준다. 반대로 청각전달 HCO은 통화자가 상대방의 말을 들을 수는 있으나 오퍼레이터를 통해 수어나 문자로 응답해야 한다. 이러한 옵션들은 농인이나 난청인의 통화를 중계할 때 특별한 커뮤니케이션의 필요가 있을 때 사용되어진다. 연방통신위원회 FCC는 통신중계서비스 TRS 공급업자들에게 미국 내 수많은 스페인어 사용자들이 있으므로 스페인어같이 다른 언어로 통신중계서비스 TRS를 제공하도록 승인했다. 이때 스페인어는 영어

외 유일하게 문자와 영상중계서비스 VRS가 제공되는 언어이다.

장비 보급 프로그램 Equipment Distribution Programs

많은 중계 공급자들은 중계서비스 장비 또는 소프트웨어를 무상으로 소비자들에게 공급하고 있음, 어떤 주들은 농인과 난청 주민들이 통신에 똑같이 접근할 수 있도록 장비 보급 프로그램을 가지고 있다. 이러한 프로그램들은 청각장애인용 문자전화기 TTY와 전화 증폭기와 같은 특수장비를 무상 또는 대폭 할인된 가격으로 제공하고 있다. 어떤 주에서는 장비 받기 원하는 사람들의 소득기준을 정해 놓기도 했다. 다른 주에서는 단순히 신청자가 농인인지 또는 난청인지를 입증하는 증명서만을 요구하기도 한다.[18]

2010년에 제정된 21세기 통신 및 영상 접근법 **Twenty-First Century Communications and Video Accessibility Act, CVAA**는 전국 농맹인 장비 보급 프로그램 **National Deaf-Blind Equipment Distribution Program, NDBEDP**을 만들어 저소득층 청각 및 맹인 장애인들에게 특수장비를 제공하여 그들도 효과적으로 인터넷과 첨단 커뮤니케이션에 접근할 수 있도록 했다. 연방통신위원회 FCC는 각 주마다 한 업체를 지정하여 장비를 배급하는 지역 배급자로 인증했다. 각 주의 제공자 리스트는 연방통신위원회 FCC 웹사이트에서 찾아볼 수 있다. 농인 및 시각 장애인들이 전국 청각-맹인 장비 보급 프로그램 NDBEDP을 통해 특수장비를 얻고자 한다면 그들 주의 배포자에게 연락하면 된다.

보청기 호환성

HEARING AID COMPATIBLITY

보청기 호환 전화기는 호환되지 않는 전화기에서 발생할 수 있는 배경음과 고음의 비명을 차단하기 위해 스위치를 활용한다. 이 스위치는 보청기 착용자가 전화 수신기의 전자기장으로 생성된 음파를 들을 수 있게 해준다. 필요한 만큼의 전자기장을 가진 전화기는 보청기와 호환되는 것으로 간주된다.

1980년 초 대부분의 전화기는 보청기와 호환되었다. 그 이전 대부분 미국인은 AT&T로부터 전화기를 임대했는데, 이 임대한 전화기는 강한 전자기장을 가지고 있었다. 1980년대 들어 새로운 장비회사들이 직접 전화기를 제조하고 소비자에게 판매하기 시작했는데 이런 전화기 중 상당수는 보청기와 호환될 정도의 강력한 전자기장을 가지고 있지 못하다.

장애인 통신법 Telecommunications for the Disabled Act

1982년 의회는 이러한 상황을 바로잡기 위하여 장애인 통신법을 통과시켰다. 이 법은 전화기와 보청기 사이의 호환은 청력을 잃은 사람들의 필요를 충족시키는데 반드시 필요하다고 공표했다.[19] 이 법으로 연방통신위원회 FCC는 보청기 호환성에 대한 기술표준을 수립하고 모든 필수 전화기들은 보청기와 호환되어야 한다는 명령을 내렸다. 의회가 필수 전화기라고 정의한 전화기는 동전을 사용하는 공중전화기, 비상 전화기, 농인과 난청인들에 의해 빈번하게 사용되는 전화기 등이다. 전화 장비에 라벨을 붙여서 소비자들에게 전화기와 보청기 사이에 호환이 된다는 것을 알 수 있게 하라고 명했다.

보청기호환법 Hearing Aid Compatibility Act

장애인 통신법이 통과된 후 몇 년 동안 소비자들은 필수 전화기 정의가 너무 좁아 보청기 사용자들 요구를 충족 시키지 못한다고 주장했다. 전화기 이용기관 Organization for Use of the Telephone, OUT 주도로 1988년 보청기호환법 Hearing Aid Compatibility Act, HAC Act이 통과되었다.[20] 보청기호환법 HAC Act은 1989년 5월 1일 이후 제조된 모든 전화기들은 보청기와 호환되도록 해야 한다고 요구하고 있다. 1989년 5월 18일 연방통신위원회 FCC는 새로운 법률, 보청기호환법 HAC Act 준수를 지시하는 규정을 공포했다.[21]

보청기호환법 HAC Act이 통과된 이후, 보청기 착용자들은 연방통신위원회 FCC가 1989년 제조 마감일 이전에 직장과 다른 기관들에 설치된 비호환 전화기 숫자를 줄일 수 있도록 하는 적절한 조치를 취하지 않고 있다는데 우려하고 있다. 이 문제에 대한 소비자들의 저항 결과, 연방통신위원회 FCC는 1990년 다시 한번 보청기호환법 HAC Act에 명시된 호환 전화기의 사용을 확대하는 원칙을 공포했다. 새로운 원칙은 필수 전화기의 정의를 바꾸어 직장 등 공공장소에 놓인 전화기와 모든 신용카드로 운영되는 전화기는 1991년 5월 1일까지 보청기와 호환될 수 있도록 해야 했다.[22] 1992년 연방통신위원회 FCC는 더욱 대상을 확대해 보청기호환 HAC 전화기를 일터의 모든 장소에 모든 호텔 방과 모텔방에, 병원의 모든 병실에 보청기와 호환되는 전화기를 설치하도록 지시했다.[23] 1993년 5월 1일부터 효력을 발생한 이러한 원칙들은 전국에 걸쳐 수 백 개의 업체들로부터 불만이 접수되는 바람에 마지막 순간에 연방통신위원회 FCC에 의해 무기한 보류되었다. 사업체들은 1992년 원칙을 준수하는 것이 너무 어려운 일이라고 주장했다.[24]

1995년 연방통신위원회 FCC는 보청기호환 HAC 원칙을 개정하기 위하여 소비자단체, 산업, 정부 등 다양한 대표자들을 한자리에 모이게 했다. 광범위한 숙고를 한 후, 보청기호환 협상 규칙 제정 위원회 **Hearing Aid Compatible Negotiate Rulemaking Committee**는 연방통신위원회 FCC에게 보청기호환 HAC을 강화하기 위한 다양한 방법들을 추천했다. 1996년 7월 3일 연방통신위원회 FCC는 이러한 추천 사항들을 채택하여 원칙을 발표했다.[25]

연방통신위원회 FCC의 보청기 호환 원칙들은 다음과 같은 명령을 포함하고 있다:

- 모든 일터의 전화기들은 (이전 대상이었던 공공장소의 전화기가 아닌) 2002년 1월 1일까지 보청기호환 HAC에 부합되는 전화기여야 한다. 단, 1985년 1월 1일부터 1989년 12월 31일 사이에 구입한 전화기는 예외로 한다. 게다가 15인 미만 일터의 전화기는 보청기호환 HAC에 따라 2005년 1월 1일까지 보류 시간이 주어진다.
- 호텔과 모텔에 있는 모든 전화기는 2000년 1월 1일까지 보청기호환법 HAC에 부합되는 전화기로 대체되어야 한다. 그러나 1985년 1월 1일과 1989년 12월 31일 사이에 구입한 전화기를 대체해야 하는 호텔과 모텔들은 그들이 보유한 객실 수에 따라 2001년과 2004년까지 원칙에 따르라는 명령이 내려졌다.
- 병원과 주거용 의료시설과 같이 좁고 사방이 막힌 장소에서 비상 상황을 알리는데 활용되는 모든 전화기는 1998년 11월 1일까지 보청기호환HAC을 준수하는 전화기로 대체되어야 한다.

2000년 1월 1일 이후 미국에서 제조되었거나 수입된 모든 전화기는 무선전화기를 포함하여 반드시 볼륨 조절 기능이 있어야 한다.[26] 이러한 전화기들은 사용자들에게 다른 사람의 목소리 크기를 조절할 수 있게 해준다.[27] 의회에서 1988년 보청기호환법 HAC Act을 통과시켰을 때 일시적으로 무선전화기는 이러한 요구 조건을 면제해 주고 연방통신위원회 FCC가 준수해야 할 별도 기준을 제시하고 이 면제 기간이 종료될 때까지 이 지침을 따르도록 허용했다. 그러나 수년간 무선전화의 범위에 대한 청원 끝에 연방통신위원회 FCC는 2003년 8월 무선전화의 일반적 면제가 농인과 난청인들에게 부정적 영향을 미치며 면제를 제한하는 것이 공익을 위한 것이라고 결정했다.[28]

연방통신위원회 FCC의 무선 보청기 호환성 규칙에는 음향과 유도결합에서 모두 작동하는 보청기를 위하여 다음과 같은 명령을 포함하고 있다. 유도결합(많은 보청기에서 T자 설정을 사용하는)은 텔레코일 호환 전화기에서 생성된 자기장의 신호만 수신하는 보청기를 사용하는 반면, 음향 결합 모드는 소리를 증폭하기 위하여 보청기를 사용한다.[29]

- 수어기 제조업체는 서비스 제공업자들에게 제공하는 수어기 모델의 1/3에 대해 최소 M3 등급을 충족해야 한다.[30]
- 무선 서비스 제공업자들은 소비자들에게 제공하는 수어기의 모델 중 8개 혹은 50%는 적어도 M3 등급을 충족해야 한다.[31]
- 수어기 제조업자들은 적어도 2개의 T3 등급의 수어기 모델을 제공해야 한다. 이에 더하여 제조업자들은 그들의 수어기 모델의 1/3은 T3 등급을 충족시킬 수 있어야 한다.[32]
- 무선 서비스 제공업자들은 그들이 소비자들에게 제공하는 수어기 모델의 10개 또는 1/3은 T3 등급을 충족시켜야 한다.[33]
- 연방통신위원회 FCC는 보청기호환 HAC에 부합하는 한대의 수어기라도 가능하도록 하기 위해 미국에서 3개의 디지털 무선 핸드셋을 제공하는 미국업체뿐 아니라 미국에서 2개 이하의 디지털 핸드셋을 제공하는 무선 서비스 제공업체 및 제조업체에게 이전 요구사항에 대해 최소한의 예외를 허용했다.[34]
- 접근 가능한 핸드셋에는 밖으로 보이게 라벨을 붙이고 상세한 정보를 패키지 안에 포함시켜야 한다. 2009년 이후 제조업체들과 서비스 제공업자들은 보청기호환 HAC에 부합하는 전화기에 관한 정보를 그들의 웹사이트에 포함시켜야 한다.[35]

- 무선 서비스 제공업자들에 의해 운영되거나 소유하고 있는 소매점에서 접근 가능한 전화기를 상점 안에서 테스트할 수 있도록 허용해야 한다.[36]

보청기 호환에 대한 불만사항은 연방통신위원회 FCC에 접수할 수 있고, 소비자들은 연방통신위원회 FCC 온라인 불만 접수 양식을 사용할 수 있다.

1996년 통신법

TELECOMMUNICATIONS ACT OF 1996

1990년대 들어서 미국은 통신 발전의 새로운 기원을 이루게 되었다. 정보 고속도로와 무선 서비스, 무선호출기, 상호 전화 시스템과 같은 새로운 통신장치의 출시는 장애인 뿐만 아니라 농인과 난청인 소비자들에게 이러한 모든 신기술에 접근을 보장받을 수 있는 법이 필요하다는 자각을 갖게 했다.

연방법 제정자들과 수년간 협상한 후 소비자들은 드디어 그들의 바람을 이루게 되었다. 1996년 1월 8일 의회는 통신법 255조항을 법으로 제정했다. 미국 역사상 처음으로 연방법에 따라 통신 제조업자들과 서비스 제공자들은 장애인들의 사용이 손쉽게 달성할 수 있는 곳에서 장치와 서비스에 접근 가능하도록 만들어야 한다고 요구받게 되었다.[37] 새로운 법은 제조업체들과 서비스 제공자들에게 그들의 제품과 서비스가 주변기기와 청각장애인용 문자전화기 TTY와 같은 특수 고객의 구내 장비와 호환이 되어야 하고 장애인들의 사용이 손쉽게 달성할 수 있어야 한다고 요구하고 있다. 연방통신위원회 FCC는 '손쉽게 달성'할 수 있다는 것은 '쉽게 사용할 수 있고 큰 어려움이나 비용 없이 사용할 수 있다는 것'으로 정의하고 있다.[38] 접근 요소가 쉽게 달성할 수 있는지 여부를 판단하는데 연방통신위원회 FCC는 케이스별로 해당 회사에 가능한 자원을 사용하여 접근 형태의 성격과 비용의 균형을 관찰할 것이다. 때때로 접근성을 제품과 서비스연구 개발 단계부터 염두에

두고 제품과 서비스를 만든다면 접근을 제공하는 것이 손쉽게 달성될 수 있다. 그 이후로 255조항은 미국 장애인들이 더욱 다가설 수 있는 신기술과 서비스의 능력에 중대한 발전을 이루었다.

의회는 접근성위원회 **Access Board**에게 연방통신위원회 FCC와 함께 통신장비 제조업체들이 규정을 준수하도록 가이드라인을 제정하며 발표하라고 지시했다. 가이드라인을 만드는 데 도움을 얻고자 1996년 6월 접근성위원회 Access Board는 통신접근자문위원회 **Telecommunications Access Advisory Committee, TAAC**를 발족시켰는데 소비자와 관련 산업 대표들로 구성된 연방자문팀이라고 할 수 있다. 통신접근자문위원회 TAAC는 1997년 1월 접근성위원회 Access Board에 권고안을 제출했다. 접근성위원회 Access Board는 255조항 가이드라인을 개발하는 데 권고안을 활용하고 1998년 2월 3일 발간했다. 일 년 반 후, 연방통신위원회 FCC는 장비 제조업체들과 서비스 제공자들이 255조를 더욱 잘 준수하도록 정한 원칙을 발표했다. 이러한 원칙들은 대부분의 경우 접근성위원회 Access Board의 가이드라인을 그대로 반영했다.

연방통신위원회 FCC의 원칙은 통신 제조업체와 서비스 제공자들에게 제품 설계, 개발, 제작 과정에서 농인과 난청인들의 접근성에 대한 필요를 파악하고 처리하도록 하여 가능한 조기에 일괄적으로 처리될 수 있도록 하는 것이다. 원칙은 또한 제품을 만든 후 다시 고치는 비용과 부담을 피하기 위하여 개발 단계부터 접근성을 추가할 필요성을 인식하게 하는 것이다. 접근하는데 장애물이 무엇인지 파악하는 과정에서 제조업자들과 서비스 제공업자들은 수많은 행동을 취하게 된다. 예를 들면 어떤 회사는 시장조사를, 제품 테스트를 또는 특정 제품의 시험해야 하는 경우에는 장애인들을 포함시켜 그들의 니즈를 파악하는 데 도움을 받도록 해야 한다. 장애인들에게 자문을 구함으로써 제조업체들은 청각적 신호만 제공할 수도 있는 제품에 시각적 신호 또는 진동과 같은 훨씬 더 좋은 아이디어를 얻을 수 있게 된다.

연방통신위원회 FCC의 원칙은 신규 통신장비와 서비스들은 장애인들이 공통적으로 사용하는 주변기기와 특수장비와 호환되도록 해야 한다. 예를 들면 청각장애인용 문자전화기 TTY, 비디오전화기 VP, 시각신호장치, 증폭기 등을 말한다. 이러한 의무조항에 따라 무선전화기와 같이 음성 커뮤니케이션을 제공하는 제품들은 청각장애인용 문자전화기 TTY를 지원하기 위한 표준 연결지점을 제공해야 한다. 이에 더하여 이러한 제품들은 사용자들에게 말로 하는 것과 청각장애인용 문자전화기 TTY 신호를 번갈아 교체할 수 있는 해주는 기능이 있어야 한다. 호환 요구사항에 또 요구되는 것은 통신기기에 연결 포인트가 있어서 증폭기와 같은 오디오 처리 장치에 연결되도록 해야 한다는 것이다.

통신용 제품과 서비스에 접근권을 요구하는 것 외에 연방통신위원회 FCC의 원칙은 농인과 난청인들이 제품과 서비스를 사용할 수 있도록 하는 것이다. 새로운 원칙에서 '사용성 Usability'의 정의는 비장애인 유효한 정보에 기능적으로 동일하게 접근할 수 있는 사용자 매뉴얼, 청구서, 기술 지원 등과 같은 제품 정보를 말하는 것이다. 다시 말하면 제품이 교육용 비디오와 함께 제공될 때 자막처리가 되어야 한다. 255조를 준수하는 회사들은 그러한 접근을 제공하는데 부가적인 비용을 청구하지 않을 것이다.

연방통신위원회 FCC 255조는 범위가 넓다. 원칙들은 사실상 전화, 비디오전화기 VP, 호출기, 무선기기, 팩스, 자동응답기, 통신용 소프트웨어, 비즈니스 시스템을 포함한 모든 통신장비들에 적용된다. 또한 통화대기, 단축 다이얼, 통화 전달, 컴퓨터 제공 전화번호 도우미, 통화 모니터링, 수신자 확인, 통화 추적, 반복 다이얼 등과 같은 모든 타입의 통신 서비스에도 똑같이 적용된다. 255조 원칙은 주로 연방통신위원회 FCC에 공식적, 비공식적으로 접수된 소비자 불만을 참고했다. 이러한 불만들이 연방통신위원회 FCC에 접수되었고, 소비자들은 연방통신위원회 FCC 온라인 불만 접수 양식을 사용한다.

2010년 제정된 21세기 통신 및 영상 접근법

TWENTY-FIRST CENTURY COMMUNICATIONS AND VIDEO ACCESSIBILITY ACT OF 2010

의회는 21세기의 진화하는 커뮤니케이션 기술들이 장애인들뿐 아니라 농인과 난청인들도 뒤처지게 한다는 것을 깨달았다. 1996년 제정된 통신법이나 다른 법들도 전통적인 전화 커뮤니케이션 기술의 접근성에 대한 법들임에도 불구하고 많은 미국 장애인들은 이메일과 다른 인터넷 기반의 커뮤니케이션과 같은 보다 선진화된 통신 서비스를 충분히 활용할 수 없었다. 따라서 의회는 2010년 '21세기 통신 및 영상 접근법 CVAA'를 제정하여 장애인들도 새롭게 출현하는 커뮤니케이션 기술에 접근을 보장했다. 농인협회는 통신 및 영상 접근법 CVAA이 통과되는데 주도적인 역할을 수행했다.

선진화된 통신기술 **Advanced Communication Services, ACS** 사례는 다음과 같다: (1) 상호 연결된 인터넷 기반의 음성전화 **Voice Over Internet Protocol, VoIP** 서비스, (2) 상호 연결되지 않은 인터넷 기반의 음성전화 **VoIP** 서비스, (3) 전자 메세지 서비스, (4) 상호 작동하는 화상회의 서비스.[39] 255조에서 요구되고 있다시피, 제조업자들은 그들의 선진화된 통신 서비스와 장비가 장애인에게도 접근 가능하도록 보장해야 할 책임이 있다.[40] 접근이 달성될 수 있는지를 판단할 때, 연방통신위원회 FCC는 제품을 접근 가능하도록 만드는데 재정과 기술적 어려움을 충분히 고려한다. 이에 따라 업체들은 그들의 제품을 어떻게 접근 가능하도록 하느냐는 문제에 유연성을 가질 수 있다. 그들은 이미 만들어져 있는 접근 가능한 기능을 제품에 넣을 수가 있고 타사 제품을 사용할 수도 있고 또는 얼마 안 되는 비용으로 소비자에게 가능한 주변기기들을 제공할 수도 있다.[41] 연방통신위원회 FCC가 어느 정도 유예를 해주고 상호 작동하는 화상회의 서비스와 같은 선진화된 통신 서비스의 모든 원

칙들을 채택하지 않았다 하더라도 완벽한 준수는 2013년 10월 8일까지로 정해졌다.[42]

NOTES

1. Pub. L. No. 104-104, 110 Stat. 56 (1996), codified at 47 U.S.C.[*] §255.
2. Pub. L. No. 100-542, 102 Stat. 2721 (1988), codified at 40 U.S.C. §762.
3. *Americans with Disabilities Act*, Title IV, Pub. L. No. 101-336, 104 Stat. 327, codified at 47 U.S.C. §225 (1990).
4. *In the Matter of Telecommunications Services for Individuals with Hearing and Speech Disabilities and the Americans with Disabilities Act of 1990*, Report and Order and Request for Comments, CC Docket No. 90-571, FCC 91-213 (1991).
5. 기술적인 이유로 하와이는 세자리 코드 앞에 '1'을 다이얼해야 한다.
6. *In the Matter of the Use of N11 Codes and Other Abbreviated Dialing Arrangements*, First Report and Order and Further Notice of Proposed Rulemaking, CC Docket No. 92-105, FCC 97-51 (1997).
7. Verizon Communications, "Bell Atlantic to Make Calling Easier for Customers Who Are Deaf, Hard of Hearing," July 8, 1998, http://www.verizon.com/about/news/press-releases/bell-atlantic-make-calling-easier-customers-who-are-deaf-hard-hearing/. Verizon Communications (formerly Bell Atlantic) provides wireless telephone service to residents in all 50 U.S. states and Puerto Rico.
8. *In the Matter of the Use of N11 Codes and Other Abbreviated Dialing Arrangements*, Second Report and Order, CC Docket No. 92-105 at ¶ 3 and 32 (2000).
9. *In the Matter of Telecommunications Relay Services and Speech-to-Speech Services for Individuals with Hearing and Speech Disabilities*, Notice of Proposed Rulemaking, CC Docket No. 98-67, FCC 98-90 (1998).
10. Title IV of the ADA codified at 47 U.S.C. §225.
11. 47 C.F.R.[**] §64.601 (4)(27).
12. 47 C.F.R. §64.604(4).
13. Ibid.
14. 47 C.F.R. §64.604(b)(2).
15. Ibid.
16. 47 C.F.R. §64.601(a)(16).

17. 47 C.F.R. §64.604(b)(2).
18. 다양한 주 장비 분배 프로그램에 대한 추가적인 정보는 메릴랜드 주 예산·관리부에 연락하여 얻을 수 있다.
19. 47 U.S.C. §610(d); *Hearing Aid Compatibility Act*, Pub. L. No. 100-394 (1988).
20. *Hearing Aid Compatibility Act*, Pub. L. No. 100-394 (1988).
21. *In the Matter of Access to Telecommunications Equipment and Services by the Hearing Impaired and Other Disabled Persons*, First Report and Order, CC Docket No. 87-124, FCC 89-137 (1989), 54 *Fed. Reg.* 21,429 (May 18, 1989), codified at 47 C.F.R. Part 68.
22. 47 C.F.R. § 68.112(b)(4).
23. 47 C.F.R. § 68.112 (b)(5); 47 C.F.R. § 68.112 (b)(6).
24. *In the Matter of Access to Telecommunications Equipment and Services by the Hearing Impaired and Other Disabled Persons*, First Report and Order.
25. *In the Matter of Access to Telecommunications Equipment and Services by the Hearing Impaired and Other Disabled Persons*, Memorandum Opinion and Order and Further Notice of Proposed Rulemaking, CC Docket No. 87-124, FCC 90-133 (1990), 55 *Fed. Reg.* 28,762, codified at 47 C.F.R. Part 68.
26. *In the Matter of Access to Telecommunications Equipment and Services by the Hearing Impaired and Other Disabled Persons*, Report and Order, CC Docket No. 87-124, FCC 92-217 (1992), 57 *Fed. Reg.* 27,182 (June 18, 1992), codified at 47 C.F.R. Part 68.
27. *In the Matter of Access to Telecommunications Equipment and Services by the Hearing Impaired and Other Disabled Persons*, Order, CC Docket No. 87-124, FCC 93-191 (1993).
28. FCC, "Hearing Aid Compatibility for Wireless Telephones," www.fcc.gov/guides/hearing-aid-compatibility-wireless-telephones.
29. FCC, "Consumer Guide: Hearing Aid Compatibility for Wireless Telephones," January 9, 2012, http://transition.fcc.gov/cgb/consumerfacts/hac_wireless.pdf.
30. Ibid.
31. Ibid.
32. Ibid.

33. Ibid.

34. Ibid.

35. Ibid.

36. 47 C.F.R. §20.19(c)(4).

37. Pub. L. No. 104-104, 110 Stat. 56 (1996), codified at 47 U.S.C. §255.

38. 63 *Fed. Reg*. 5607 (February 3, 1998), codified at 36 C.F.R. Part 1193.

39. *Twenty-First Century Communications and Video Accessibility Act*, Pub. L. 111-260 §716 (2010).

40. Ibid.

41. *In the Matter of Implementation of Sections 716 and 717 of the Communi-cations Act of 1934, as Enacted by the Twenty-First Century Communica-tions and Video Accessibility Act of 2010*, Report and Order and Further Notice of Proposed Ru lemaking, CG Dockets No. 10-213 and 10-145 and WT Docket No. 96-198, FCC 11-151 at ¶ 13 (released Oct. 7, 2011).

42. Ibid, at ¶ 23.

* 미국법전 United States Code, U.S.C.

** 미국연방규정집 Code of Federal Regulations, C.F.R.

약어 정리

ㄱ

개별가족 서비스계획
Individualized Family Service Plan, IFSP

개별화 교육프로그램
The Individual Educational Program, IEP

개정 미국장애인법
Americans with Disabilities Act Amendments Act, ADAAA

공공 안전 응답 지점
Public Safety Answering Points, PSAP

공익사업위원회
Public Utility Commission, PUC

공인 농인 통역사
Certified Deaf Interpreter, CDI

공정주택개정법
Fair Housing Amendments Act, FHAA

공정주택법
Fair Housing Act, FHA

국가인증 통역사 자격증
The National Interpreter Certification, NIC

국가자막연구소
National Captioning Institute, NCI

ㄴ

농인 교육위원회
Commission on Education of the Deaf, COED

농인·난청 아동 권리장전
Deaf and Hard of Hearing Children's Bills of Rights, DCBR

농인법률지원센터
National Center for Law and Deafness, NCLD

ㄷ

독화통역사 자격증
Oral Transliteration Certificate, OTC

ㅁ

미국 고용평등위원회
US Equal Employment Opportunity Commission, EEOC

미국 국가 표준협회
American National Standards Institute, ANSI

미국 노동부 연방 계약준수 프로그램
US Department of Labor's Office of Federal Contract Compliance Programs, OFCCP

미국 농인협회
National Association of the Deaf, NAD

미국 보건교육후생부
US Department of Health, Education and Welfare, HEW

미국 주택·도시개발부
US Department of Housing and Urban Development, HUD

미국수어
American Sign Language, ASL

미국장애인법
Americans with Disabilities Act, ADA

미국장애인법 가이드라인
ADA Accessibility Guidelines, ADAAG

ㅂ

법무부
Department of Justice, DOJ

법학대학원 입학시험
Law School Admission Test, LSAT

보건후생부
Health and Human Service, HHS

보청기 호환법
Hearing Aid Compatibility Act, HAC Act

비디오 프로그램 소유권자
Video Programming Owner, VPO

비디오 프로그램 유통업자들
Video Programing Distributors, VPD

비디오전화기
Video Phone, VP

비상경보시스템
Emergency Alert System, EAS

비상방송시스템
Emergency Brodcast System, EBS

ㅅ

수어통역사협회
The Registry of Interpreters for the Deaf, RID

시민권리 사무소
Office for Civil Rights, OCR

실시간 문자통역
Communication Access Real-time Translation, CART

ㅇ

안내방송시스템
Public Address Systems, PAS

연방통신위원회
The Federal Communications Commission, FCC

영상원격통역
Video Remote Interpreting, VRI

영상중계서비스
Video-Relay Service, VRS

워싱턴 보건비즈니스그룹
Washington Business Group on Health, WGBH

인터넷 프로토콜 자막 전화 서비스
Internet Protocol Captioned Telephone Service, IP CTS

ㅈ

자막전화 서비스
Captioned Telephone Service, CTS

장애인교육법
Individuals with Disabilities Education Act, IDEA

전국 농맹인 장비 보급 프로그램
National Deaf-Blind Equipment Distribution Program, NDBEDP

전자 뉴스룸 자막 기술
Electronic Newsroom Captioning Technique, ENCT

전화기 이용기관
Organization for Use of the Telephone, OUT

정보공개법
Freedom of Information Act, FOIA

제안된 규칙 제정 통지
Notice of Proposed Rule-making, NPRM

제안된 규칙 제정 통지 예고
Advanced Notice of Proposed Rule-making, ANPRM

주립 직업재활기관
Vocational Rehabilitation, VR

ㅊ

청각장애인용 문자전화기
Teletypewriter, TTY

청각장애인용 통신기기
Telecommunication Device for Deaf persons, TDD

ㅋ

커뮤니케이션 조력자
Communication Assistant, CA

ㅌ

통신 및 영상 접근법
Communications and Video Accessibility Act, CVAA

통신접근성 강화법
Telecommunication Accessibility Enhancement Act, TAEA

통신접근자문위원회
Telecommunications Access Advisory Committee, TAAC

통신중계서비스
Telecommunications Relay Service, TRS

TV해독기 회로법
Television Decorder Circuitry Act, TDCA

ㅍ

평생교육기관
Continuing Education Units, CEU

ㅎ

화면조정 시간
Vertical Blanking Interval, VBI

용어 정리

개방 자막처리
Open Captioning

건축장벽법
Architectural Barriers Act

교통부
Department of Transportation

구두음역자
Oral Transliterator

국가의학시험위원회
National Board of Medical Examiners

국제 농인 부모협의회
International Association of Parents of the Deaf

농인·난청인의 정신 서비스 제공을 위한 치료 표준
Standard of Care for the Delivery of Mental Health Services to Deaf and Hard of Hearing People

농인 안내견
Hearing Dog

농인을 위한 법률 변호 프로젝트
Legal Advocacy Project for Hearing Impaired People

농인을 위한 정신건강 통역 서비스에 대한 입장 성명
Position Statement on Mental Health Interpreting Services with People Who Are Deaf

농인협회 법률센터
National Association of the Deaf Law Center

뉴욕병원의 규약, 규칙, 규정
New York Hospital Codes, Rules, Regulations

뉴저지 직업재활서비스국
N.J. Division of Vocational Rehabilitation Services

단서 언어음역자
Cued-Language Transliterator

독화통역사
Oral Interpreters

동의 결정
Consent Decree

루이지애나주 재활서비스국
Louisiana Division of Rehabilitation Services

매출인식법
Revenue Reconciliation Act

문화적으로 긍정적이고 언어적으로 접근 가능한 서비스에 대한 보충자료
Supplement on Culturally Affirmative and Linguistically Accessible Services

미공법
Public Law

미국 건축 및 교통 방해물 준수위원회
US Architectural and Transportation Barriers Compliance Board (Access Board)

미국 농아동협회
American Society for Deaf Children

민권법
Civil Rights Act

법정통역사법
Court Interpreter Act

보청기호환 협상 규칙 제정 위원회
Hearing Aid Compatible Negotiate Rulemaking Committee

폐쇄 자막처리
Closed Captioning

사법 정책 안내
Guide to Judiciary Policy

사회보장 사무소
Society Security Office

소외아동 없애는 법
No Child Left Behind Act

시민권리를 위한 교육부
Department of Education's Office for Civil Rights

식품 할인 구매권
Food Stamp

실시간 자막처리
Real-time Captioning

실시간 컴퓨터 문자통역
CART-Computer Assisted Realtime Transcript

연방정부 접근에 대한 공통기준
Uniform Federal Accessibility Standards

연방통신위원회 장애인인권 사무소
FCC Disability Rights Office

유도 루프 기술
Induction Loop Technology

인공와우
Cochlear Implant

인력투자법
Workforce Investment Act

인사부
Office of Personnel Management

인터넷 프로토콜 말-대-말
Internet Protocol Speech-to-Speech

인터넷 프로토콜 중계서비스
Internet Protocol Relay Service, IP Relay Service

일리노이주 재활서비스국
Illinois Department of Rehabilitation Services

입법기관
Legislature

자막처리 전화기
Captioned Telephone

자막출력
C-print

장애아동교육법
Education for All Handicapped Children Act

재활법
Rehabilitation Act

전자기 전송
Electromagnetic Transmission

접근위원회
Access Board

정신건강 서비스에 대한 입장 성명서
Position Statement on Mental Health Services

제8순회 항소법원
United States Court of Appeals for the Eighth Circuit

주 정신건강 시스템
State Mental Health System

중계 서비스
Relay Service

중계 전화
Relay Call

중앙기관기금
Centralized Agency Fund

증폭된 전화기
Amplified Telephone

지팡이 모양 기구
Wandlike Device

케이블 TV 소비자 보호 및 경쟁법
Cable Television Consumer Protection and Competition Act

코네티컷 농인협회
Connecticut Association of the Deaf

텔레코일
Telecoil Circuit

통신법
Telecommunications Act

헤드폰이 달린 주머니 크기 기구
Pocket-sized Device with Headphones